韓國文化創意產業政策與動向

郭秋雯 著

國立政治大學
創新與創造力研究中心
Center for Creativity and Innovation Studies

遠流出版公司

目錄

圖目錄

表目錄

推薦序
韓國文創產業的精神與脈動

駐台北韓國代表部代表　丁相基

　　文創產業可以說是一個國家的軟實力，與一般傳統或IT產業不同的是，因為注入了文化元素，商品有了生命與情感，消費者與商品產生互動，也帶來交流。

　　韓國因為韓流帶動文化創意產業，並結合IT創造了文化技術CT，這十幾年來不斷地努力而有了今天的成績，當然這些成果，不會只屬於韓國所有，在全球化的現在，交流與分享已是必然趨勢。

　　我知道台灣當局正努力地發展文創產業，文化部的成立就是一個很好的開始。我也知道這一兩年前去韓國拜訪KOCCA（韓國內容振興院）、電視台、或與文創相關單位的台灣當局或團體很多，而想要研究韓國文創的學者亦不少。但因為在台灣研究文創又懂得韓文的學者並不多，因此資料取得並不容易。

　　欣聞郭秋雯教授將她這幾年來對韓國文創產業的研究出版成書，提出正確的資訊供大家參考。這本書將韓國文化內容產業政策的演變和趨勢做了完整的敘述與精闢的分析，同時詳盡地介紹了各項文創產業的動向，並舉了許多實際的例子佐證，書中最後還附上許多翻成中文的法規，實屬難得。

　　在台灣，這是第一本全盤性介紹韓國文化創意產業的中文專書，看了此書便可以清楚地瞭解韓國文創產業的精神與脈動。郭教授這幾年致力於韓國文創產業的研究，這本書可以說是她的心血傑作。這本兼具學術與實用性的專書，不僅在學術研究上有其意義，相信一定可以帶給台灣當局或產業各個領域許多的助益。

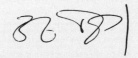

推薦序
韓國經驗，值得深思

前文建會主委　陳郁秀

　　隨著科技的進步，時代急遽變化，產業也跟著消長，唯一不變的常勝軍是創意！

　　文化創意產業在西方國家已成功發展多年，在亞洲國家除了日本，韓國的文創產業亦廣受矚目。雖然在亞洲，韓國的文創產值次於中國、日本，排名第三，但其政府推動文創產業的政策思維與強大的執行力，一直是大家想要學習的議題。

　　台灣自2003年起積極的推動文創產業，投入可觀的人力與資金，但成效零散，較無法看出整體的功效。這些年相關單位也不斷的遠赴韓國取經，但苦無全盤的資訊。郭秋雯教授多年致力於韓國文創的研究，其論文也一直被轉載引用。有鑑於此，郭教授以兩年的時間，將韓國文創產業的起源、現況以及未來動向與問題，做了精闢的整理與分析，並出版成書。相信這本兼具學術與實用的專書，對有心瞭解韓國文創產業始末的各界人士多所助益。

　　「韓國的文化自古受中國文化的影響頗深，但自從發展文創產業後，便開始建構屬於自己的文化，無論是申請世界文化遺產、慢城或世界設計之都，傳統與現代、文化與創意的融合，將傳統創意化、商品化，除了創

造文化經濟，也喚醒人民對文化的重視與認同。」

　　書中這段話頗令人省思，台灣很早就開展現代化的進程，但究竟什麼是代表台灣的文化？而文創產業是什麼？我想很多人都難以回答。

　　台灣是塊鑽石，有傲世的多樣自然生態，也是個多元文化的社會，眾多面向各個都是獨有的特色，都是足以成為成功發展文創產業的本錢。而台灣民間力活絡充沛，在自由民主風潮下也成就了許多令人驚豔的創思，但唯一缺乏縱橫的是聯繫與統整力，導致人才被埋沒或外流，創思無法被重視，造成國家社會資源的浪費。政府政策的統籌能力、產官學研的結合……等，都是燃眉之急。

　　或許，透過瞭解韓國政府是如何根據時代的演變與時俱進的制訂政策與執行，是如何在既有的資源上發展文創產業、如何包裝與行銷國家品牌，汲取他們成功的經驗、借鏡失敗之處，可以避免重蹈覆轍，讓台灣文創產業步向正確的軌道。這本書提供了政府單位與產業各界很多值得深思的方向。

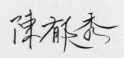

推薦序
瞭解韓國文化創意產業必要之作

政大創造力講座主持人 / 名譽教授　吳靜吉
表演藝術協會秘書長　于國華

　　自從台灣開始推動文化創意產業，近鄰韓國始終受到關注。政府參訪團、媒體採訪團、學界考察團，頻繁往來台北和首爾，帶回各種訊息。豐富多元的資訊，讓台灣朋友理解更多、也更焦慮：到底韓國怎麼做到這些？

　　不只台灣對韓國的創意產業好奇。2010年，由香港政府贊助、香港當代文化中心主持的中華創意產業論壇，邀請政大創新與創造力研究中心進行「台灣與南韓文創產業人才與環境研究」。雖然已經累積不少韓國創意產業的中英文資料，但我們希望研究團隊能夠收集並閱讀韓文資料，回到原汁原味的描述、分析和評論。當時的研究團隊都不懂韓文，於是分別上網查詢資料，幾乎是同一時間，我們都發現郭秋雯教授〈韓國邁向文化強國的過去、現在與未來〉文章；而且這篇文章一再被引用和轉述，顯見其重要和獨特。毫無猶豫就是她——郭秋雯教授，我們力邀她加入，參與研究和撰寫〈南韓文創產業人才與環境研究〉。

　　委託研究案也要求研究者親赴首爾，訪問韓國有關文化創意產業的機構和人士。在我們安排訪問的期間，郭秋雯教授早已安排「韓流與韓國文化創意產業——韓流文化產業研習營」活動，帶著一群師生到韓國參訪，

無法與我們同行。不利反而變成有利，我們兵分兩路，安排不同對象的參訪，進行更廣泛深入的訪視。

韓國的考察，對我們是一個求知的驚喜之旅；與郭秋雯教授分享時，發現她其實胸有成竹，對她來說，這些訪談只是再度確認了她的理解和詮釋。由於對韓國文化的細膩觀察和長期往來經驗，郭教授相信「韓流」是推動韓國文化創意產業振興的重要力量。韓國政府很清楚，文化藝術與文化創意產業是兩條軌道，前者首重保存推廣，後者重在市場拓展。韓國保存文化和鼓勵藝術的作為，我們早有所聞，欽佩他們的豪氣和扎根；但韓國從金融風暴的重創中，靠著打造韓流創造龐大產業，帶動韓國產品的海外行銷，吸引各國觀光客到韓國旅行消費，最後這些商業和市場的成功加值了韓國人的驕傲和自豪，讓他們對於韓國文化和藝術的保護和培植，用力更深。

2011年5月在香港、2012年6月在澳門，郭教授先後兩次對兩岸和港澳的專家與官員，做了不同內容的報告，介紹韓國文化創意產業發展經過。會議之後，澳門文化局立即和郭教授聯繫，提供資訊協助他們組團訪問韓國。

　　我們都非常高興，邀請郭秋雯教授加入研究團隊，真是正確的決定；郭教授的研究，也讓整個研究計畫更扎實發揮知識累積和傳遞的效果。

　　很高興讀到她為政大頂大計畫「創新研究」撰寫這本書。這本著作，超越了原本接受委託的人才與環境範疇研究，更大格局地從韓國文化創意產業的文化底蘊、緣起、範疇、特色與重要性，談到文化創意產業的現況與發展。其中，韓國文化創意產業的守門人與守門機制，包括文化創意產業的政策、演變、機制及其影響，都有深刻的分析，這正是我們台灣目前最需要的資料。

　　文化部已經於2012年5月成立，設立了文化創意產業司，預期不久即將成立文創院。文化創意產業當然不僅僅是文化部的業務，必須跨部會協調和合作；尤其在目前的情況，以創新思維建立各種協助產業發展的機制，應是當務之急。

　　台灣的大學之中，已經開設接近五十個和文化創意產業相關的系所或學程，而且幾乎每個大學都開有與文化創意產業相關的課程。只要談到文化創意產業的概況或發展，必定不會忽略韓國文化創意產業的現況，以及如何利用其文化底蘊、藉由政策的制定與支持，透過運行機制創造影響

力。因此，郭秋雯教授這本書，絕對是理解韓國文化創意產業一本必讀的佳作。

　　感謝郭秋雯教授的努力，台灣文化創意產業發展的守門人，可以不必重新學習韓文，透過這本必要之作理解韓國的文化創意產業。

于國華

自序

　　1991年到韓國留學，除了當個苦留學生努力求學外，每天晚上的韓劇成為我寂寞遊子心的最佳慰藉。沒想到二十年後的我，拜韓劇之賜，讓我從韓國語言學跨足韓國文化創意產業的研究。人云：興趣結合工作，乃天下之一大樂事，所以我是既快樂又幸運的人，而這份快樂與幸運來自一個意外的恩典。

　　如同2000年代初的韓劇在台灣莫名爆紅一樣，我會從事文創產業的研究也完全不在我的人生規劃之內。一次突如其來的邀稿，政大韓國研究中心主任李明教授，希望我撰寫一篇以韓國文化產業為主題的論文，在會議發表。

　　這是我步入中年以來，第一個從零開始的冒險叉路。然而這一篇〈韓國邁向文化強國的過去、現在與未來〉會議論文，卻迅雷不及掩耳、強而有力地將我推向文創之路，但當時我卻傻傻不知，直到政大創造力中心講座吳靜吉教授與表演藝術協會秘書長于國華老師的一通電話，才知道，原來我這篇論文，對於正在發展文創產業的政府相關單位與學者專家們而言，有如甘霖。

　　因為這篇論文，我與吳靜吉教授以文會友，成了忘年之交，因緣際會

的相遇、再加上吳教授的全然信任，我加入了由吳教授領導的文創團隊，我們文創團隊在2011年度過了一個辛苦卻又甘甜的打拼日子，而這也成為這本專書的催生劑。

研究韓流與韓國文創這幾年，我常提到，韓國的文創產業應該感謝韓流的興起，而韓流的興盛應該感謝台灣。同樣的，這本書的出版，要感謝很多人，如果沒有吳靜吉教授的提攜與推薦，不會有這本書的誕生；又如果沒有我的助理王品涵同學和我一起熬夜趕工、如果沒有我兩個小孩的貼心，讓我無後顧之憂地熬夜，這本書也不會這麼快完稿。如果這本書可以嘉惠讀者，那都是這些親朋好友的功勞。

1990年代後期開始到2000年代，亞洲吹起了一股韓流，韓國，大賺文化產業的外匯，不管是韓劇的版權、韓劇所衍生的各種商品，以及觀光產業，都在這十幾年來大放異彩，著實給文創產業起了帶頭作用，並成功創造了巨大的文化經濟效益。

當然，韓流並非文創產業的全部，然而從韓流發展的各種文創產業，不僅為韓國國內外帶來龐大的商機與就業機會，也大大提高了韓國的品牌知名度。更重要的是，韓流的興盛讓韓國人民體悟到文化的重要與力量，

人民的參與和支持也讓韓國政府下了更大的決心推動文創產業。因為這樣的相信與團結，讓韓國文創產業一波又一波，如同接力賽一樣，不停息。

是的，就是一份相信！簡單的信任可以完成巨大的任務，這是我寫這本書與研究韓國文創產業的最大感想。如果台灣人民與政府也能建立一份信任，那很多事情的執行就會變得簡單多了。

韓國的文創產業發展固然有其亮麗成績，但也有很多我們不知道的困難，然而我所看到的是，因為他們的愛國與團結，總能以國家利益為優先考量，於是即便花光了預算，甚或負債，也要把結果做出來，而且要讓這個成果可以再利用。這樣的過程也正符合了文創產業OSMU（one source multi-use）的精神，絕不是一次性商品，用完即丟。

韓國文創產業規模目前位居全世界第九大、亞洲第三大。究竟韓國是如何開始發展文創產業？又如何一步步躋身到世界十大文創強國之列？本書從韓國文創產業的生成背景開始，看韓國如何從「文化產業」走向「文化內容產業」，再到目前的「內容產業」？其過程中政府的政策與產官學之間的連動為何？此外，各產業的動向也會詳盡介紹；再者，看看韓國的文創產業如何落實在生活裡，也是本書的重點之一。

　　吳靜吉教授說，要將這本書視為可親的學術專書，所以書中沒有太多深奧的理論，目的就是要讓每位讀者都可以輕易地讀懂這本書。書中也收錄了很多新的政策與產業資訊，並將韓國文創產業的好與壞，用最客觀中立的角度來分析探究，希望可以提供讀者些許參考。而這些他們走過的路，都是目前正積極發展文創的台灣可以借鏡的好經驗。

　　雖然這些年來台灣的反韓情緒不斷被掀開討論，但想說的是，我們走我們的，韓國走韓國的，偶爾在路上碰到，可以擦身而過，也可以微笑以對，但無須怒視或怒罵對方。全球國際化的當今，合作勝過競爭，藍海優於紅海，多元文化的台灣、包容力比其他國家都強的台灣，我相信，我們一定可以藉由自己的優勢，發展更多元、更有創意的文創產業。台灣需要的只是團結與整合！台灣加油！

第一章　總論

一、韓國的文化底蘊

　　文創產業的源頭始於一個國家的文化底蘊，一個國家的文化底蘊夠深厚，一定可以發展出豐富多樣的文創產業。什麼是底蘊呢，就是一種共同的價值觀，而價值觀在潛移默化中形成，就是文化。從一個人的身上可以看出這個國家或社會所孕育出來的文化底蘊、從一個產品也可以得知這個國家的文化底蘊。

　　過去十幾年在亞洲所吹起的「韓流」，可以說是韓國文創產業發展的重要基礎，而韓流的主軸是韓劇，韓國將其文化巧妙地包裝在戲劇中，透過人物呈現出韓國特有的民族性與文化底蘊，韓國文化便隨著戲劇輸出到世界各地，讓觀眾開始對韓國文化產生興趣。亦即，韓國在發展文創商品的同時也行銷他們的文化，藉此提高韓國品牌知名度，創造文化經濟。

　　舉2004年的韓劇《大長今》為例，《大長今》之所以受到歡迎，除了「長今」這個角色展現了女人應具備的賢良淑德外，更刻劃出韓國女性堅韌的個性，以及蘊藏在女人身上的包容與母愛。長今的人格表現可以說是韓國的一種文化底蘊，而這樣深厚的文化和道德底蘊，也正是《大長今》引人矚目之處。

　　除了長今這個角色外，長今與男主角閔政浩之間含蓄樸質的情感、長今與連生等同儕之間的純純友誼，在在顯示出韓國人多情內斂的性格，以及不分彼此的率直情誼。而這樣的人格特質，正是現代人所期待的，這也

是為什麼許多觀眾會以看韓劇來獲得情感補償的原因之一。

在劇中，不管是歷史文化的傳遞、美食的介紹、琴棋書畫等藝術的表現，以及當今醫術科技的發展等等，都巧妙地被包裝在戲劇裡，隨著戲劇將其文化移動到世界各地。

除了《大長今》之外，常被拿來當範例的另一齣戲是2007年的古裝劇《朱蒙》，上映當時引起韓國國內許多共鳴與討論。西元前37年創建高句麗王國的朱蒙，從小吃盡苦頭，但堅毅不拔的個性造就他成為一個有謀略的領導人。這樣的角色性格說明了韓國人好強的民族性，也成為韓國人對英雄的定義。為了推崇朱蒙，韓國甚至還創造了朱蒙的「卵生神話」，強調從蛋生出來的朱蒙是神聖無比的、是天上派來拯救國家的偉人。以神話來描寫偉人在東方國家多有所聞，而朱蒙的鮮明性格，代表了韓民族的文化底蘊。

除了人物角色的刻劃外，在古裝劇中所出現的各式各樣代表身分地位的服裝、髮型，讓人一看便知其階級之分明、貴賤之清楚。階級的重視一直存續在韓國現今社會裡，並沒有隨著時代的變遷而消失，這個文化特質至今仍可從語言與人際互動間一覽無遺。

有人說韓國是一個「恨」的民族，這個「恨」出自歷史，不僅來自對中國、周圍列強的恨，也來自他們自己階級間的恨，而這樣的恨支撐他們茁壯，同時也讓他們與外人產生了藩籬，團結、排外便成了韓國人的代名詞。因為這樣的堅持，發展了韓國特有的文化，但也因此錯失了與他文化

交融的機會，缺乏跨文化的力量，這也是韓國在發展文創產業中所面臨的課題。

不過，原本單一民族的韓國，在國際化的時代裡，國際婚姻讓韓國社會開始進行民族融合，這幾年「多文化」的議題不斷被拿出來討論。在多文化的洗禮下，也開始有了與韓國傳統截然不同的文化嶄露頭角。例如，由「社福企業」扶持並得到政府認證接受支援的OYORI多國料理餐廳，便是將各國的外籍新娘集合起來經營的一家多國料理餐廳，不僅讓她們自立更生，也讓韓國人可以享受世界各地的料理並體驗外國文化。[1]

在韓國，由於國際婚姻的日益普及，民族的融合正在進行著，跨文化的力量也慢慢累積中，相信假以時日韓國的文化也會蛻變出多元色彩。

二、文化創意產業的定義與範圍

在談「文化創意產業」之前，得先提到「文化產業」。「文化產業」一詞是由1940年代德國法蘭克福學派的阿多諾（Theodor W. Adorno）與霍克海默（Max Horkheimer），在《啟蒙之辯證法》（*Dialekikder Aufkliarmng*, 1947）一書中首度被提出的，但當時的概念是指收音機、電影或印刷品等大眾媒體中出現的大眾藝術產業，而這些產業全部為國家製造，並非民間創意，這點與目前提及的「文化創意產業」有些出入。而「文化產業」一直到1980年代「文化的產業化」這個概念的出現後才活躍

地被應用，當時的迪士尼和好萊塢將所謂的文化商品輸出到世界各地就是「文化產業」一個很好的例子，雖然引發了文化侵略的議題，不過各國也因此開始重視自己的文化產業。[2]

文化產業是需要政府、企業、文化產業主體與消費者等多方的配合方能有所成就，例如政府的優惠稅制、企業讓經費的使用更具效率、文化產業本身則是能提升生活品質並帶來商機，如此，不僅消費者可以享受文化生活，亦能帶來產業經濟的發展，這就是文化產業整體的理解。

所謂的「文化創意產業」（以下簡稱文創產業），顧名思義，就是以創意、想像力為出發點，加入文化元素，創造出富有經濟價值的文化商品之產業。換言之，將具有藝術性、創意性、娛樂性、大眾性等與文化相關

---

[1] 「社福企業」是根據《社福企業育成法》第二條之規定，針對社會弱勢階層，如低所得者、高齡者、殘障者、長期失業者、與社會脫軌之女性……等，提供他們社會服務或工作機會，謀生的同時須以增進社會和諧與進步為優先考量。相較於以利益優先的一般企業，「社福企業」是為了讓社會弱勢者有工作做，並提升其個人價值與生活品質而開創事業的企業。

「社福企業」的型態有五種：工作機會提供型、社會服務提供型、混和型、其他，以及今年新增設的地區社會貢獻型。不過創業維艱，因此韓國政府透過認證制度，會提供得到認證的社福企業一筆創業基金，支援其事業開發，金額從幾百萬到3,000萬韓元（約台幣80幾萬）不等。這些得到政府資源的社福企業，有的獨立作業，有的與機構合作，進而回饋社會。（韓國社會企業振興院：http://socialenterprise.or.kr/index.do）

[2] 《韓國文化產業白皮書》（1997, 2001），文化體育部。

圖1 文化產業的構造

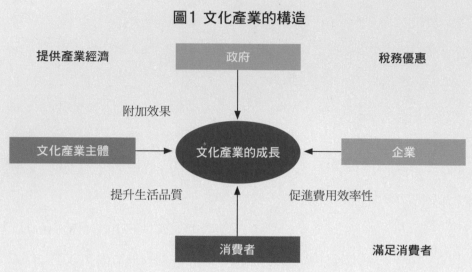

資料來源：金載範 [譯音]，《文化產業的理解》，2005

之創意，變身成高附加價值的產品，就是文創產業。聯合國教科文組織（UNESCO）認為文創產業是結合創意生產和商品化等形式，運用本質為無形的文化內涵，這些內容基本上受著作權的保障，形式可以是物質的商品或非物質的服務，因此將文創產業稱為「文化產業」、「創意產業」，或是經濟領域上所謂的「朝陽或未來性產業」（Sunrise or Future Oriented Industries），又或者科技領域稱之的「內容產業」（Contents Industries）。[3]而全世界對文創產業的定義不盡相同，命名也不一，例如韓國稱為「文化內容產業」、英國稱「創作產業」、美國稱「資訊產業、教育娛樂（Edutainment）產業、著作權產業」、法國稱「文化產業」、日本稱「內

容產業」，而台灣稱為「文化創意產業」。

在韓國，「文化內容產業」一詞正式被廣泛使用乃始於2001年。「內容」（contents）一詞原本用在網路數位化資訊之相關內容，後來專指數位內容物，特別是「有高價值的商品」亦稱為「內容」（contents）。韓國在1990年後半期，IT、數位技術逐漸發展，韓國政府將文化產業數位化，亦即「將電子技術與文化產業結合，創造出高附加價值的產品」，此概念即為文化內容產業之雛形。直到1999年與2000年文化觀光部先後發布「文化產業願景21」與「內容韓國願景21」（Contents Korea Vision 21）兩大政策，在提案中正式使用「文化內容產業」一詞，並將文化內容產業定義為「二十一世紀國家競爭力的核心課題」與「足以左右經濟活力與國家發展的國家的、時代的課題，同時也是維持文化整體性的工具」[4]，於是「文化內容產業」一詞正式在韓國社會登場。一直到現任總統李明博上台後，為了讓韓國在2015年成為全球五大3D文創強國，將「文化」兩字刪掉，全力支援數位產業，才更名為「內容產業」，不過民間仍多以「文化內容產業」稱之。[5]

---

[3] 劉曉蓉（2006），〈文化產業發展成文化創意產業之特性研究——以交趾陶為例〉，中山大學公共事務管理研究所碩士論文。

[4]《韓國文化產業白皮書》（2001），文化體育部。

[5] 由於台灣使用「文化創意產業」一專有名詞，故本文將韓國的「文化內容產業」以「文化創意產業」稱之，並簡稱為「文創產業」。

綜言之，文化創意產業在韓國的名詞歷經了「文化產業→文化內容產業→內容產業」三個階段，目前以「內容產業」稱之。我們可以從名詞的演變中窺知文創產業在韓國發展的軌跡。從早期沒有數位化的純文化產業，隨著IT科技的發達，將平面式的文化產業變為生動立體的文化內容產業。只是，無論名詞如何更改，都不曾發現「創意」兩字，令人好奇。

除了定義之外，各國文創產業的內容也不盡相同。將一些生活形態、傳統文化、藝術、故事、大眾文化、個人經驗、歷史紀錄……等各式各樣的題材，經過技術改良、包裝，變身成高附加價值的產品，即可稱為文化創意產品。文創產業範圍相當廣泛，很難明確地規範，舉凡動畫、出版、電子書、漫畫、遊戲、電影、廣播電視、廣告、角色商品、設計、流行、工藝……等皆屬之。從聯合國教科文組織對文化產業的分類亦可得知，除了文化遺產、印刷材料與文獻、音樂、演藝藝術、視覺藝術、電影與攝影、廣播與電視、社會文化活動等與文化藝術相關的項目之外，還含括了體育活動、自然與環境等，可謂包羅萬象。

以韓國為例，韓國文創產業內容，在《文化產業振興基本法》（1999年制訂）第二條第一項將「文化產業」明文規定為：「與文化商品的計畫、開發、製作、生產、流通、消費等相關之產業」，並界定了文化商品之具體範圍八大項，如下：

（1）電影、video

（2）音樂、遊戲

（3）出版、印刷、刊物等

（4）廣播影音

（5）文化財

（6）漫畫、角色、動畫、教育娛樂、手機、設計（產業設計除外）、
廣告、公演、美術品、工藝品等相關產業

（7）數位、多媒體文化內容之收集、加工、開發、製作、生產、儲
存、檢索、流通等相關服務產業

（8）傳統服飾、飾品等，舉凡將傳統文化資源加以應用並經大統領
令訂定之產業

　　第二條第二項則是對「文化商品」的定義：「將具有藝術性、創意
性、娛樂性、大眾性等與文化相關之創意商品化，創造經濟附加價值的有
形、無形之財物（包含文化相關的內容、數位文化內容），以及相關服務
等皆稱之」，第三項則是清楚地定義「內容」兩字：「指符號、文字、聲
音、音響、影像等資料或資訊」，而第四項的「文化內容」則清楚說明：
「文化元素被實物化的內容」。

　　另一方面，韓國政府從上述八大項目中，選定幾個重點產業，從一開
始的兩大產業（出版與電影），隨著時代的潮流變遷，逐漸發展到目前的
十二個旗艦產業（出版、電影、音樂、電視傳播、廣告、遊戲、漫畫、動
畫、角色、知識資訊、影像獨立製作公司、文創內容服務）。

相較於韓國，台灣文創產業範圍則歸納為十五加一項，包括：

（1）視覺藝術產業

（2）音樂及表演藝術產業

（3）文化資產應用及展演設施產業

（4）工藝產業

（5）電影產業

（6）廣播電視產業

（7）出版產業

（8）廣告產業

（9）產品設計產業

（10）視覺傳達設計產業

（11）設計品牌時尚產業

（12）建築設計產業

（13）數位內容產業

（14）創意生活產業

（15）流行音樂及文化內容產業

（16）其他

比較台韓兩國文創產業的範圍，韓國的八大項雖少於台灣的十五項，但其內容含括層面卻比台灣完整，較貼近文創產業的精神。台灣文創項目

內容重複,過度強調設計產業。有鑑於此,台灣當局也重新強調,將工藝、電影、電視、設計、數位內容、流行音樂定義為六大文創產業旗艦計畫,這樣的集中發展,與韓國的文創內容有異曲同工之妙,亦顯示台灣發展文創產業的決心。

三、韓國文化創意產業的緣起

韓國的文化產業起源很早,可以追溯到1960~1970年代,不過早期的文化產業充其量只能稱為大眾文化,包含了出版、電影和廣播,其中又以出版和電影為主軸。這點與早期的台灣很類似。當初為了宣導、教化人民,政府發展電影產業不遺餘力,後來朴正熙政府為了想賺取外匯,更是努力推展電影產業,但沒有特別成效。

歷經朴正熙的集權時代,全斗煥政府開始放寬各種體制,原本韓國國產電影獨佔市場的結構,在1984年《電影法》五次修正後,從保護政策轉為接受自由經濟體制的態度,且於1988年奧運之後,韓國開始對外開放,允許外國人投資電影事業。直到盧泰愚政府時代,雖仍為軍人執政,但社會已經逐漸邁向民主化,電影事業也如雨後春筍般開始活絡。

1993年第一個文人總統金泳三上台,為了表示與民眾的親近,將自己的政府取名為「文民政府」,改寫了過去一直由軍人執政的韓國政治史,把韓國正式推向民主國家,而文化產業也是從這裡開始成為經濟產業的一

環，並且在1994年5月設置文化產業局以推行文化產業政策。（李東然 [譯音]，2009: 99）文化產業局的設立可謂大眾文化產業化的里程碑。

金泳三政府之所以在上任後短短一年內新設文化產業局，乃因為1994年金泳三出席了一場韓國國家科學技術諮詢會議，從中得知電影《侏羅紀公園》一年期間賺進了8億5,000萬美元，相當於當時韓國汽車出口150萬台所得的收益，這一點令他無比驚訝，於是下令積極發展文化產業，開始訂立文化產業相關法令。不過，此時的文化產業仍以影音、出版為主要對象。

金泳三政府之後，金大中接手在亞洲金融風暴重創的韓國，面對大企業倒閉、中小企業不振的困境，他開放外資拯救大企業、振興文化產業扶植中小企業，並於1998年2月將文化產業明訂為二十一世紀重要根幹產業，試圖以文化立國。

由於文化產業不需要投入太多硬體設備，可以說低投資高收益的產業，特別適合中小企業，在金融風暴受創的韓國，有鑑於過去太以製造業為主的落後產業結構，為了突破經濟危機，文化產業儼然成為一個新的出口，成為韓國的新成長動力，這樣的政策目標甚至出現在金大中就任的演說詞與國政演說中，足見金大中對文化產業的重視。

若要比較金泳三與金大中兩個政府對文化政策的貢獻度，前者正式提高了文化產業政策的重要性，但後者才是文化產業振興的真正推手，所有具體政策的制訂與預算支援也都在其任內完成，因此韓國文創產業可以說

是在金大中政府的積極推動下始得蓬勃發展。而金大中政府任內的韓流效應，更直接成為文創產業發展的媒介。

四、文化創意產業的特性

若從經濟學的角度切入，文化創意產業的特性可整理為藍海（blue ocean）策略、OSMU（one source multi-use）原理、高風險高收益（high risk, high return）、公用物品（public goods）、文化折扣（culture discount）、規模經濟（economies of scale）等六種。[6] 此外，人力資源偏向度高、產業的穩定性不明確、產業規模小缺乏穩定現金流量、文化／創意／產業的輕重順序難以拿捏、偏重無形資產、帳面價值難以反映……等等，皆是文創產業或商品的特性。本書僅就前六項特性加以論述。

（一）藍海（blue ocean）策略

文創產業被視為「藍海」策略的成功範例，有別於以往惡性競爭、削價策略、商場廝殺的紅海市場，文創產業以價值革新開拓一個嶄新的市場空間，打破價值與成本抵換的觀念，創造與掌握新需求，追求差異化與低

---

[6] 金平洙、尹洪根、張圭洙 [皆為譯音]（2011），《文化內容產業論》，Communication Books，頁9-16。

左：亂打秀，右：JUMP秀

成本，產生高附加價值，可以說是全新的資本市場，無外力干擾。[7] 韓國的舞台劇「亂打」就是最佳的例子。

「亂打」是由韓國的傳統農樂加以創新改編，用廚房的器具演奏出來的文創觀光舞台劇，又因最早鎖定的觀眾群是外國人，為了排除語言的障礙，以默聲劇的方式呈現，在1997年亞洲金融風暴後，成功地開啟了文創經濟的扉頁。繼「亂打」後，結合跆拳道的「JUMP秀」舞台劇也締造了佳績。這些默聲劇因為多以外國觀眾為主，並沒有擠壓或影響到原本韓國國內的任何一項產業，完全以價值革新來開拓另一個全新的市場空間，並創造出獨自的特殊性，可以說是典型的藍海策略。

（二）OSMU（one source multi-use）→窗口效應（window effect）

韓國的文創產業運用了"OSMU"原理產生「窗口效應」。亦即，用一個素材（one source）衍生出多種商品（multi-use）並將之普及化。如果將文化內容視為one source，那multi-use就是指電影、動畫、出版、漫畫、遊戲⋯⋯等商品，而這樣的效應便是所謂的窗口效應。又如，拍攝的一部電影從電影院下檔後，我們仍然可以在電視、飛機上、網路TV、錄影帶店等許多場合看到這部影片，這也是窗口效應。

韓國電視傳播產業可以說是將韓國文創產業的OSMU原理發揮得最淋漓盡致的產業之一，一個故事變成一齣戲劇，一齣戲劇創造許多周邊商機，由OSMU產生了窗口效應。韓劇《冬季戀歌》的銷售額超過1,000億韓元，附加價值超過3兆韓元（以當年匯率，約台幣1,000億元），而男主角裴勇俊一人便創造了74億台幣的商機。

2004年的韓劇《大長今》總製作費為70多億韓元（每集的製作費約台幣500萬元），窗口效應賺得464億韓元，其中廣告效益最大，共有249億韓元的收入，其次是海外出口收益125億韓元，觀光效益28億韓元、出版品也有12億韓元⋯⋯等，而2006年也因《大長今》效應，女主角李英愛代

---

7 金偉燦（W. Chan Kim）、莫伯尼（Renee Mauborgne）（2006），《藍海策略》（*Blue Ocean Strategy*），天下文化。

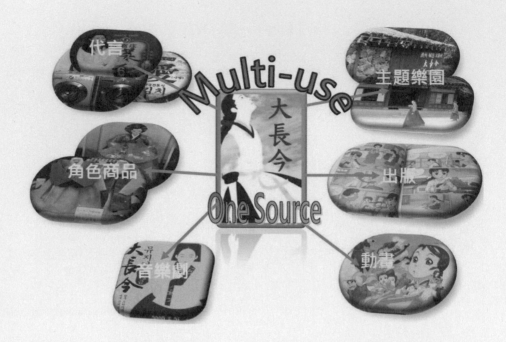

大長今的OSMU→產生窗口效應→創造高附加價值

　　言的LG電子產品在台灣的市佔率攀升第一，同時帶動東南亞市場。

　　戲劇之外，電影也是OSMU原理的最佳代表。紐西蘭的電影《魔戒》就是一個好例子，一部小說拍成電影、做成遊戲、衍生性商品，再帶動觀光，這樣一個連環效應讓紐西蘭2006年的觀光客年平均增加了5.6%、影音產業成長146%、創造出約2萬名的就業機會。[8] 因此，高市場潛力、高雇用機會創出率、高附加價值、高文化經濟效益、增進國家品牌威力等，都可以說是OSMU的貢獻。

　　據統計，2007年全世界文創產業市場規模已高達 1 兆2,045億美元，2009年受到金融海嘯影響，比2008年（1兆2,320億美元）減少了4%，但仍有約 1 兆1,828億美元的規模，估計每年以4.0%的成長率增加，2014年市場規模將可達到 1 兆4,403億美元。[9] 如此龐大的經濟效益，讓世界各國對文創產業趨之若鶩。如同七〇年代的重工業產業、九〇年代的半導體產業與二十一世紀初的IT產業一樣，文創產業已然成為下一個世代重要的新興產業之一。

　　二十一世紀，文化不再是令年輕世代感到疏離的傳統古物，透過創意的加值與以需求為本的設計概念，結合行銷管理，文創產業將取代生硬的電子業、枯燥的製造業，而成為未來世代最有活力的產業。我們可以說，文創產業是結合了文化性與技術性，創造出高經濟性的產業，因此同時具有文化、技術、經濟與管理等特性的多元化產業。

（三）高風險高收益（high risk, high return）

　　雖然文創產業具有高市場潛力、高附加價值、高文化經濟效益的特質，但不得不承認它同時具有高風險性，大部分的文創產業都會有不少的初期投資費，如電影、戲劇、動畫等都是需要前置製作費的產業，如果票

---

[8] 聯合新聞網2008/12/22。

[9] 〈2009海外文創市場調查〉（2010: 21），韓國內容振興院。

房不佳的話，連本帶利都無法回收，此時，當初投資的製作費就變成了「沉沒成本」（sunk cost）。

「沉沒成本」又稱為「沉入成本」或「既付成本」，指已經付出且不可收回的成本。例如，你預購了一張電影票，已經付了錢且假設不能退票，此時你付的電影票款就成了沉沒成本，因為就算你不看電影，錢也收不回來。因此像戲劇、電影、音樂等產業，在成品之前就得投入許多費用，如人事費、膠卷等耗材的費用，若票房不好，那這些當初投資下去的資金就成為沉沒成本了，因此投資的風險、收益的風險也是文創產業所面臨的課題。

雖然文創產業擁有OSMU的高附加價值與高市場潛力的優勢，但這樣的連帶效應得在最原始one source成功的前提下方能成立。例如，《大長今》、《冬季戀歌》都是因為戲劇的成功，才衍生出周邊的商品，但製作費更高的電影，常常慘遭滑鐵盧，沉沒成本足以讓一位導演傾家蕩產。像這樣的投資高風險有別於製造業，是文創產業的特性之一。

（四）公用物品（public goods）

所謂公用物品是指當一件物品可供多人同時享用，而互相不會影響對方所得的量以及對該物品的價值時，這件物品便是公用物品或稱共用物品。換言之，公用是指多人可以共享而不干擾他人的享用，這種共享不是指輪流用，是要可以擁有同時享用的性質。文創商品便具有該特色，例

如，電視節目或電影，你看或不看，是不會影響別人的享用權。

　　然而，也正因為這樣的特色，文創商品面臨了免費消費的問題。例如無線電視台播放的節目透過廣告的收益來提供觀眾免費欣賞，但若是廣告收益不佳，那將面臨虧本的風險。電視節目不會因為多增加一個觀眾就多一份收入，完全得靠廣告的效益。又如報章雜誌，只要有一個人花錢購買，就可以提供許多人免費閱讀，換言之，這許多人是不需要花任何一毛錢就可以享有文化商品。如此一來，若再將盜版的問題考量進去，那文創商品更難以用一般商品的成本概念來計算。

（五）文化折扣（culture discount）

　　所謂文化折扣是指當某一個文化節目，移至另外一個市場時，吸引力會減弱，觀眾可能無法對該節目的風格、價值、行為模式……等產生共鳴，此時便產生了文化折扣，尤其是在語言、風俗習慣差異很大的地區，文化商品更不易成功進入。例如，韓劇、電影等文化元素較明顯的商品，其文化折扣率也相對增大，如韓劇在亞洲形成韓流，但在歐美國家卻難成氣候。反之，遊戲、動畫、談話性節目等商品，其文化性較低，因此就算在文化差異很大的歐美地區仍可盛行，此時文化折扣率就很小。

（六）規模經濟（economies of scale）

　　規模經濟是指在一定的產量範圍內，隨著產量的增加，成本得以不斷

降低的事實。換言之，在一定的產量範圍內，固定成本被認為變化不大，因此新增的產品就可以分擔更多的固定成本，進而使總成本下降，也就是大規模的生產所形成的經濟效益。而文創產品具有這個特色，如果OSMU成功的話，在支付第一次的成本後，其餘再創造、再複製的成本就相當少，甚至可以說接近零成本。舉例來說，《大長今》的總製作費為70多億韓元，因為高收視率，光是廣告249億韓元的收益就已經回本，但人氣散播到海外，海外版權的販賣等收益125億韓元，以及連帶的觀光效益28億韓元、出版品12億韓元……等等，都可以看做是規模經濟帶來的成果。[10]

五、文化創意產業的重要性

（一）高成長高收益

　　全世界文化創意產業每天創造220億美元的價值，並且以年平均約5%的速度遞增，韓國文創產業的年平均成長率約為2.4%，2010年總產值為70兆韓元，目前佔居亞洲第三，其中海外出口佔了5%，約32億美元。銷售額從2007～2011年四年期間，年平均以倍數成長，約為6.08%，而線上與數位內容的文創產業年平均更以15.8%成長。此外，出口額從2005～2011年七年間，年平均成長率高達21.6%，相較之下，同一時期全體產業出口的年平均成長率不過11.8%，文創產業已經從內需市場轉為外銷導向。

電視劇《朱蒙》的OSMU

（二）連帶（synergy）效應→高附加價值

　　一個題材可以創造出多元的商品，再從這些商品中交互產出更多的效益，這是文創產業所謂的連帶效應，其附加價值誘發係數為0.8，高出觀光產業的0.64與製造業的0.56[11]，顯示文創產業的高附加價值特性。

　　本書以韓劇《大長今》為例，提及文創產業的OSMU所帶來的附加價

---

[10] 金平洙、尹洪根、張圭洙 [皆為譯音]（2011），《文化內容產業論》，Communication Books。

[11] 附加價值誘發係數是指為生產10億韓元價值所創造出的附加價值量，係數愈高，附加價值率愈高。

值，除了《大長今》外，古裝劇《朱蒙》締造的佳績也常被拿出來舉例。根據2007年1月23日的《韓國經濟》的統計報導，2007年的韓劇《朱蒙》總製作費為157億韓元，總收入為230億韓元，收益高達73億韓元（約台幣2億元），包含了海外版權28億韓元與角色等產品30億韓元的收益。此外，位於全羅南道的羅州拍攝現場也吸引了65萬名觀光客，而這65萬名觀光客創造了210億韓元的收益，戲中出現的覆盆子酒、男性化妝品、米……等，只要貼上「朱蒙」兩字，都成為暢銷產品。不僅戲劇，韓國流行音樂等文創產業亦然，在環環相扣的連帶效應下，除了實質的經濟效益，對於傳遞韓國文化、提升韓國品牌等也有相當的助益，而這樣的附加價值更是難以用數字統計出來的。

（三）創造工作機會

文創產業創造了許多工作機會，2010年至少創造出52.1萬名的就業機會，特別是年輕族群，這一點與製造業有所區別。以韓國2010年為例，35歲以下的從業者佔了51.9%，超過一半，35～39歲壯年族群佔了23.4%，總計39歲以下的從業者，佔了75.3%。換言之，文創產業帶來的工作機會解決了韓國青年失業的問題；而文創產業又多為中小企業，也提供了青壯年創業的機會。

韓國文創產業每年創造約60萬個就業機會，就業誘發係數[12]（以10億韓元為標準）為12人，高出服務業中的金融業6.9人、通信業8.1人，以及

製造業的汽車7.7人、造船6.1人、半導體4.9人，可謂產業之冠。

（四）文化經濟效果大

　　文創產業所帶來的經濟效益，不僅是實質的經濟效益，由於文創產業的盛行，鼓勵了人民的創作，而過程中可以重拾對自己國家文化的再認識，同時也帶動人民對文化的關心，進而產生購買文化商品的慾望以及文化生活的參與。從這個角度來看，因為文創產業引發人民對自身文化的認同，有了認同，便產生了積極性，由人民自發性地帶動文化氛圍，進而提升國家形象，這可以說是另一種不透過經濟數字而成的文化強國。當然因為文創產業所帶來的各項經濟收益，亦是人民所企盼，因此文化創意產業被稱為是文化經濟擴散效果最大的產業，一點也不為過。

圖2 文化經濟的擴散效果

韓國文創產業（電視劇、音樂、電影、遊戲、動畫、角色商品等） ▶ 對自身文化的關心增加 ▶ 韓國形象上升 ▶ 購買韓國商品（手機、電視、汽車、流行服飾商品等） ▶ 造訪韓國（觀光、貿易）

資料來源：〈維持韓流持續化方案〉，*Issue Paper*，三星經濟研究所，2006

---

[12] 就業誘發係數是指為生產10億韓元價值而創造出的工作崗位數量。

第二章　韓國文化創意產業政策

一、政策的演進

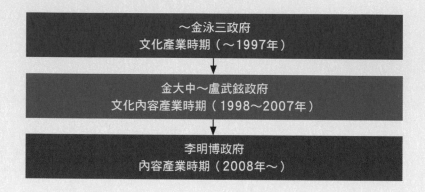

（一）金泳三政府（1993～1997）

　　1993年第一個文人總統金泳三上台後，為了加強年輕人的體育與全民的休閒活動，把「文化部」改為「文化體育部」，轄下設有文化政策局、生活文化局、藝術振興局、語文出版局、體育政策局、體育支援局與國際體育局，隔年（1994年）5月新設文化產業局，取代了語文出版局（金正洙 [譯音]，2006），而文化產業局的設立可以說是將大眾文化產業化的里程碑。

　　第一章曾提及，1994年金泳三在一場國家科學技術諮詢會議中得知電

影《侏羅紀公園》一年期間賺進了8億5,000萬美元，相當於當時韓國汽車出口150萬台所得的收益，如此高收益的產業讓他決定發展文化產業，因此廢掉語文出版局，設置了文化產業局，也開始訂立文化產業相關法令。不過此時的文化產業仍以影音、出版為主要對象。（崔善慧[譯音]，2011）

　　金泳三任內一項很大的文化計畫即為「文化暢達五年計畫」，是1993年7月發表的「新文化・體育・青少年振興五個年計畫」中的文化政策之一，其中文化產業首度成為重要的政策目標之一。這個計畫其實是延續前盧泰愚政府的「文化發展十年計畫（1990～1999）」，除了發展文化產業外，主要還是以提升人民生活品質、將韓國帶向先進文化福祉國家為主要目標。（金昌洙，2009）

　　金泳三在任期最後一年，亦即1997年，訂立了「文化願景2000」計畫，其中除了與過去政策相似的提升文化生活品質、擴大支援文化藝術創作、活化地區文化、韓國文化世界化……等，推動文化教育與文化產業的育成兩項算是他與前朝不同之創舉。可惜的是，最後一年任期提出的政策，又碰上亞洲金融風暴，不僅無法付諸實現，過去的努力也付之一炬。整體而言，金泳三政府對於文化產業的政策不夠具體，許多學者亦認為，金泳三雖認知到文化產業的重要性及開發的必要性，但其政策推動的結果可謂「雷聲大雨點小」，甚至認為國家管理能力的不足、沒有效率的政策運作與過度的樂觀，徒讓人民感到失望。（鄭允載[譯音]，2003）

　　金泳三任內的重要文化政策整理如【表1】。

表1 金泳三的文化政策

文化產業時期	
政府	金泳三 文民政府（1993～1997）
政策與法規制度的發布	93' 文化暢達五年計畫、新經濟五個年計畫 94' 下令發展文化產業並訂立相關法令 95' 文化福祉政策立案、宣布該年為世界化元年 　　施行提升藝術家重要性政策 97' 訂立「文化願景2000」計畫 ・制訂《圖書館與讀書振興法》、《電影振興法》、《地方文化院法》；修訂《著作權法》 ・設立結合文化、體育、青少年、觀光的行政組織
其他	93' 文化部→文化體育部、設藝術學校音樂院 94' 設文化產業局 95' 設影像院 96' 設舞蹈院 97' 設美術院 ・公演展示等觀眾年平均增加18% ・文化預算從1992年的0.49%增加到1997年的0.91%、籌措地方文化藝術振興基金
產業項目	出版、電影

表2 金泳三政府文化產業局預算　（單位：億韓元）

年度	政府總預算	文化體育部預算		文化產業局預算	
		總預算	佔政府總預算比例	總預算	佔文體部總預算比例
1994	476,262	3,012	0.63%	54	1.8%
1995	567,173	3,838	0.68%	152	4.0%
1996	629,626	4,591	0.73%	189	4.1%
1997	714,006	6,531	0.91%	132	2.0%

資料來源：《2008年文化產業白皮書》、《2009、2010年度預算基金營運計畫》，文化體育觀光部

金泳三政府為了提倡文化產業，也曾努力編列文化產業局的預算，但頂多只有文化體育部總預算的4%左右而已，對於推展文化產業的助益不大。

儘管如此，當年因為政府突如其來的大動作，令媒體、大企業等也對文化產業的高經濟效益投以高度的關切，陸續投入資金開發產品，也因此揭開了文化產業化、經濟化時代的序幕。原本平淡的大眾文化，瞬間變成可以賺錢的產業，令許多人躍躍欲試。

不幸的是，文化產業尚未站穩陣腳，卻又遭逢1997年的亞洲金融風暴，國際金融貨幣基金IMF接管韓國，整個國家陷入愁雲慘霧之中，經濟崩盤、人民失業、顛沛流離、無所適從，肚子都吃不飽了，何來文化饗宴！在金融風暴中受挫的大企業也在此時抽回對文化產業的投資，而原本從文化產業找到希望的中小企業，其生存更是倍感威脅，文化產業的市場急速萎縮。

1990年代的韓國政府已經開放自由觀光，對外國的投資也放寬了規定，人民可以自由接觸外來的文化。在台灣看似很自然的一件事，但對於長期眼中只有自己國家文化的單一民族韓國人而言，外國文化的進入，可以說是憂喜參半。例如，1998年經濟合作開發機構OECD在《多方投資協定》（MAI）中把文化投資放入國際協商的討論事項，便有學者憂心表示：「若外資投入文化商品製作的話，想必會對國民造成很大的文化衝擊，希望政府提出具體對策，可以維持住文化產業存在的基礎。」（崔鍾

哲 [譯音]，1998: 48）而這樣的危機意識，韓國政府也立即接受，於是政府旗下的「產業研究院」隨即發表《文化產業經濟價值的展望報告書》，書中提到：「未來將投注15兆3,000億韓元在文化產業育成事業，可望一年內創造32萬名的工作機會。」這份報告書可以說把文化產業與經濟導向主義做了正式的連結。（姜應善 [譯音]，1998）。而此時已到了金大中的「國民政府」。

（二）金大中政府（1998～2002）

前面曾述及金大中是韓國文創產業振興的真正推手，所有具體政策的制訂與支援皆始於他所領導的「國民政府」，因此金大中又被稱為「文化總統」。

1997年金大中當選總統，接手在亞洲金融風暴重創的韓國，以振興文化產業來扶植中小企業，並於1998年2月將文化產業明訂為二十一世紀重要根幹產業，試圖以文化立國。在IMF接管韓國時期，金大中為了大刀闊斧進行改革，財閥、金融、公部門、勞動等所有的政策變革皆為市場經濟導向，當然文化產業也不例外。

1997年當時文化體育部有十大主要文化事業等著推動，但無論是法規的制訂或預算的編列等配套措施都未能完整，效果不彰，最後所有預算全部被金大中政府刪除。[13] 金大中一上任後，陸續推動了許多文化產業相關計畫，如1998年的「國民政府新文化政策」、1999年的「文化產業振興五

年計畫」，為了補足「文化產業振興五年計畫」的缺漏，隔年（2000年）又發表了「文化產業展望21」與「電影產業振興綜合計畫」。此外，1999年2月更制訂了《文化產業振興基本法》，正式為文化產業找到了定位；2001年發表了「內容韓國願景21」，該計畫可謂直接促成了「韓國文化內容振興院」（KOCCA）的成立。

　　金大中政府對於文化產業的推動最為後人所歌頌的就是，1999年制訂《文化產業振興基本法》、下令將文化觀光部的預算編列維持在國家總預算的1%以上、編列文創產業的育成與支援金等預算，並籌措文化產業振興基金、於文化觀光部轄下設置「韓國文化內容振興院」等多項推動文化產業之政策與措施。將金大中任內的重要文化政策整理如【表3】，文化預算整理如【表4】。

　　金大中政府的文化政策有所謂「一條胳臂距離」的原則，就是讓一個距離政府只有一條胳臂長的民間機構來擔任文創產業推手，這個原則其實就是要求政府「對文化藝術有支援之責任」與「保障創作自由之義務」。

---

[13] 十大文化事業與支援金（單位：韓元）舉例如下：文化街道（52億）、新設韓國傳統文化學校（44.63億）、光州雙年展（Biennale）基金（50億）、支援建立公共博物館（130億）、擴充大眾藝術專門公演場（48.39億）、購買公共圖書館資料（40億）、建立尖端影像主題公園（50億）、增設韓國文化院（63.4億）、韓國藝術綜合學校正常化基金（60億）、文化之家（13.6億）等。金大中政府刪減這些預算被專家分析為「忽略文化、偏重產業」。

表3 金大中的文化政策

文化內容產業時期	
政府	金大中 國民政府（1998～2002）
政策與法規制度的發布	・完成文創基砥建構 ・認定文化產業為二十一世紀國家根幹產業 ・文化觀光部預算為國家總預算1%以上 98' 新文化觀光政策、開放日本大眾文化、國民政府新文化政策 99' 制訂《文化產業振興基本法》；修訂《著作權法》與《電影振興法》 　　文化產業振興五年計畫 00' 新藝術的年、文化產業展望21、電影產業振興綜合計畫 01' 內容韓國願景21、文化產業聚落 02' 純藝術領域預算增加四倍、文化財兩倍，無形文化財的發掘與傳授、制訂《地方文化院振興法》
其他	98' 設傳統藝術院、文化體育部→文化觀光部 99' 設立韓國遊戲產業開發院 00' 改編放送影像振興院、開設韓國傳統文化學校 01' 設立韓國文化內容振興院（KOCCA）
產業項目	出版、電影、**音樂**、**電視傳播**、**廣告**（1998年） 出版、電影、音樂、電視傳播、廣告、**遊戲**（1999年）

表4 金大中政府文化觀光部預算　（單位：億韓元）

年度	政府總預算	文化觀光部總預算		文化事業預算	
		總預算	佔政府總預算比例	總預算	佔文化觀光部總預算比例
1998	807,629	7,574	0.94%	168	2.2%
1999	884,850	8,563	0.97%	1,000	11.7%
2000	949,199	11,707	1.23%	1,787	15.3%
2001	1,060,963	12,431	1.17%	1,474	11.9%
2002	1,161,198	13,985	1.20%	1,958	14.0%

資料來源：《2008年文化產業白皮書》、《2009、2010年度預算基金營運計畫》，文化體育觀光部

亦即，政府實質支援，但不干涉，只盡監督之責。在這樣的原則下，過去十幾年確實產生了許多民間機構盡心地推動韓流文創產業，也締造佳績。

不過，金大中政府的文化產業因為是以救國、立國為出發點，因此整體政策多偏向於產業，並沒有著重在文化藝術的推廣，而是以營利的、高附加價值的文化產業為主要振興對象，這一點也成為當時被指摘的項目之一。

2000年前後的韓國，不管在數位技術的發展或超高速的網路設備都具有相當的規模，在這樣完善的硬體下，軟體的填充是很重要的，也正因為在這樣的契機，讓文化產業有了升級的空間，「文化＋IT」的概念逐漸成形，很多科技業者開始思考要如何用電腦與網路推廣韓國文化產業。此時「內容產業」已有取代「文化產業」一詞之勢，然2001年在文化觀光部轄下成立「韓國文化內容振興院」（KOCCA）後，正式以官方的「文化內容產業」為定位，將舊有的「文化產業」加上IT產業，改為「文化內容產業」[14]。隨著KOCCA的成立，正式建立了文創產業支援體系，為的就是要將韓國推進世界五大文創產業生產國，透過文創產品的輸出，實現創意文化強國之目標。

2000年代前後開始，建立在IT之上的文化產業，脫離傳統的藝術文

---

[14] KOCCA可以說是韓國文創產業推動政策的最高機構，英文全名為Korea Creative Content Agency，應該譯為「創意內容」，但韓文名稱並沒有「創意」兩字，頗耐人尋味。

化，形成所謂的文化技術（CT），而遊戲便是第一個結合高科技的文化內容產業。1999年韓國的IT已經有所發展，在大家苦於「有硬體無軟體內容」的情況下，遊戲產業因而誕生，也成了文化內容產業的最佳代表。盧武鉉政府承接著金大中政府的眾多豐碩成果，繼續將CT發揚光大，主攻遊戲產業。

文化技術一詞被提出可以追溯到2001年，當時韓國將IT、BT、NT、CT、ET、ST等所謂的6T[15] 國家策略技術定義為「未來產業」，其中CT便是與文創產業有關的「文化技術」。在這之前，1999年只有IT、BT兩個產業最早被提出，2000年增加了NT、ET，2001年又增加了CT、ST。從這樣的進展中，不難發現，韓國在發展任何產業的過程中，都是邊走邊修正，也會因應時代的變遷與需要即時修正政策的方向，並快速制訂法規、編列預算，立即投入執行。

（三）盧武鉉政府（2003～2007）

盧武鉉的「參與政府」承接了金大中文化政策努力的結果，文化產業產值每年約以10.5%的高成長率呈現。[16] 此時文化產業的重點指標已從金大中政府的六個項目（出版、電影、音樂、電視傳播、廣告、遊戲）增加到十個，新增的漫畫、動畫、角色等可以說是由遊戲產業衍生出來的新標的產業。

2003年盧武鉉一上台即發表「邁向世界五大文化產業強國政策展

望」，集中投資並支援文化技術的開發、建立流通系統與活化國內外行銷和出口的管道；此外，培養策略專門人力亦是主要政策之一。2004年盧武鉉調整了文化觀光部旗下的部門，首度將媒體產業與文化產業區分開來，至今仍沿用著。

盧武鉉另一個重大政策是2005年發表的「文化強國（C-Korea）2010」計畫，希望在2010年能成為世界五大文化產業強國，也希望藉此可以創造出更多的工作機會，但目標尚未達成。所謂「文化強國（C-Korea）2010」中的"C"有其意義，除了立即聯想到的「Culture文化」外，「Creativity創意」、「Contents內容」等意思亦包含在內。（崔善慧，2011: 39）他們認為「文化」＋「創意」→有價值的「內容」，亦即，文化創意產業將是二十一世紀國家發展的動力，也會是左右全球競爭力的核

---

15 所謂6T指的是IT（資訊技術Information Technology）、BT（生命工學技術Biotechnology Technology）、NT（奈米技術Nanotechnology Technology）、CT（文化技術Culture Technology）、ET（環境技術Environment Technology）、ST（宇宙航空技術Space Technology），被韓國政府視為未來最有希望的尖端技術產業，韓國政府更在2009年12月21日宣布，從2010年起，將在6T領域中五年投資13兆韓元（約新台幣3,710億）。

16 2003年44兆1,958億韓元、2004年50兆621億韓元、2005年53兆9,482億韓元，這三年年平均增加率為10.5%。從2006年開始文創產業項目新增了「影像獨立製作公司」、「知識資訊」網路資訊相關產業、與文創內容服務等三項，產值也大大提升到62兆7,690億韓元、2007年64兆4,148億韓元。李明博政府上台後，雖然2008～2009年遭逢全球金融風暴，但仍各有66兆126億韓元、69兆5億韓元的產值，之後穩定發展，2010年總產值達到72兆5,737億韓元。

心力量，更重要的是，它可以解決失業率的問題。在這樣的時代背景下，盧武鉉政府又推出「CT展望與藍圖」，並在韓國科學技術院（KAIST）設立CT研究所。

盧武鉉時代除了對科技的重視外，對如何活化傳統藝術亦不遺餘力，2006年發布「傳統藝術活化方案－願景2010」計畫，也制訂了《邁向亞洲文化中心都市特別法》、《讀書文化振興法》、《電影與影音產品振興相關法》，並引進文化產業識別系統（COI）、著作權認證制度。2007年又制訂了《遊戲與音樂產業振興相關法》；此外，設置電影發展基金積極推動電影產業。盧武鉉任內的重要文化政策整理如【表5】，文化預算整理如【表6】。

（四）李明博政府（2008～）

李明博一上台便大舉更名動作，首先將「文化觀光部」改為「文化體育觀光部」，接著為了展現推動3D技術的決心與企圖心，2009年更將「韓國文化內容振興院」（KOCCA）更名為「韓國內容振興院」。綜觀李明博的文化政策，除了繼續加強支援CT技術開發、CT產業制度化之外，3D技術的創新與養成，以及培育新世代青年藝術人才與創意專門人力、活化創業支援與大學實習制度等，皆是他極欲達成的目標。不僅如此，綠色環保事業也正積極地展開著，希望可以推動綠色文化運動。

在眾多政策當中，3D產業的推動可以說是他最重要的政策，為了因應

表5 盧武鉉的文化政策

文化內容產業時期	
政府	盧武鉉 參與政府（2003～2007）
政策與法規制度的發布	·集中投資文化技術（CT）、支援CT開發、建立創作基盤、活化國內外行銷與出口、培養策略專門人力 ·建構文化藝術教育基礎、加強學校文化藝術教育、引進美術銀行制度與文化接待費制度、文化事業準備金制度、建立建物美化義務化制度 ·提供低所得民眾的文化饗宴、擴大偏遠地區文化藝術教育的機會
政策與法規制度的發布	03' 選定文創產業為十大新世代成長動力產業 發布「邁向世界五大文化產業強國政策展望」計畫 修訂《文化藝術振興法》、《博物館與美術館振興法》 04' 出版《創意韓國》與《藝術的力量》兩書 05' 發布「文化強國（C-Korea）2010」、「CT展望與藍圖」、於KAIST設立CT研究所 制訂《國語基本法》與《文化藝術教育支援法》；修訂《文化產業振興基本法》、《文化藝術振興法》、《文化財保護法》、《大韓民國藝術院法》、《傳統寺廟保存法》 06' 發布「傳統藝術活化方案─願景2010」計畫 制訂《邁向亞洲文化中心都市特別法》、《讀書文化振興法》、《電影與影音產品振興相關法》；修訂《公演法》、《圖書館與讀書振興法》 引進文化產業識別系統COI、著作權認證制度 07' 制訂《遊戲與音樂產業振興相關法》；修訂《地方文化院振興法》 設置電影發展基金
其他	03' 建構遊戲產業綜合資訊系統 04' 設立CT Biz中心、將媒體局獨立於文化產業局之外 05' 設立CT戰略中心與CT研究所、在文化產業局內新設文化技術人力課與著作權課 06' 完成地區文化產業聚落、綜合影像學術中心 07' 數位韓文博物館開館
產業項目	出版、電影、音樂、電視傳播、廣告、遊戲、**漫畫、動畫、角色、教育娛樂**

表6 盧武鉉政府文化觀光部預算　　（單位：億韓元）

年度	政府總預算	文化觀光部總預算		內容政策館		媒體政策局		著作權政策館	
		總預算	佔政府總預算比例	總預算	佔文化觀光部總預算比例	總預算	佔文化觀光部總預算比例	總預算	佔文化觀光部總預算比例
2003	1,151,323	14,864	1.29%	1,890	12.7%	-	-	-	-
2004	1,201,394	15,675	1.30%	1,725	11.0%	-	-	-	-
2005	1,352,156	15,856	1.17%	1,911	12.1%	-	-	-	-
2006	1,469,625	17,385	1.18%	1,363	7.8%	890	5.1%	64	0.3%
2007	1,565,177	14,250	0.91%	1,284	9.0%	693	4.9%	75	0.5%

資料來源：《2008年文化產業白皮書》、《2009、2010年度預算基金營運計畫》，文化體育觀光部

3D時代來臨，讓韓國在2015年可以成為全球市場前五大3D文創強國，以原有的《線上數位內容產業發展法》為基礎增修而成為《內容產業振興法》，2010年制訂通過。此外，增設了「內容產業振興委員會」，負責一切執行計畫，讓文創產業的育成與發展更趨具體化。此時的重點標的產業，結合IT與數位，將舊有的十種項目中，教育娛樂改為知識資訊，並增加了影像獨立製作公司、文創內容服務，成為十二個項目，即出版、電影、音樂、電視傳播、廣告、遊戲、漫畫、動畫、角色、知識資訊、影像獨立製作公司、文創內容服務。其政策整理如【表7】。

　　此外，李明博政府提高各項文化預算，再加上基金，可以說是歷任總統中預算最高的政府，但過度集中投資大企業，成為被抨擊的靶心。其文化預算整理如【表8】。

表7 李明博的文化政策

內容產業時期	
政府	李明博 政府（2008～）
政策與法規制度的發布	・加強支援CT技術開發 ・CT產業制度化 ・完成創作基砥建構 ・培育複合式文創產業 ・培育3D技術 10' 制訂《內容產業振興法》→2015年成為全球前五大3D文創強國
其他	08' 文化觀光部→文化體育觀光部 09' 韓國文化內容振興院→韓國內容振興院（KOCCA） 　　文化產業局＋藝術局 ▸文化藝術局 媒體政策局獨立、新設數位圖書館與國立兒童博物館、籌備世宗學堂
產業項目	出版、電影、音樂、電視傳播、廣告、遊戲、漫畫、動畫、角色、**知識資訊、影像獨立製作公司、文創內容服務**

表8 李明博政府文化體育觀光部預算　（單位：億韓元）

年度	政府總預算	文化體育觀光部總預算		內容政策館		媒體政策局		著作權政策館	
		總預算	佔政府總預算比例	總預算	佔文化體育觀光部總預算比例	總預算	佔文化體育觀光部總預算比例	總預算	佔文化體育觀光部總預算比例
2008	1,749,852	15,136	0.86%	1,508	9.9%	558	3.7%	190	1.3%
2009	1,968,712	17,350	0.88%	2,422	14.0%	563	3.2%	300	1.8%
2010	≒ 1,948,000	18,762	0.93%	2,561	13.6%	818	4.4%	317	1.7%
2011	≒ 2,123,000	20,583	0.96%	2,972	14.4%	1,523	7.4%	373	1.8%

資料來源：《2009、2010、2011年度預算基金營運計畫》，文化體育觀光部、企劃經濟部

　　綜合金泳三、金大中、盧武鉉與李明博等歷任總統的重要文化政策，本文整理成年表如【表9】。

綜觀整個韓國文創產業的歷史脈動與政府領導人的特質，不難發現，金泳三、金大中與盧武鉉皆可謂邊緣人物。金泳三為第一位非軍人出身的總統，當時也是反對黨的一份子；金大中更不用說了，歷經多次政府的打壓，最後當上總統，可以說是在野黨的成功典範；而盧武鉉可謂平民代表。這三位總統的共同特質就是，非主流的邊緣人物，所以他們特別看到了以中小企業為主、不太起眼的文化產業的未來，也因此韓國的文化產業才得以提早發展，十幾年來邊做邊學、邊修正，終於有了今天的成績。至

表9 歷任總統的重要文化政策年表

	主要政策	法規與制度的發布	其他	產業項目
金泳三 1993 〜 1997	93' 文化暢達五年計畫、新經濟五個年計畫 94' 下令發展文化產業並訂立相關法令 95' 文化福祉政策立案、宣布該年為世界化元年、施行提升藝術家重要性政策 97' 訂立「文化願景2000」計畫	制訂《圖書館與讀書振興法》、《電影振興法》、《地方文化院法》 修訂《著作權法》 設立結合文化、體育、青少年、觀光的行政組織 文化預算從1992年的0.49%增加到1997年的0.91%、籌措地方文化藝術振興基金	93' 文化部→文化體育部、設藝術學校音樂院 94' 設文化產業局 95' 設影像院 96' 設舞蹈院 97' 設美術院 公演展示等觀眾年平均增加18%	出版 電影
金大中 1998 〜 2002	98' 新文化觀光政策、開放日本大眾文化、國民政府新文化政策 文化觀光部預算為國家總預算1%以上 文創基砥建構完成 認定文化產業為二十一世紀國家根幹產業	99' 制訂《文化產業振興基本法》、修訂《著作權法》與《電影振興法》 文化產業振興五年計畫 00' 新藝術的年、文化預算達到1% 01' 內容韓國願景21、文化產業聚落 02' 純藝術領域預算增加四倍、文化財兩倍，無形文化財的發掘與傳授、制訂《地方文化院振興法》	98' 設傳統藝術院、文化體育部→文化觀光部 99' 設立韓國遊戲產業開發院 00' 改編放送影像振興院、開設韓國傳統文化學校 01' 設立韓國文化內容振興院（KOCCA）	出版 電影 **音樂** **電視傳播** **廣告** （1998） 電影 出版 音樂 電視傳播 廣告 **遊戲** （1999）

	主要政策	法規與制度的發布	其他	產業項目
盧武鉉 2003 〜 2007	03' 選定文創產業為十大新世代成長動力產業 04' 出版《創意韓國》與《藝術的力量》兩書、國家均衡發展五年計畫 05' 文化強國（C-Korea）2010、CT展望與藍圖，集中投資文化技術（CT）、支援CT開發 06' 傳統藝術活化方案—願景2010 建構文化藝術教育基礎、加強學校文化藝術教育、引進美術銀行制度與文化接待費制度、文化事業準備金制度、建立建物美化義務化制度 提供低所得民眾的文化饗宴、擴大偏遠地區文化藝術教育的機會	03' 「邁向世界五大文化產業強國政策展望」、修訂《文化藝術振興法》與《博物館與美術館振興法》 04' 制訂《國家均衡發展特別法》 05' 制訂《國語基本法》與《文化藝術教育支援法》 修訂《文化產業振興基本法》、《文化藝術振興法》、《文化財保護法》、《大韓民國藝術院法》、《傳統寺廟保存法》 06' 制訂《邁向亞洲文化中心都市特別法》、《讀書文化振興法》、《電影與影音產品振興相關法》 修訂《公演法》、《圖書館與讀書振興法》 引進文化產業識別系統COI、著作權認證制度 07' 制訂《遊戲與音樂產業振興相關法》、設置電影發展基金、修訂《地方文化院振興法》	03' 建構遊戲產業綜合資訊系統 04' 設立CT Biz中心、將媒體局獨立於文化產業局之外 05' 設立CT戰略中心與CT研究所、在文化產業局內新設文化技術人力課與著作權課 06' 完成地區文化產業聚落、綜合影像學術中心 07' 數位韓文博物館開館	出版 電影 音樂 電視傳播 廣告 遊戲 **漫畫** **動畫** **角色** **教育娛樂**
李明博 2008 〜 現在 （2011）	綠色成長、文創產業戰略化、加強著作權、2015年成為全球前五大3D文創強國 加強支援CT技術開發、CT產業制度化、3D技術養成、創作基砥建構完成、培育新世代青年藝術人才與創意專門人力、活化創業支援與大學實習制度、開發複合式文創產業與生態文化都市、展開綠色文化運動	修訂各項既有的法規 10' 制訂《內容產業振興法》	08' 文化觀光部→文化體育觀光部 09' 韓國文化內容振興院→韓國內容振興院 文化產業局＋藝術局→文化藝術局 媒體政策局獨立、新設數位圖書館與國立兒童博物館、籌備世宗學堂	出版 電影 音樂 電視傳播 廣告 遊戲 漫畫 動畫 角色 **知識資訊** **影像獨立** **製作公司** **文創內容** **服務**

於業界CEO出身的李明博,則是一貫的商業原則,以提攜對國家經濟成長較有助益的產業為優先,在過去強大的IT技術下,發展內容產業,如虎添翼,充分展現CEO的特質。

此外,我們也發現,韓國在推展文化創意產業的重大政策中,並沒有因為政黨的輪替、時代的變遷而有所改變,例如金大中時代所訂下的1%預算政策一直沿用至今,足見各個領導者對文創產業的重視。因為這個重視,歷屆總統想盡辦法要將韓國的文創產業推向全世界,而且他們都知道國內市場太小,必須放眼全世界,因此投注大筆經費來包裝、行銷,也常常藉由爭辦國際性活動,達到宣傳之效,讓韓國步步邁向國際化。

(五)未來政策重點──文化藝術的生活化

「創意」是二十一世紀國家發展的動力,「文化」是全球化時代左右競爭力的核心力量,而文化結合創意所衍生的文化創意產業,則成為未來左右國家經濟的要素之一,靜靜地牽引著下一個世代的經濟力。尤其在現今數位化的二十一世紀,將文化與數位、網路、雲端等高科技結合所衍生的產品種類目不暇給,所創造的經濟效益更是驚人。而韓國,在創造「韓流奇蹟」與「IT神話」後,未來的願景便是結合IT與CT(文化技術),以手機、3D、電腦動畫(CG)等硬體或技術發展文創產業,再創「第二IT神話」。

然而,在各項產業政策如火如荼進行的同時,有一股聲音悄悄地提醒

迷失的主政者：「究竟文化創意產業政策是文化政策還是產業政策？」這個課題開始發酵，因為經營十幾年的文化創意產業，在李明博政府手中，儼然只剩下產業，找尋文化元素、創造文化美學的環境、落實文化藝術教育、加強公民文化權的平衡等議題，漸漸浮上台面，成為未來文化政策的主角。在產官學研的研議下，文化體育觀光部也發布了新的文化藝術政策，希望可以中和產業化過於炙熱的疑慮，其內容重點整理如下：

（1）培養文學素養、加強文化補助事業、推動文化節目至偏遠地區巡迴公演或展示，擴大社會弱勢階層的文化饗宴機會。

（2）推動休閒文化活化、生活休閒空間活化與休閒活動支援政策。

（3）建構文化政策基盤，樹立文化藝術十大趨勢導向[17]，並以此為目標努力進行。

（4）鼓勵租賃型民間投資事業（BTL）[18]：韓國文化觀光部從2005年

---

[17] 十大趨勢包括，以純善的藝術為主旨、數位技術創造新市場、嬰兒潮（babyboom）世代成為文化界的主力、開啟真正的多元文化時代、多國的文化合作主導市場、地區文化超越中央、文化資源即為競爭力、電子書創造新的讀書文化、由文化藝術教育培養創意的人才、文化藝術創造工作機會。

[18] 租賃型民間投資事業（BTL: Build Transfer Livery，興建－移轉－出租）是指由民間機構投資負責規劃、興建完成後，直接移轉給政府，再由政府出租給他人經營，而投資的民間機構可以收取資金。BTL與大家熟悉的BOT制度差異在，興建完成後只能出租他人經營。BOT（Build Operate Transfer，興建－營運－移轉）：由民間機構投資負責規劃、興建完成後，並由政府委託民間機構經營，取得一定時間之經營權，於經營期限屆滿後，再把產權及經營權移轉給政府，由政府繼續經營。

開始引進民間投資事業，直到2010年為止，已經推動了31個共
7,778億韓元的工程，以租賃型民間投資事業來進行，包括文藝
會館、博物館、美術館、圖書館、生活體育設施、複合文化設
施、學校複合化事業……等，2011年則有圖書館與複合視聽中心
兩個工程進行中。

（5）向聯合國教科文組織（UNESCO）註冊無形文化遺產，提高國家
文化知名度：韓國從2001年開始到2011年為止，向UNESCO申
請註冊無形文化遺產共達十一件。從2001年的宗廟祭典、宗廟祭
典音樂等二項、2005年的端午祭到2009年包含中秋節的「強羌水
越來」舞蹈等五項，以及2010年的「大木匠」、「放鷹」與詩調
「歌曲」等三項，高達十一項。[19] 同時首爾也在2010年被選定為
世界設計之都，登記在UNESCO。

韓國政府藉由註冊世界文化遺產，除了提高國家的地位與人民對
國家的自負心，並藉此提升國人對傳統文化的重視，對於推展文
化產業有很大的提醒作用，當然最大的效益就是創造觀光商機。

從以上內容不難發現，這些政策都是來平衡文創產業過度產業化的不
均現象，讓天平的產業端不至於過度傾斜，提醒政府在發展產業的同時，
不能忘記國民的文化享有權與文化素質的培養，畢竟文創產業若要永續發
展，從根扎起的文化教育是很重要的。一個國家的人民如果對自己的文化

不了解或不認同，那麼所謂的文化創意產業也只會剩下產業的外殼，沒有文化的厚度，將難以與其他產業匹敵。

二、文創產業相關法令

　　有關文化體育觀光部的文化部門法令可以分為兩大系統，一為文化藝術與民族文化相關法令、一為文化產業與文化媒體相關法令，前者與本書內容較無關聯，不在討論之列，故本書僅說明後者。文化產業與文化媒體相關法令又可區分為文化產業與文化媒體兩大領域，前者相關法令七個、後者八個，共十五個法。

　　與文化產業相關的法規有，《文化產業振興基本法》、《著作權法》、《電影與影音產品振興相關法》、《遊戲產業振興相關法》、《音樂產業振興相關法》、《傳播影視振興基本法》、《內容產業振興法》等七個；與文化媒體相關的法規有，《報紙等振興相關法》、《出版文化產業振興法》、《新聞通信振興相關法》、《言論仲裁與受害救濟等相關法》、《地區報紙發展支援特別法》、《印刷文化產業振興法》、《雜誌等定期刊物振興相關法》、《韓國放送廣告公司法》等八個。

　　礙於篇幅的限制，本書僅介紹四個法，除了兩大重要基本法，一為金

---

[19] 文化財廳：www.cha.go.kr。

大中政府所訂定的《文化產業振興基本法》，也是文創產業最初的依歸，一為李明博政府為了發展數位內容產業所改訂的《內容產業振興法》；另兩個為《電影與影音產品振興相關法》和《傳播影視振興基本法》。

（一）文化產業振興基本法*

《文化產業振興基本法》於1999年制訂，乃韓國文創產業最高指導準則，共七章、五十九條；但2009年修訂時刪除了第四章「文化振興委員會」與第五章「文化振興基金」，包括第三十二～四十二條，因此目前只剩下五章，總則、創業／製作／流通、建構文化產業基礎、文化產業專門公司、附則／罰則，共四十八條，其中文化產業專門公司的設立便獨佔了第六章，共十五條規定。歸納其主要精神有下列六大項：

（1）對文化內容產業的定義（第一章）

（2）「韓國文化內容振興院」之設立（第三十一條）

（3）文創產業振興軟硬體設施，包括文創園區的設立（第二十一～三十條）

（4）創作與產業之連結（第二章），包括人力養成、設立研究所（第十六、十七條）等

（5）支援及獎勵補助機制，包含個人創作、租稅、推動國際化……等優惠支援（第七～八、十～十五、二十、二十七、二十八之三、三十條，共十四條）[20]

（6）專門流通公司的設立（第十四條）、文化產業專門公司之設立

（第六章，共十五條）

第一章關於文化內容產業的定義在〈總論〉已提及，不再贅言。第
二、三章提到了所有發展文創產業的整體架構與各項辦法，例如，第二章
「創業／製作／流通」內容有多項在2009年新增或修訂，就是為了要對投
資公司或創作者做積極的扶持與投資，以及對文化商品的指定與各項專業
諮詢等服務的提供。特別是第十一條的支援獨立創作公司一項，直接促成
了2009年「一人創作企業支援中心」的成立，而《一人創作企業育成法》
也在2011年4月通過立法，為文創產業的個人創作或企業注入了活水。

另，新增的第十條之二「設置完成擔保帳戶」與第二條第十三項的
「文化產業完成保證」相呼應，就是為了讓製作者與投資公司可以順利地
完成文化商品的生產與流通，在指定的金融機構中能獲得必要的借貸與融
資。

---

* 詳見附錄一。

[20] 第七條 支援創業、第八條 支援投資公司、第十條 支援製作者的製作、第十一條 支援獨立
製作公司的製作、第十二條之二 建構公平交易秩序、第十三條 獎勵數位識別商標的黏
貼、第十四條 專門流通公司的設立與支援、第十五條 優良文化商品的指定、標識、第
十五條之二 優秀文化項目的指定、第二十條 國際交流與海外市場進出的支援、第二十七
條 各項分攤費用的免除、第二十八條之三 文化產業振興區域的建設援助、第三十條 租稅
優惠、第三十條之二 地方自治團體的支援。

　　除了對創作者或創作公司的支援外，為了讓文化創作品有所保障與流通，從第十二條至十五條之三（共七條），皆為文化商品之相關規範。例如如何促進商品流通、設立並支援專門的流通公司，選定優秀的文化商品，以及建立公平交易的體系，為的就是要讓參與文化商品的製作、銷售、流通……等各階層人員，皆能在公平交易的環境下執行其工作。

　　文創產業是個需要結合各個領域人才的產業，雖然在基本法裡面只有第十六、十七條提到人才培育的規定，但事實上他們在正規與非正規的教育體制裡，皆有培養人才的方法，此部分留待後面章節介紹。

　　2006年4月28日新增了「文化產業專門公司」一章（第六章），開宗明義即對專門公司的設立目的做了說明：「為了執行文化產業的特定事業」，並以有限公司或股份公司來呈現，專門公司的營運除了要遵循此法外，還得依循《商法》。這總共十五條的規定，為的就是要提高文化商品的品質與專業化，其中第四十九條對於公司的具體業務有詳細說明：「負責文化商品之策劃、開發、製作、生產、流通、消費等，以及與之相關的服務項目」，此外也要負責文化商品的管理、營運等業務，並將各項業務委託給其他相關業者（第五十一條）。這樣的專門公司其實就是營利單位，也可以說是中介機構，營利單位如此被清楚地列在《文化產業振興基本法》中，恐怕沒有幾個國家做得到。

　　韓國政府在文創產業發展上扮演了舉足輕重的角色。通常國家對一個產業的支援模式有三種，一是全部由國家主導支援的「國家主導模式」；

一是類似BOT模式，交付給民間團體負責，而政府給予間接的支援，稱為
「市場主義模式」；一是「混和型模式」，政府採用補助金或減稅等政策
來獎勵民間團體對產業的支持。其中「混和型模式」最被廣為使用，韓國
亦然。韓國從第一種模式演變到第三種混和型模式，就是為了誘發民間多
參與開發文創產業，從上述《文化產業振興基本法》中所規範的十四條支
援政策，即可得知韓國政府欲提倡文創產業的高度決心。

（二）內容產業振興法*

2010年5月才由國會通過的《內容產業振興法》，是李明博政府為了
因應3D數位化時代的來臨，將原來的文化內容產業更名為內容產業，並以
《線上數位內容產業發展法》為母法基礎，制訂了《內容產業振興法》，
同時也廢除《線上數位內容產業發展法》。

所謂「內容」兩字的定義，在《文化產業振興基本法》第二條第三項
已清楚明示，而《內容產業振興法》的第二條第一項將「內容」增加了圖
形、色彩、形象等三項，定義為：「指符號、文字、圖形、色彩、聲音、
音響、形象與影像等資料或資訊」；緊接著第二項則對「內容產業」下了
定義：「能創造出經濟附加價值的『內容』或是提供『內容』服務的製
作、流通、利用等相關產業」。

---

* 詳見附錄二。

　　《內容產業振興法》共八章四十二條法規，第一章「總則」中，除對「內容」下定義外，並有設置「內容產業振興委員會」一文。所謂委員會由包含委員長在內的二十名以下之委員組成，委員長由國務總理擔任，幹事委員由文化體育觀光部長擔任，其餘委員則由企劃財政部長、教育科學技術部長、國防部長、行政安全部長、知識經濟部長、保健福祉部長、僱用勞動部長、國土海洋部長、放送通信委員會委員長、公平交易委員會委員長等長官，以及相關專業人士組成。此外，在第四條中明示，推動內容產業時，若與《文化產業振興基本法》衝突，此法優先適用之，李明博政府對推展內容產業的企圖心表露無遺。

　　在第三章「建立內容產業的基砥」中，除了對進出海外與稅制的支援外，專門人才的養成（第十四條）與協會的設立（第二十條）值得一提。韓國政府為了培養內容專門人才，除了依據《高等教育法》第二條所規定之學校，並可依據《終身教育法》第三十三條第三項所成立之遠距大學的終身教育機構，或是《文化產業振興基本法》第三十一條所設立之「韓國文化內容振興院」等專門人力之培養機關，施行教育與訓練，並提供必要之預算支援。而以法人形式設立的協會，必須在文化體育觀光部長的認可下成立，因此可以說是個具有相當程度公信力的中介組織。

　　政府為了明辨「內容」之權利關係及其流通與使用之先進化等，在第四章「內容流通的合理化」中規定「內容識別系統」的設立與實施相關業務，希望研發出辨識系統，進而推動識別系統國際標準化之普及。

　　另一方面，由於「內容」商品的販賣多會透過網路平台，因此消費者的權益與糾紛問題之規範就顯得格外重要，包括鑑賞期、退換貨、贈品等買賣問題。此法的第五章為「使用者的權益保護」，「紛爭調停」則歸納在第六章。

　　從以上法規不難發現，韓國從「文化產業→文化內容產業→內容產業」的過程，是為了因應時代的變化與需求，KOCCA的韓文名稱也隨著政府政策的改變，由「韓國文化內容振興院」改為「韓國內容振興院」；而文化部的名稱與規模也從「文化產業局→文化部（1990年）→文化體育部（1993年）→文化觀光部（1998年）」到現在的「文化體育觀光部」（2008年），不僅名稱改變，規模與任務也從「國內的振興文化→韓國文化國際化」。

　　以上所介紹的兩個最大法規，規定了韓國舊有與新出的文創產業大框架，其他大大小小相關法律則是依照產業所需而制訂，但是隨著時代變化與科技迅速的發展，這些法規似乎含括不了現今文創產業的所有內容，特別是數位與雲端時代的快速到來所新增的產業，因此打破既有框架、重新修訂法案的聲音也逐漸產生。

（三）電影與影音產品振興相關法*

　　該法於2006年制訂，主要是為了提升電影及影音產品（DVD）的質

---

* 詳見附錄三。

量、振興影音產業。此法分為電影與影音產品兩大部分，前者（第二章）相關法規共四十四條，後者（第三章）二十二條，此外還有影音產品等級委員會（第四章）的規定，加上總則、附則與罰則共有九十九條。

電影方面，依照法規第四條，於文化體育觀光部轄下設置了法人「電影振興委員會」（KOFIC）[21]，掌管一切事務；此外，成立電影振興基金，資金來源為電影院入場券部分提撥與捐贈金，基金主要用於與電影產業相關之支援。

此外，為了收集、保存和展示電影及影音產品的相關文獻、影音等資料，推動電影及影音產品的藝術性、歷史性、教育性的發展，依照法規第三十四條規定，在文化體育觀光部底下設置「韓國影像資料院」，以法人型態成立，掌管電影放映相關規定。

有關影音產品方面，在電影振興委員會內設置「影音產業振興委員會」，主要任務有影片等級分類的標準制訂、影片複製配給的確認，不過影片內容的審查與分類，主要還是委由「影音產品等級委員會」辦理。

（四）傳播影視振興基本法*

根據PWC（羅兵咸永道會計師事務所，Price Waterhouse Coopers）2008年的調查資料，世界的傳播影視產業到2012年為止，每年以6.8%～9.5%的比例成長，市場規模將達到4,966億美元。相較之下，2007年韓國的傳播影視產業的市值為77.9億美元，佔世界第八，但當年的評估被認

為，韓國傳播影視產業有持續疲弱的趨勢，若不積極振興，2012年恐會落到世界第十一名，市值也只能維持在96.6億美元。[22] 韓國政府為了振興傳播影視產業，並決心在2012年市值達到200億美元，成為世界市佔率4%的第六大強國，因此訂定了「傳播影視產業振興五年（2008～2012）計畫」。不過，像這樣的五年計畫早在1998年便已實施，第一次的五年是從1998～2002年，第二次則依據《文化產業振興基本法》的規定，推動了2003～2007年的五年計畫。

前兩個五年振興計畫有了很不錯的成果，例如，2006年一年就向國外出口了170億韓元的節目；此外在培育人力上，為了培養尖端數位內容製作人才，2003年之後總共開設216個課程，訓練出3,549名人才；設立傳播影視研究機構來進行線上教育，2003年之後共設有161個線上教育課程，並培養6,697名畢業生。

這一次的五年計畫內容則因應數位時代的來臨，與前兩次有很大的不同，主要集中在數位的先進化，計畫中包含五大政策目標和二十個重點課題，希望可以透過這些政策的推行，在2012年傳播影視市值比2007年增加

---

* 詳見附錄四。

[21] http://www.kofic.or.kr/main.do.

[22] 第三次「傳播影視產業振興五年（2008～2012）計畫」發表，文化體育觀光部報導資料，2008/7/25。http://korea.kr/newsWeb/pages/brief/partNews2/view.do?_nfls=false&_windowLabel=portlet_partnews_1&dataId=155306982&_nfpb=true&_pageLabel=news_page_08

156%，達到200億美元；海外出口增加200%，達到 4 億9,000萬美元；雇用機會增加31%，達到55,000名。 五年計畫的五大政策目標和二十個重點課題條列如下：

（1）建構數位融合時代的傳播影視內容硬體設備

　　　1) 建構數位傳播綜合系統

　　　2) 建構數位傳播影視內容綜合資訊系統

　　　3) 設立數位傳播影視C-market place

　　　4) 設立傳播創意開發中心與雇用支援實驗室

（2）製作、流通的活化，以牽動數位新經濟成長

　　　1) 建構符合複合時代的多功能與旗艦內容的製作系統

　　　2) 強化獨立製作公司的製作基盤與自生能力

　　　3) 數位時代、新韓流的定位

　　　4) 擴大韓流的全球交流網絡

　　　5) 透過國際傳播的宣傳來提高C-Korea的品牌威力

（3）強化國家品牌內容、戲劇產業的競爭力

　　　1) 建構全球文創產業育成的金融支援體系

　　　2) 支援特殊攝影與附加商業事業

　　　3) 在韓國藝術綜合學校新設「TV戲劇系」

　　　4) 設立並經營全球傳播影視內容振興協會

（4）傳播影視產業構造的先進化

　　　　1) 制訂符合影像通信複合時代的傳播影視產業振興法

　　　　2) 改善傳播影視產業先進化的制度

　　　　3) 支援全球複合媒體企業的育成

　　（5）增進數位文化福祉

　　　　1) 建構公共內容製作、流通的支援系統

　　　　2) 支援數位故事活化課程的經營

　　　　3) 強化數位傳播影視的文化教育與支援偏遠弱勢階層

　　　　4) 建構地區文化發展的支援體制與網絡

　　除了五年計畫之外，尚有《傳播影視振興基本法》來做為規範的依據，共有十五條，除了對影視產業做定義之外，也明訂政府對培養影視專業人才的義務（第十一條）與籌措基金等相關資金來擴充影視文化與產業所必要之財政（第十二條）。另外，關於傳播影視作品的創作與製作也多所規定（第三、七、九、十三條），以及作品國內的流通與配給（第十條）和促進國際交流及合作（第十四條）等問題。

（五）一人創作企業育成法*

　　《一人創作企業育成法》雖非文創產業專有，但此法為文創產業的創

---

* 詳見附錄五。

作者注入了希望，並保障個人與小企業的權益，值得台灣當局參考，因此本書特別拿出來介紹。

《一人創作企業育成法》主要執行單位為中小企業廳，主旨在鼓勵民間創業，給予銷售等各項諮詢，協助其創思產業化。目前韓國的文創產業多為小型或個人企業型態，特別是收益性較高的音樂、漫畫、動畫、知識資訊等產業，因多偏重個人創作，為了保障個人創作或企業，韓國政府也做了很多努力，成立 "Korea Idea Bank" 財團法人，定期舉辦創業大展，建構Idea Biz Bank提供業者必要的諮詢服務；也於2011年制訂《一人創作企業育成法》，為的就是希望以中小企業或個人企業為主的文創產業，能在該法的保障與支援下得以蓬勃發展。

2011年4月才制訂通過的《一人創作企業育成法》雖然只有二十三條法規，但在鼓勵個人創作或個人公司的育成上，有其重大意義。以大企業為主的韓國社會，支援與培育中小企業一直是政府努力的目標，特別是文創產業，更需要個人的創意與專業。因此在第一條法規裡便很清楚地說明其目的：「促進具備創意性與專門性之一人創作企業的設立，奠定與建構其成長之基礎，並期透過培育一人創作企業，對國民經濟之發展提供助益」。

所謂的「一人創作企業」是指，具備創意性與專業性之一人所經營之企業，無其他專職員工，從事知識服務與製造等相關業務。換言之，即老闆兼工友的個人公司。必須與「自由工作者」（Free Lancer）區別的是，

前者乃正式登記註冊的一家公司，受相關法律之規範與保護，如《中小企業基本法》；後者則無所屬，個人只專心創作，並無從事經營行銷等相關業務。目前韓國政府對於自由工作者的工作權與各種保障並無具體政策，但學者專家不斷地呼籲政府要加強雇用制度，建立自由工作者的經歷認證制，以保障專業該得的薪資。

《一人創作企業育成法》雖由KOCCA主導制訂，但具體計畫是由中小企業廳來統籌，該廳長為了育成一人創作企業，每三年必須經過文化體育觀光部長等相關中央行政機關首長之協議通過，訂定並施行一人創作企業育成計畫，每年必須對一人創作企業之經營現況進行調查，並公布其結果。

整個法規二十三條中有九條與支援或優惠相關之規定，包括第八條（一人創作企業支援中心的指定）、第九條（知識服務交易支援）、第十條（教育訓練支援）、第十一條（連繫型技術開發支援）、第十二條（想法〔idea〕之事業化支援）、第十三條（海外進出支援）、第十五條（保證制度的設立、運用）等具體支援外，第十七條（與徵稅有關之特例）、第十八條（與《食品產業振興法》相關之特例）之法外情的特例通融，為的就是強化一人創作企業者的力量與創業環境。

值得一提的是第十二條（想法〔idea〕之事業化支援），韓國政府會選定一人創作企業之可行率高的想法，提供支援，將之具體化，成為一個商品。一人創作企業支援作業的過程整理製圖如【圖3】。

　　一人創作支援計畫的政策方向不外乎就是，要強化民間創意的力量，透過政府的輔導與支援將創思商品化，再提供平台與通路讓商品得以在市場流通，產生利潤。這樣一個良善的循環正是一人創作支援計畫的主旨。

　　整體而言，韓國政府創立此法，一來鬆綁既有的嚴苛規定，如廢除最低資本額5,000萬韓元的規定、擴大減稅對象，一來提供各項金援、擴大政策資金、放寬銀行借貸限制，其目的不外乎想藉由發展文創產業的同時也可以振興中小企業，解決失業問題，特別是青年的失業可以從該法獲得一些補救。韓國政府培育一人創作企業，希望在2010～2014年共五年期間，可培育出約237萬個一人創作企業，創造約16兆7,000億韓元的銷售佳績。

圖3 一人創作企業支援事業促進流程

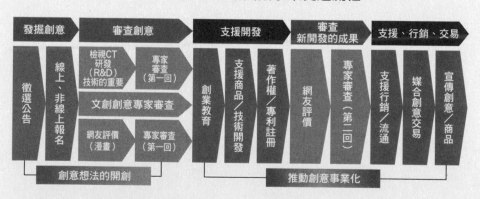

資料來源：〈文創個人創業支援事業概要〉，文化體育觀光部，2009

圖4 一人創業政策方向

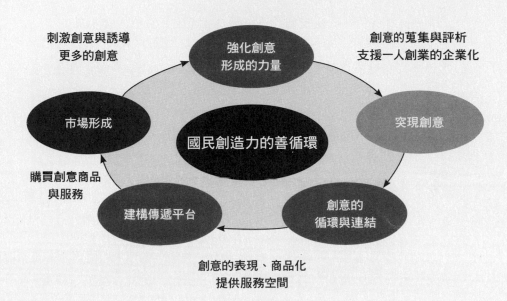

刺激創意與誘導
更多的創意

創意的蒐集與評析
支援一人創業的企業化

強化創意
形成的力量

市場形成

國民創造力的善循環

突現創意

購買創意商品
與服務

建構傳遞平台

創意的
循環與連結

創意的表現、商品化
提供服務空間

資料來源：韓國內容振興院

表10 一人創作企業的數量與賣出額預估　（單位：個、千萬韓元）

	2008年	2009年	2010年	2011年	2012年	2013年	2014年
企業數量	50,413	65,271	84,509	109,416	141,665	183,418	237,477
賣出額	205,747	291,961	414,301	587,904	834,252	1,183,827	1,679,882

資料來源：《內容產業一人創作企業育成策略》，KOCCA，2010

三、產業環境的變化

（一）從平面到立體→從傳統到數位→從文化產業到數位內容產業

從平面文化產業到數位文化，韓國挾著IT與數位技術的高度發展，文創產業型態也急遽改變。依照法規，從金大中政府的六項重點產業，到了李明博政府時代因時代需求，增修為十二項。

金泳三：出版、電影

金大中：出版、電影、**音樂、電視傳播、廣告**（1998年）

出版、電影、音樂、電視傳播、廣告、**遊戲**（1999年）

盧武鉉：出版、電影、音樂、電視傳播、廣告、遊戲、**漫畫、動畫、角色、教育娛樂**

李明博：出版、電影、音樂、電視傳播、廣告、遊戲、漫畫、動畫、角色、**知識資訊、影像獨立製作公司、文創內容服務**

從金泳三時代最基本的出版和電影兩大大眾文化產業開始，到金大中時代，為了文化立國的使命，積極擴展文化產業，再將音樂與電視相關產業列入重點發展事業。事實上在那個時候，音樂產業已經有了很大的進展，開始脫離以往的傳統樂曲，當今流行的K-POP其實早在九〇年代初期就已經開始了；此外，韓劇的轉型也在那時候因無線電視台SBS的開台，

有了嶄新的局面，劇情開始多元化，大膽探討社會問題，不再只是悲情的抗日劇、歷史劇或保守的現代劇。換言之，文化產業在歷經金泳三時代的醞釀，到了金大中時期開花結果。

在金大中時期最具創新的產業就是遊戲產業，上一節亦提及過，金大中為挽救1997年亞洲金融風暴受創的韓國，開放外資協助大企業的再起，多年與國外技術交流的結果，成就了IT產業的發展，從傳統製造業開始轉型，在IT硬體產業成功跨越的同時，網路世界也蓬勃展開，於是一群有創思的工程師想出了線上遊戲來豐富硬體，並且一舉成功，在亞洲韓流興盛的國家中形成風潮，韓國當局因此對遊戲產業產生高度信心，持續研發遊戲產品，也創造了幾家有名的遊戲公司，讓遊戲產業在2009年成為全世界的最大流通國與製造國。

從盧武鉉時期新增的產業可以發現，漫畫、動畫、角色、教育娛樂都是從IT與遊戲產業衍生出來的，尤其是全球獨有的角色產業，結合動漫畫到現今的戲劇人物，從一般公仔到3D人物角色的刻劃，以及現在的偶像肖像授權等，除了販賣收益之外，也傳播韓國的文化與民族性。

到了現在李明博，可以看出，新增的產業其實就是將既有的加以分流擴充，但變化快速的現在，除了這些產業，智慧型手機與平板電腦結合的複合科技產業、雲端產業、綠能產業等，都已經成為未來產業的明星。2011年KOCCA選出了「CT十大有望的技術產業」，準備集中投資發展。CT十大明星技術為：雲端電腦（Cloud Computing）技術、手機3D技術、

次世代介面（interface）技術、3D影像變化技術、適切科技（Appropriate Technology）[23]、N-Screen技術、BCI（Brain Computer Interface）技術、增強現實（Augmented Reality）技術、LBS（Location Based Service）技術、音源分析與推薦技術。

這些尖端新技術都將在未來一一被發展，雖然這些產業看起來似乎與文化創意產業不太有直接關聯，但在韓國，文化創意產業的「文化」兩字已被「內容」取代，尖端科技內容產業已然是產業主流，因此想必下一任總統對文創產業的定義與發展重點將會有重大的更新，突破既有傳統的框架，不管是法規的增訂、重點產業的指定與支持……等等，相信會有全新的變革。

韓國的文創產業從「文化產業→文化內容產業→內容產業」，現在又有所謂的「智慧型內容產業」（Smart Contents），也就是透過智慧型手機、平板電腦、智慧型TV等智能機器，來發展內容產業，例如APP手機應用程式。雖然目前有關智慧型內容產業的賣出額並不多（1億韓元以下的業者佔55.93%，超過10億韓元者只佔了12.1%），在全世界所佔的規模也相當小，以2011年的統計數據來看，全球的智慧型內容產業規模為151億美元，韓國為13.5億美元，只佔了9%，但以韓國國內市場1兆4,989億韓元的規模（2011年），以及智慧型手機與平板電腦的使用者，年平均成長率各為17.7%和60.5%的增加速度來看[24]，智慧型內容產業的實力不容忽視。

（二）從OSMU到MSMU

一向被視為文創產業金科玉律的OSMU（one source multi-use）策略，在產業環境的改變下，將被新產生的MSMU（multi-source multi-use）策略超越，因為MSMU擴大了內容範圍，分散了一個來源（one source）的高風險，以多樣的來源創造更高的價值。簡言之，MSMU就是利用第一次的內容物再加以改造，或者再創新產品以獲得第二次的成功。

舉例來說，號稱「文創新引擎」的漫畫、動畫與角色等三種商品，若融入於電影、戲劇與遊戲產業中，很容易便能交互地創造更多複合型商品。又，最近積極發展的傳播與通信業的結合，亦是很好的代表案例，尤

---

23 適切科技是指配合當地生活方式、文化與經濟情況，善用當地資源，讓科學技術真正幫助當地人民持續發展，不需長期仰賴進口物資與技術。對貧窮社區來說，價格低廉、規模細小而又使用當地物資的技術，最切合他們的需要。例如，在非洲，貧困婦女利用蕉葉、廢紙甚至象糞等當地資源，製造並售賣地球儀和紙產品，學校也利用這技術製造紙張，讓學生使用，配合學習需要。適切科技未必要是高科技，最重要的是能夠針對社區需要，將當地物料轉為有用物資。（http://www.cyberschool.oxfam.org.hk/glossary.php?cod=5）

24 **智慧型機器使用者狀況** （單位：千名）

	2010年	2011年	2012年	2013年	2014年	年平均成長率
智慧型手機	7,100	15,100	20,050	20,310	24,620	17.7%
平板電腦	-	1,800	3,830	5,630	7,440	60.5%
智慧型TV	290	540	800	1,310	-	55.8%

資料來源：《2011年智慧型內容市場調查報告書》，KOCCA，2011

其是智慧型手機與平板電腦暢行的現在，除了傳播與通信業的結合外，活用度高的動漫畫與角色產業亦可以輕易與通信業結合，創造各種吸引人的APP。像這樣，多種來源綁在一起後再創造出各式各樣的複合商品就是MSMU的精神所在。[25]

　　MSMU是韓國內容振興院（KOCCA）發表的「2007年文化內容產業十大展望」中所提出的一項策略，一提出就成為熱門話題，因為多重來源創造多種用途，正可以降低OSMU的投資風險，此外，也能因應目前強調功能複合的時代。

　　然而，MSMU要能發展成功，需要很強的創新力，因此除了文化技術（CT）與研發（R&D）能力之外，說故事人才與一人創作企業的培育更是迫在眉睫。韓國文化體育觀光部也意識到這兩個領域的重要性，因此2009年在KOCCA轄下成立「一人創作企業育成‧支援中心」，旋即投資12億韓元支援50名的示範性一人企業，2010年相繼支援200名、2011年500名，到2012年增加到1,000名。政府更於2011年5月制訂《一人創作企業育成法》，鬆綁法規，廢除最低資本額5,000萬韓元的規定，並擴大減稅對象。另外，也提供各項金援與實施放寬銀行借貸限制的保證完成制度，為的就是能減少個人創作企業的負擔，協助他們可以更專心地創作。

　　在說故事人才方面，KOCCA投入125億韓元舉辦韓國國內最大規模的故事公開招募展，從故事的挖掘到製作、流通，一次式地（one-stop）給予支援，並於2010年7月成立「故事創作中心」，同時結合文化體育觀光

部轄下的「韓國文學翻譯院」，每年在海外舉辦韓國文學作品讀後感大賽，也希望從海外尋找優秀的翻譯與故事創作人才。

（三）從UCC→PCC→創業

除了上述政府正式的支援所培育出的企業或人才外，這些年來網路上也出現了極具專家水準的創作者及創作之內容，即所謂的PCC。PCC是proteur created contents的縮寫，而proteur又是professional與amateur的合成語，指的就是具有專家水準，或準專家所製作的作品。在PCC之前則是UCC的模式，所謂的UCC是user created contents的縮寫，意指一般使用者所創作的內容，與業者或內容供給者無關，像網友在網路上直接創作的文章、影片等，就是屬於UCC。

韓國政府意識到網路人才的重要，因此KOCCA在「2007年文化內容產業十大展望」中將UCC擴大為PCC，成為一個重要政策，希望透過民間的自由創作挖掘人才與作品。不僅韓國國內，在海外也透過UCC競賽方式，提供優渥獎品，積極獵才，UCC經過評選，將優秀的創作加以輔導支援，變成了PCC後，政府會進一步協助其創意商品化、企業化。不過UCC

---

[25] 由於MSMU是將第一次的內容物再加以創作而產生第二次內容物，在過程中產生了著作權的問題，第二次內容物的著作權究竟是屬於第一次內容的作者？抑或第二次內容的作者？這是亟需克服的問題。

也好，PCC也好，因為都是屬於網路創作，因此在著作權的審核上得更加著力。[26]

在韓國有個結合UCC/PCC、網路內容製作公司、專業計畫等內容製作來源（production），和包含廣告公司與各公司行號的廣告贊助商（sponsor），以及部落格、個人網站、企業網站、購物網站等可以放置廣告之處所的媒體網站中介組織"Adgger"。2008年開業的Adgger就是發自Ad（廣告）＋Blogger（部落客）的概念，利用專業的網頁行銷來經營部落格或個人網站，並創造收益的人。除了公司的創意產品外，Adgger也提供UCC個人創意作品一個展演的空間，利用與廣告贊助商的連結，創造收益，並分配佣金。亦即，廣告商所要廣告的商品或活動，放到包含部落格、個人網站……等媒體網站上，或者與個人UCC合作，把要宣傳的廣告物融合其中，透過點閱帶來的廣告或實質效益計算佣金，讓三方都能受益。

這種類似「病毒式行銷」（Viral Marketing）[27]，就是利用消費者原有之社交網絡，不斷傳遞與複製傳播內容而構成的行銷現象，加強消費者對品牌與產品的認知與興趣。例如，一支很有創意的短片或是很感動的影片等，造成網友間的瘋狂轉寄，該作品的原創者可能因此被某些公司延攬。由於這種機會可遇不可求，因此Adgger便是扮演整合與媒合的中介公司，同時設計、執行多個病毒式行銷計畫，以提高成功率。

從以上產業的變化明顯知道，韓國政府對於時代變遷、世界潮流的敏

圖5 Adgger中介角色

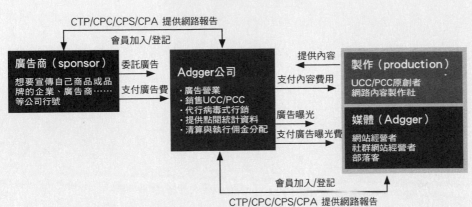

銳性，以及勇於創新改變的決心，從金大中1998年開始至今，不過十幾年的光景，可以有今天如此亮麗的成績，除了實力之外，要歸功政府的魄力與百姓的努力。不過，由於時代的快速變化也讓韓國常處於迷惘的十字路口，既有的法規與產業指定都面臨了轉型的瓶頸，而李明博斷然砍掉文化

---

26 台灣的網路作家九把刀是很成功的例子，從UCC到PCC，再成為專業的作家與導演，脫俗的風格讓他製作的第一部電影《那些年我們一起追的女孩》締造佳績。只是台灣政府尚未有招募UCC人才與作品以及具體支援的政策。

27 病毒式行銷（Viral Marketing）是由O'Reilly媒體公司總裁兼執行長提姆·奧萊理（Tim O'Reilly）所提出，一般定義為行銷訊息像病毒般在網路上散播到網友電腦內。病毒式行銷除了擁有成本低廉的優點外，更大的好處就是利用網友「好康逗相報」的心理，輕輕鬆鬆按個轉寄鍵就化身為廣告主的行銷助理，一傳十、十傳百，甚至能夠接觸到原本公司企業行銷範圍之外的潛在消費者。（DIGITIMES中文網：http://www.digitimes.com.tw/tw/dt/p360.asp?CnlID=10）

兩字，集中在數位內容產業發展，更使得傳統的文創產業逐漸成為弱勢的一群。在面臨數位內容時代的到來、產業型態的日益更新，韓國政府必須扶持傳統文創產業的革新，並透過MSMU多方位的合作策略，從基底的文化內涵開始豐富，相信如此一定可以創造別具魅力的果實。

四、支援政策的變化

（一）支援法令

韓國為了誘發民間參與開發文創產業，推出了許多獎勵方案。其中，《文化產業振興基本法》所規範的支援法規有：第七條（支援創業）、第八條（支援投資公司）、第十條（支援製作者的製作）、第十一條（支援獨立製作公司的製作）、第十三條（獎勵數位識別商標的黏貼）、第十四條（專門流通公司的設立與支援）、第二十條（國際交流與海外市場進出的支援）、第二十七條（各項分攤費用的免除）、第三十條（租稅優惠）、第三十條之二（地方自治團體的支援）。*

在《內容產業振興法》中，也有相關支援法令，如第十八條（稅制支援等）、第十九條（對中小型內容產業者的特別支援）。★

此外，在《一人創作企業育成法》中，也針對個人公司列出許多支援政策，如第八條（一人創作企業支援中心的指定）、第九條（知識服務交易支援）、第十條（教育訓練支援）、第十一條（連繫型技術開發支

援）、第十二條（想法〔idea〕之事業化支援）、第十三條（海外進出支援）、第十五條（保證制度的設立、運用）、第十七條（與徵稅有關之特例）。※

　　除了法令之外，韓國政府亦針對個人企業與中小企業提出支援方案，以【表11】2010年的支援內容來看，從初期的創新想法或技術支援，到成長期經營所需的空間、教育、諮商、經費補助等，政府都給了必要的援助，在起飛期階段更結合地方政府、自治團體的力量，提高個人企業的能見度，最終則是協助上市。為了支援個人企業，文化體育觀光部支援個人企業的線上流通與海外進出支援和宣傳；中小企業廳則負責大部分的商業經營相關事項，如設備、資金與人力支援；勞動部、福祉部、食物藥品廳等各部會協商修正地方稅法、雇用保險法、食品衛生法與食品產業振興法等相關法令，大家共同為扶持一人創作企業的發展而努力。[28]

　　而在政府各單位的協同努力下，一人創作企業也交出了亮麗的成績單。根據中小企業技術情報振興院（2010）的統計資料，2010年8月25日為止前來註冊的一人創作企業共10,454名、曾使用公共空間者5,384名、管

---

* 詳見附錄一。

★ 詳見附錄二。

※ 詳見附錄五。

[28] 文化體育觀光部、中小企業廳、未來企劃委員會（2009），〈為創新工作機會與實現創造經濟的一人創作企業活化策略〉。

表11 2010年一人創作企業支援內容　（單位：億韓元）

階段	產業名稱	募集類別		預算
		支援對象	支援內容	
初期	支援知識服務想法商業化	預備創業者和三年內創業的企業	全體事業費的70%，依類別有差異，上限4億韓元	30
	支援連結個人創業與技術開發	個人創作企業與能共同研發的中小企業	每類別開發費的75%（1億韓元額度）	20
	支援並發掘手機平台中的創新想法	富想法的學生	免費	5
成長期	經營商業中心	一人創作企業	提供辦公場所、專家諮詢、教育等	-
	個人創業的特例保證	一人創作企業	每個企業3億韓元額度	300
	知識服務的購買優惠支援事業	中小企業與非營利團體（《民法》第三十二條）	總費用10%內，300萬韓元額度（每企業一年12次為度）	30
起飛期	自我啟發的金卡支援事業	優秀的一人創作企業	每人80萬元額度，教育費50%	5
	尋找「個人創業Dream Bus」	一人創作企業	優秀商品的展示、販賣、空間提供、宣傳、教育	7
	自治團體協助	一人創作企業	三個自治團體	-
	成功論壇	一人創作企業	上市	-

資料來源：Idea Biz Bank (www.ideabiz.or.kr)

理諮詢1,027名、教育支援8,189名。而Idea Bank的會員也從2009年的5,425名，到2010年6月增加了4,123名，共9,548名。一人創作企業購買優惠支援則從2009年的1,383件、21億韓元，到2010年6月增加為1,955件、共支援24億韓元。一人創作企業商務中心共有十七處，除了兩處屬於中小

企業技術情報振興院和KOCCA之外，其餘十五處皆為民間設立。

（二）減稅優惠的問題與對策

從以上各項支援政策中不難發現，支援項目多半與製作、流通、海外進出，以及中小企業有關，看似針對文創產業所立的法案，但真正落實在文創產業中的優惠並不多，尤其是減稅優惠。

在韓國，減稅優惠適用於全體製造業，但文創產業中除了出版、電影、廣播電視、廣告產業外，其餘皆不列入優惠對象，因為其餘產業多為專案計畫的投資，並非新成長動力產業，也非研發投資企業或高科技的風險資本企業（Venture Capital），因此無法成為減稅的對象。

專家認為，應該將文創產業也納入研發投資企業或高科技的風險資本企業的補助行列，尤其像遊戲、影像媒體、數位虛擬複合科技等，都應該可以成為新成長動力產業中有關研發費用稅額扣除優惠的對象。根據KOCCA的統計資料（2011年），文創產業中音樂產業可享有附加價值稅減稅額高達886億韓元、漫畫為266億韓元、線上遊戲195億韓元、動畫157億韓元，這些減稅額對於產業有正面鼓舞之效。

此外，韓國政府為了強化地方的文創產業發展，因此對位於首都地區的文創中小企業之創業並不給予補助，看似一項用心的政策，卻成為產業發展的絆腳石。因為事實證明，文化產業的銷售額中，首爾佔了64.5%、仁川1.7%、京畿道17.9%，這三個地方加起來相當於台灣的北北基地區，

共佔了84.1%，其餘地區不過15.9%。因此政府只補助那15.9%的少數企業，對於創出高產值的首都圈地區卻不予補助，這項政策引來許多抨擊，許多專家業者都希望政府可以擴大補助的地區。

此外，雖然文創產業並非政府認定補助的研發投資企業或高科技的風險資本企業，但不斷地創造高附加價值與工作機會也是事實。根據KOCCA的統計資料，2003～2009年韓國文創產業的銷售額年平均成長率為6.6%，出口額為23.2%；2007年韓國GDP與文創產業的附加價值比率為2.5%，雖然數值不高，但在先進國家中也在前五名之列。因此擴大減稅與補助範圍聲浪不斷。

表12 主要國家文創產業附加價值與GDP比重（2007年）

	英國（10億英鎊）	日本（千億日圓）	美國（10億美元）	韓國（兆韓元）
附加價值	79.6	301.2	725.0	21.3
對GDP比（%）	7.6	5.9	5.5	2.5

資料來源：《KOCCA 焦點》，10-16: 5, KOCCA, 2011

再者，有關進駐文化產業聚落企業的減稅問題，目前的法規只針對文化產業聚落的總執行者減免事業註冊稅、財產稅、地方稅，對於入駐的企業本身並不適用，為了吸引更多的廠商進駐園區，建議給予企業減稅優惠，推估若企業得到減稅優惠，對於研究與人力開發費的稅額扣除將有102億韓元左右。

（三）支援政策的變革

　　韓國政府曾經於2009年7月在KOCCA針對文創產業的支援體系做一個全盤的討論，因為這些年政府大力推動之下，雖然國內的產值提升了，但是在世界市場的佔有率仍然停留在2.4%，對此韓國政府與專家皆認為，原因首推文創產業的核心競爭力，也就是創作與企劃力的疲弱、全球流通管道不足、以及核心技術力的不足；此外政府支援政策，例如支援方式、支援對象的認定……等也有其問題；最後就是在因應數位科技複合新環境的到來，支援政策確有修改之必要，因此提出了以下幾點結論：

1. 集中支援：整合或廢除重複或績效不高的產業，選定核心產業集中支援。目前正在統合影視、全球化動畫計畫、OSMU重點事業製作支援等三個事業，以擴大支援規模。

2. 擴大投資、融資、保證保險制、經營支援等與其他機關的聯繫支援：礙於預算有限，支援效果不彰，專家認為應該將金融、海外進出、與中小企業支援等相關機構串連起來，機關之間互締備忘錄（MOU），以活化財源與支援制度。預計要擴充完成保證、產品出口的保險與製作資金一元化的支援，減少繁複的申請手續，並鬆綁擔保金限制的規定……等，希望可以對文創產品的製作與出口有所助益。

3. 擴大間接支援，以強化民間的自生能力：取消或減少以往直接支援

特定業者或專案補助的慣例，將支援放在培養民間產業的自生能力，擴大對小企業的支援。

4. 改進支援對象的選定方式：審查委員多元化，增加投資人、流通企業家、出口業者等，讓審查更中立，並導入PM（project manager，專案經理人）制度，由經理人管控支援事業的一切流程。此外，增加「事後支援」與「期中審查」制度，這是針對計畫進行前未能得到補助的業者，在計畫當中仍有機會可以申請審查，經審查後若確定值得支援，那就可以事後追認。

綜觀韓國的支援政策方向，一開始因為廣開門戶，於是產生了資源不公的現象，很多業者抱怨無法獲得支援，或苦於申請手續繁雜、附帶條件嚴苛……等，有些業者則抱怨得受限補助的內容，也有些業者甚至不知道有此資源。因此韓國政府修正支援政策，希望能減少資源浪費或重複，並將錢用在該用的地方。

（四）文化券（voucher）制度 [29]

所謂文化券制度是以低收入戶、近貧戶與偏遠地區民眾為對象，每戶每年支援韓幣5萬元的文化券，供民眾觀賞公演、展覽、電影，或購買圖書、DVD、CD等之用。從2011年開始，除了低收入戶外，將對象擴及至10～19歲的青少年，每人每年韓幣5萬元，預計將有60萬名青少年受惠。

為此，文化券制度的預算，從2010年的67億韓元，2011年大幅增加到347億韓元。

圖6 文化福祉政策與文化券支援政策的關係

韓國的文化政策包含了文化福祉政策，而文化券政策便是文化福祉政策的一環。文化券的資金來源為彩券基金，韓國政府規定，彩券基金的35%為法定公用，65%做為公益之用，公益事業之一的振興文化藝術，自2005年為了文化公民權的普及與公平化，開始改為文化券支援制度。然而因宣傳不夠、申請不便，落實效果不彰。韓文化觀光研究院（KCTI）2010年針對曾經使用過文化券觀賞文化藝術活動者做過調查，結果滿意度達72.5分，但對該制度的手續是否簡便，答案只有68分，而問到補助金額

---

[29] 文化券制度專屬網站：http://www.cvoucher.kr/。

文化卡

是否恰當，分數為67分，整體效果並不理想，但有83.8%的人贊成轉用文化卡。因此從2011年開始除了既有的線上申請外，亦可透過各地方的區公所或里民中心辦理申請，並且文化券改為文化卡，一年仍以5萬元為度，相關業務由新韓銀行負責辦理。文化卡適用的文化藝文活動項目與範圍也放寬很多，幾乎所有地方的文化藝文節目、圖書與CD等文化商品皆可購買，提供民眾更多元的使用選擇。

除了文化卡之外，還有愛的禮券（Love ticket），發給對象為弱勢階層的24歲以下兒童、青少年，以及65歲以上老年，觀賞公演每人一次補助7,000韓元、展覽每人一次補助5,000韓元，一年最多可申請十次。

此外，還有偏遠地區的文化巡迴表演與圖書捐贈，以及殘障人士的創作表演支援等政策，為的就是盡量讓所有人民皆可享受文化活動，提升文化素養、創造美學環境，俾使韓國得以成為名符其實的文化強國。

雖然韓國政府為了文化公民權做了很多努力，但往往政府的一個美

意，不是被誤用就是沒落實在對的地方，韓國的文化券制度亦然。根據韓文化觀光研究院2010年針對1,000名月所得低於150萬韓元的低收入戶（240名）與近貧戶（760名）為對象所做的調查，結果指出，只有28.9%（289名）的民眾知道文化券制度，其中33.4%從一般宣傳媒體中得知、25.2%得知自網路、從公家機關處得知者只有20.8%，由此可知政府相關單位的宣傳嚴重不足。此外，有過申請使用經驗者只有26.7%（77名），使用率相當低，而沒去申請者之中有71.6%不知道自己有申請的資格。對於這樣的結果，韓國政府要達到公民文化權的普及性與公平性，尚有許多努力的空間。（資料來源：〈文化券認識調查〉，KCTI，2010）

五、對外政策的變化

從2000年韓流開始，亞洲一窩蜂的哈韓，然而韓國大張旗鼓的文化輸出政策卻漸漸引來後遺症，反文化霸權、反韓等現象在亞洲各國陸續發生，許多專家學者也開始建言，為了文創產業的永續發展，不能只是單方向的輸出，需要雙方交流，而溝通合作與分享的文化交流將是韓國拓展國際市場的主要課題。為此，韓國政府在許多國家設立文化院、韓國中心（Korea Center）、文化宣傳館、世宗學堂等機構，並簽訂許多文化交流協定[30]，依照2008年訂定的「文化體育觀光部的國際交流業務相關規定」，以三年為單位、國家地區之分，透過建交紀念舉辦各項文化活動，

以大型的國際活動為契機，積極進行文化交流，藉此加強公共外交、讓外國人留下對韓國的良好印象，並拉近國家之間的距離，當然最終目的還是為了提升韓國整體的品牌形象，促進經濟成長。

（一）海外文化院

韓國政府早在1979年5月10日就在日本東京設立了韓國文化院，之後陸續在海外設立，2011年為止共有24個，包括東京、巴黎、紐約、洛杉磯（2005年以前）、俄國、德國、北京、大阪（2006年）、英國、上海、越南、阿根廷（2007～2008年）、波蘭、哈薩克、奈及利亞、華盛頓（2009年）、雪梨、西班牙、菲律賓、印尼（2010年）、印度、墨西哥、土耳其、匈牙利等，2012年開始預計在新加坡、泰國、海參崴、香港、加拿大、巴西、義大利、比利時、瑞士、埃及、伊朗、阿拉伯聯合大公國、南非共和國等增設文化院，目標預計37個。每個文化院除了院長之外，皆有10名以下的職員，其中上海最多，共12名。而訪問文化院的人數，根據韓國文化體育觀光部統計，2010年的總觀眾數達到476,603名（不包含2010年新設立的4個文化院）。

韓國文化院提供韓國文化課程、演講、傳統公演、展示、韓國語教育的普及、發行韓國文化宣傳資料、韓國電影節、讀書室……等，主要目的在宣傳韓國文化，讓外國人瞭解韓國的民族精神與文化特性。

（二）韓國中心（Korea Center）

相較於文化院的純文化交流作用，韓國中心則扮演「文化藝術＋文化產業＋觀光」的積極角色，可以說是將文化院的規模擴大，在海外的觀光公社、文化內容振興院分院也都會集中在韓國中心，希望可以提供"One Stop"的整合功能，讓外國人可以快速便捷地獲得韓國的資訊。

截至目前為止，韓國在美國洛杉磯（2006年9月）、北京（2007年3月）、上海（2007年7月）以及日本東京（2009年6月）等地設置韓國中心，前三處皆由文化院擴大改編而成，東京則是新建的建築物，裡面有可容納300人的公演場、多功能的展示中心、圖書室……等空間，主要是因應日本的韓流風潮，藉由韓國中心扮演文化藝術、觀光、文創產業、體育等交流。未來在紐約也將蓋一棟地下2樓地上7樓的韓國中心，裡面亦有公演場、展示場、韓流體驗館、教室、創作媒體中心等多功能的空間，預計2014年開幕。

（三）文化宣傳館

文化宣傳館（原名：文化弘報館）是在2008年7月由隸屬文化體育觀

---

[30] 截至目前為止，韓國共與97個國家訂定文化協定、與30幾個國家共同成立文化同委員會。與台灣曾在1965年締結文化協定，但隨著1992年斷交也一併廢除，目前呈無效狀態。

光部的「教育文化館」和隸屬海外宣傳院的「國政宣傳館」整合而成的在外組織，據2010年資料，目前在全世界共有30個國家35個地區設有文化宣傳館，進行文化宣傳與交流。過去韓國以歐美、中國、日本為中心的政策，為了擴大交流，改以「一地區一文化宣傳館」的配置原則進行調整，範圍擴及到東歐、中南美、中東、非洲等地區。

（四）世宗學堂 [31]

韓國的「世宗學堂」與中國的「孔子學院」性質相似，可以說是海外的韓語教育機構，提供外國人與韓國僑胞學習韓文的空間。世宗學堂最早於2007年3月在蒙古設立，緊接著中國的延邊，之後就陸續在世界各地開設。2009年10月9日，韓國總統李明博在位於光化門廣場的世宗大王銅像揭幕式上發表演說時表示，為了普及韓國語與文化交流，希望在2015年以前，世宗學堂可以增設到150個。

為了呼應李明博總統的命令，文化體育觀光部整個動起來，宣布世宗學堂在2012年底將增加到90個，2014年增加到160個，2016年可望達到200個，並積極開發教材與培訓教師，2012年增設的15個地區國家中包含了台灣。2012年也首度派遣20名的專業教師到海外20個地區國家支援教學，除了韓語學習之外，也設計了韓國文化課程，藉此宣揚自己的語言文字與文化，並延續韓流熱潮，將韓文當作一個品牌行銷到世界各地。

世宗學堂在海外設置的管道有三種：其一，直接由海外使館或辦事處

經營；其二，由海外在地的韓國語教育機關，例如大學的韓語系來承辦，成為該大學的附屬機構；其三，由海外在地的民間機構來經營。台灣的世宗學堂屬於第三種，由非營利的民間組織「高雄市韓人會」來經營。不管是哪一種型態，韓國文化體育觀光部都會給予經營管理上的補助。[32]

　　韓國如此積極在海外設立世宗學堂，但世宗學堂至今卻不是一個獨立的機構，目前只是附屬在文化體育觀光部轄下的「韓國語世界化財團」，在經費上的運用也有所限制，因此許多專家學者呼籲政府依照《韓國國際交流財團法》與《在外同胞財團法》，將世宗學堂升格為促進海外韓國語教育的專屬機構，並賦予專款經費，但至今尚未定論。

---

[31] 世宗學堂：http://chn.sejonghakdang.org/user.do?page=P10020000。

[32] 「高雄市韓人會」得到韓國文化體育觀光部轄下「韓國語世界化財團」的支援，被指定營運台灣第一家世宗學堂，已於2012年4月開館。（http://khkorean.net/）

第三章　韓國文化創意產業政策的機制

　　在韓國，掌管文化藝術等相關業務的最高單位是文化體育觀光部，從名稱可以知道，文化體育觀光部除了文化藝術之外，體育、觀光也在其業務範圍。但這麼多的業務其實是很需要分工的，因此文化體育觀光部之下通常會設有實質的營運機構，如委員會、委託的營運機關，以及營利的公司企業；再下一階層則是廣設特殊法人，如韓國內容振興院（KOCCA）、韓國文化藝術教育振興院（KACES）等，各司其職；最下一層則是社團法人、財團法人、社福企業……等民間中介機構，這些中介組織與特殊法人的接觸最為密切，但最不受政府干預，擁有經營自主權，許多文創產業的民間組織多在這層活躍。

　　這些單位與中央政府的關係如【圖7】，可分為四層，民間組織為第一層，中央政府為第四層，也就是最上一層；第一層為法人等民間團體機

圖7 現有文化藝術組織的千層模型

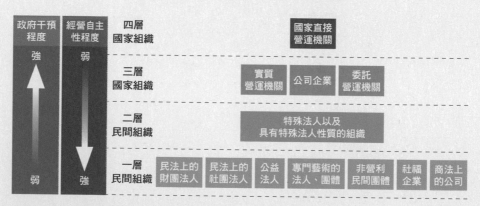

資料來源：韓國文化觀光研究院，2011

構，受政府的干預最弱、自主性程度最強，而這層對於文創產業的貢獻也最直接。

一、中央政府－文化體育觀光部

　　相較於其他國家的文化部，韓國將體育、觀光納入成為「文化體育觀光部」，舉凡文化、藝術、影音、廣告、出版、刊物、體育與觀光的所有事務，皆由文化體育觀光部掌管。其主旨在藉由文化藝術的暢達，傳統文化的保存、傳承與發展，文化觀光事業的推動與觀光體育的振興等，提升人民生活的品質，並以強化二十一世紀國家競爭力為目標，訂定相關政策並推動之。

　　文化體育觀光部早在1948年11月4日成立的文教部文化局，與1961年10月2日所設立的交通部觀光公路局兩個局之下便開始有了基本雛形；之後1990年1月3日正式成立文化部，當時的文化部共有316名正式職員，轄下有2個室、4個局、11個館、18個課。但事實上，九〇年代初以前，文化部的功能多被統合在「文教部」裡。

　　1993年3月6日，文化部與體育青少年部合併，正式成立文化體育部，編列正式職員1,784人，設有3個室、7個局、12個館、34個課。1994年12月23日接收交通部的觀光局，1998年2月28日隨著金大中政府的上台，改為文化觀光部，設置2個室、6個局、10個館、29個課與16個所屬機構，成

為真正執行文化觀光政策的中央行政機關。

這樣的組織在盧武鉉政府時代並沒有太大改變，直到李明博政府上台，為了強調文化享有權與推展國民體育活動，將文化觀光部擴大為文化體育觀光部，並在部長之下設立兩個次長，各自掌管一個組織，目前共設有4個室、4個局、2個團、53個課或組，所屬機關共39個，包括11個國立文化藝術機關、12個特殊法人文化藝術機關，與16個接受政府財政支援的一般法人文化藝術機關，耳熟能詳的KOCCA便是特殊法人之一。文化體育觀光部與轄下39個機構的正式職員編制共2,462名，但本部只有664名。

圖8 文化體育觀光部本部組織圖

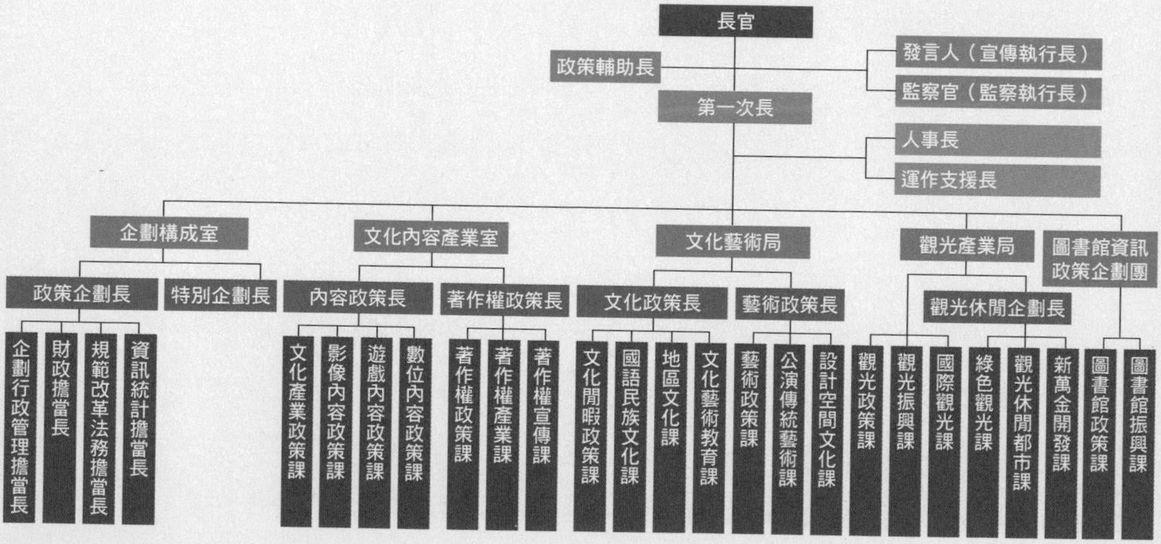

目前韓國文化體育觀光部的組織如【圖8】。

　　從【圖8】龐大的組織可得知，韓國為了成為全球五大文化強國之一所做的努力。本書將介紹幾個與文化創意產業的推動最為直接與密切的局處室，如文化內容產業室、文化藝術局、觀光產業局、媒體政策局等單位的業務。

- 文化內容產業室：擴充電影、動畫、音樂、錄影帶、遊戲、數位內容等產業的基礎設施，培養人才，開發高附加價值的文化商品，支援文化商品的海外行銷業務，以提升各項文創產業的國家競爭力。

- 文化藝術局：訂定國家文化休閒政策基本方向，擴大社會弱勢階層的文化享有機會，韓國語與民族文化的傳承，推動韓國文化的世界化與國家間的文化交流，訂定文化振興政策以支援文化藝術創作和擴充人民文化藝術的享有權，支援創作活動，建造以人為本的文化

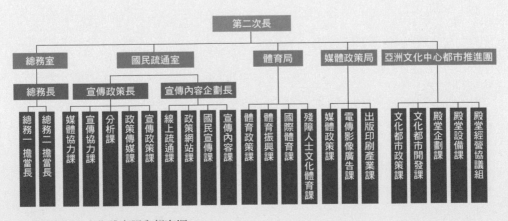

資料來源：文化體育觀光部官網

空間等事業。

‧觀光產業局：為了提升人民福祉，訂定觀光政策基本方向，擴大一般人民與弱勢階層的國內觀光機會，擴充觀光硬體設備，開發生態環保觀光資源，增加外國觀光客人數等業務。

‧媒體政策局：訂定並施行發展計畫，振興定期刊物、廣播影視、廣告、出版、印刷等文化媒體產業的發展，改善產業通路、研究、培育人才，擴充支援、建立法令與制度等業務。

　　上述提及的，除了文化體育觀光部部內的組織外，擔任中介組織的特殊法人與法人等重要民間機構共有39個，其中與文創產業密切相關的特殊法人有，韓國內容振興院、電影振興委員會、韓國文學翻譯院、韓國文化藝術教育振興院、韓國文化藝術委員會、韓國放送廣告公社、韓國影像資料院、韓國著作權委員會等；另外尚有接受政府財政支援的一般法人機構，如國際放送交流財團、韓國文化觀光研究院、韓國言論振興財團等，皆與文創產業推廣事業有關。

　　特殊法人與一般法人的差別在，前者與文化體育觀光部的關係較密切，可以說是直屬的，除了接受文化體育觀光部的經費支援外，也輔助文化體育觀光部的政策推動；後者則較偏重經費補助方面。由於機構眾多，本書僅介紹幾個較具代表性的機構，如韓國內容振興院、韓國文化藝術教育振興院、韓國文學翻譯院、電影振興委員會、韓國文化觀光研究院等。

二、特殊法人

（一）韓國內容振興院（KOCCA）

「韓國內容振興院」隸屬於文化體育觀光部，可以說是韓國文創產業推動政策的最高機構。KOCCA英文全名為Korea Creative Content Agency，應該譯為「創意內容」，但韓文名稱並沒有創意兩字。事實上KOCCA的韓文名稱有幾次的變化，2001年8月22日成立時，稱為「韓國文化內容振興院」，一直到2009年5月7日才改為「韓國內容振興院」。

如果從九〇年代後期推動文創產業的幾個主要機構來看，最早成立的是1998年2月的「韓國放送開發院」，此乃財團法人，後來於2001年11月改名為「韓國放送影像產業振興院」，仍是財團法人。遊戲產業緊追在後，1999年2月設立「遊戲綜合支援中心」財團法人，後於2001年改名為「韓國遊戲產業開發院」，六年後，在2007年4月正式更名為「遊戲產業振興院」。

事實上，KOCCA旗下設立許多與文化事業相關之機構，如2006年2月的「動畫製作中心」、2006年9月的「文化內容教育中心」、2007年6月的「文化內容中心」，以及2008年的「全球內容中心」等。韓國政府為了讓政策的推動更有效率，將KOCCA旗下所設立的這些機構與放送影像產業振興院和遊戲產業開發院整合為一，並於2009年5月7日以「韓國內容振興院」為名，統籌一切相關業務，並將產業動向與研究成果刊登在網頁上，

提供民眾免費下載。

2009年以前的「韓國文化內容振興院」，乃特殊法人，除了推動國內文創產業外，並於2001年10月相繼在日本、中國開設分部辦公室，以及2003年7月、2004年3月在美國與歐洲設立辦公室，將產業國際化。改名為「韓國內容振興院」後，為了因應時代潮流之所需，隨即在該（2009）年6月成立「全球化遊戲樞紐中心」，11月成立「一人創作企業支援中心」，2010年7月成立「故事創作中心」，2011年4月設立「內容紛爭調停委員會事務處」。其組織

圖9 韓國內容振興院組織圖

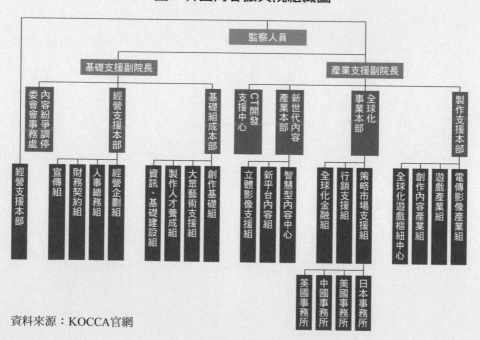

資料來源：KOCCA官網

圖如【圖9】。

　　KOCCA是依據《文化產業振興基本法》第三十一條規定成立的，統籌一切文創事業（共十六項事業分類），其事業範圍包括：政策與制度的研究和企劃，市場調查與各項統計，專門人力的養成與教育，相關技術開發計畫與管理，支援創業、經營與海外進出，國內外文創資料的蒐集保存與活用，保護文創商品使用者的權益……等等，舉凡與文創產業有關的大小事，皆歸振興院管轄。

　　KOCCA目前在洛杉磯、北京、東京、倫敦皆設有分社，支援中小企業進出海外市場，例如，在國外協辦各項展示會幫助業者行銷、或是招攬國外業者前來韓國展示，增加海內外業者的合作機會。此外，為了促進內容產業的發展，KOCCA訂定了三個核心計畫，分別是「哈利波特計畫」、「阿凡達計畫」和「張保皋計畫」。所謂哈利波特計畫就是透過故事創作（Story Telling）的公開招募，得到好的「內容」來加以運用；阿凡達計畫是將新的技術擴大，並給予援助；張保皋計畫則是幫助內容產業行銷海外。[33] 換言之，這三個計畫就是「創意的故事」、「未來導向的技術」、「邁向世界市場」。

---

[33] 張保皋乃新羅時代名將。當時率兵掃蕩沿海海盜，確保了新羅的安全與制海權，因而使清海鎮成為新羅時代的貿易重鎮，並與唐朝和日本組成國際貿易網。張保皋對當時朝鮮半島的對外文化與商業交流有相當大的貢獻。

　　KOCCA雖然替文化體育觀光部掌管一切文創產業相關事務，但最初的成立其實是以營利為主，因此聘請擔任過三星電子副社長的徐丙文 [譯音] 接下首任院長一職，代表KOCCA的企業化野心。當時徐丙文院長也將KOCCA的功能放在產業上，大大投資並支援有希望的中小企業、開拓韓國文化內容的海外通路，充分表現其企圖心。雖然這樣的願景對韓國整體經濟的提升有很大的助益，但文創產業不能只有產業，文化的保留與公民文化權都應該得到保障，否則文創產業的育成政策只能說是一項經濟政策，並非文化政策。關於這一點，雖然歷任總統都曾提出修補措施，但直至目前，仍敵不過經濟導向的趨勢，文化創意產業終究以產業為重。

（二）韓國文化藝術教育振興院（KCSES）

　　2005年2月以財團法人成立，隨著同年12月制定的《文化藝術教育支援法》的施行，於2006年8月改為「特殊法人韓國文化藝術教育振興院」，地位與KOCCA一樣，直屬於文化體育觀光部，被指定為文化藝術教育專門人才培育機構，主要業務是支援學校與社區的文化藝術教育發展、協助文化藝術創意活動，以確保國民藝術與文化教育的平等機會為宗旨目標。

　　KCSES分為兩大部門與12個組織。兩部門包括教育事業本部與教育振興本部。在教育事業部下原設有：策略企劃組、對外協力組、學校教育組（目前業務最龐大的組）和社會教育組，之後又增設夢想管弦樂團工作小

組與週六文化學校工作小組，共6個組。教育振興本部則在原有的教育開發組、人力養成組、創意教育中心、以及國際交流組之外，增設了文化藝術教育公司工作小組，此外還有行政資源組獨立於外。職員約56名左右，其中50人負責行政業務，其餘則進行業務支援。其組織圖整理如【圖10】。

圖10 韓國文化藝術教育振興院組織圖

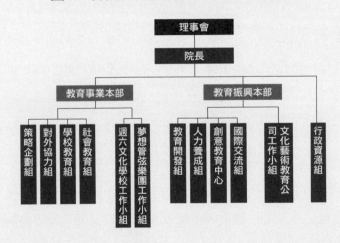

KCSES在2007年成立「文化藝術教育研究中心」，積極培養藝術講師，並於2008年正式以"CETA"掛牌，與文化體育觀光部和教育部合作，培養專業講師，教授教學方法論，並推廣文化藝術教育。主要任務有兩大部分，一是對全國的中小學、高中（不包括大學）等各級學校，進行藝術教育的支援；二是對各地區和社會各階層，進行社會藝術教育的支

援。目前在韓國的11,000多個中、小學中,已經在5,800多個學校配置了共4,164名藝術講師,分別對傳統藝術、戲劇、電影、舞蹈等各種文化藝術項目進行教學上的支援。但這樣的藝術文化教育課程是不被計入在未來升學評鑑之內的(目前只有法國將這類課程採納為升學評鑑標準),因此並非強制實行,但若學校的校長或老師認為有其需要時,便可以向KCSES申請安排講師加強學生的文化藝術教育。

此外,KCSES在全國不同地區選定26所學校作為推廣藝術教育的種子學校,並固定投入每年5,000萬到1億韓元的經費。目的就是要落實政府文化藝術教育從根扎起的政策,讓人民從小接觸文化藝術,政府甚至計畫將文化藝術教育帶入學齡前的幼兒教育中,因此更積極培養相關專業講師。由於KCSES服務的對象是全國民,因此韓國政府對KCSES的經費支援不馬虎,從2005年的71億韓元,到2011年已高達650億韓元,足見政府對KCSES業務推展的重視。

除了學校之外,文化藝術教育振興院也到監獄與軍隊等各個社會階層組織,傳遞文化藝術教育。透過全國640多個相關的藝術教育機構,對社會的邊緣人或弱勢團體,如兒童、殘障人士、老人、罪犯、軍人或勞工,派遣藝術講師至其所在的社區或團體,進行文化藝術教育。因此KCSES必須透過教育部、國防部、法務部等相關政府單位的合作,才能決定去哪裡以及如何派遣講師。

KCSES除了推動自己的業務外,從2009年開始陸續與各機關締結業

務合作約定，如各地方的教育廳、韓國教育課程評價院、SK電信、金匠倫敦大學（Goldsmiths, University of London）、紐約愛樂管弦樂團（New York Philharmonic）、中央公務員教育院、老人綜合福祉會、殘障人士福祉協會、韓國產業園區等機構或學校合作；2010年更獲得聯合國教科文組織的支援，舉辦世界文化藝術教育大會，共有68個國家、219位知名人士發表演說，參與外賓更高達2,900多名，來自129個國家。

韓國政府對舉辦國際活動一向不遺餘力，KCSES亦然，除了歐美先進國家外，與南美、亞洲很多國家進行密切交流，目前共和23個國家簽訂合作協議、與6個國家一起建構網站，分享文化與藝術教育的相關資訊。

（三）韓國文學翻譯院（KLTI）

韓國文學翻譯院的前身為「韓國文學翻譯金庫」，乃根據《民法》第三十二條於1996年5月6日設立；2001年3月擴大組織，變更為「財團法人韓國文學翻譯院」；2005年1月根據《文化藝術振興法》*規定，升格為特別法人，直屬文化觀光部，設有理事會、2個部、1個室、7個組、圖書館，主要任務在向全世界推廣韓國文學，因此舉凡韓國文學作品的翻譯、出版、國際交流、培育翻譯人才……等，皆屬翻譯院的業務。翻譯院也支援海外出版社翻譯出版韓國的文學作品，並在全球不同地區舉辦韓國文學

---

* 詳見附錄六。

作品讀後感大賽，提供優渥的獎品，希望藉此挖掘優秀的文學創作與翻譯人才。[34]

（四）電影振興委員會（KOFIC）

電影振興委員會前身為1973年創立的「電影振興公社」，1999年根據《電影與影音產品振興相關法》第四條成立「電影振興委員會」，成員共9人，設委員長1人，轄下共有2個局、1個檢查站、3個部、5個中心，主要任務在訂定電影振興計畫，管理經營影音製作等相關設備，運用該法第二十三條所設置的「電影振興基金」──即電影發展基金，研究調查韓國電影產業的現況與未來展望，電影的流通配給、輸出與國際交流，加強與海外共同製作，協助藝術電影、動畫、小品電影的製作……等業務。綜言之，委員會設立的宗旨在提升韓國電影的品質與振興電影產業。此外，因應數位時代的來臨，開發相關技術亦是當前重要任務之一。

（五）韓國文化觀光研究院（KCTI）

韓國文化觀光研究院原為「韓國文化觀光政策研究院」，2002年12月4日結合「韓國觀光研究院」而成立的研究機構，2007年2月改名為「韓國文化觀光研究院」。有別於其他機關，研究院主要任務多在各項政策的研究，範圍包括文化與觀光兩大領域，舉凡文化發展策略、文化支援政策、外國文化政策與國際文化交流、公民文化享有權、文化設施、文化產業育

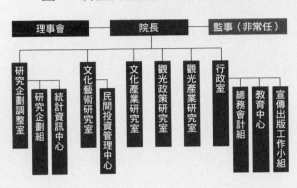

圖11 韓國文化觀光研究院組織圖

成、大眾文化與大眾媒體、傳統文化與地方文化、藝術教育、青少年文化、觀光產業及相關統計等各項研究，皆由研究院負責，並定期出版研究成果，在網頁上亦可自由下載。其組織如【圖11】。

　　在韓國，政府與民間企業都很重視研究院，所謂產官學研的合作，已成為一個堅固的網絡，政府相關單位將案子委託研究機構進行評估或策劃，研究機構將研究結果提供給執行單位執行，這樣的互助模式有助於政策的正確施行。不僅政府單位，民間企業，如三星，亦設有自己的經濟研究院，負責蒐集分析國內外產業動向。

---

34 在台灣，翻譯院委由政治大學負責一切大賽相關作業，每年4～6月為宣傳期，7月收件，8月審查，9月頒獎。

三、民間中介組織 [35]

韓國文創產業相關的民間中介組織非常多,「韓流文化產業協會」
（Korean Wave Culture Industry Forum）是其中一個,它是不折不扣的民
間組織,卻又同時具有官方的公信力,每年代表政府頒發「韓國韓流產業
大賞」給對韓國文創有貢獻的團體或個人、舉辦國際會議、與政府共同主
辦大型展覽……等等。該協會含括文創各領域之企業、組織、研究單位
等,其成員有官員、大學教授、中小企業老闆、藝術家、作家、個人等,
是個真正結合產官學研的民間組織,他們不僅推廣,也媒合國內外各產
業,並將各產業或個人設計之產品做包裝行銷,中小企業或個人因此可以
有銷售通路,當然這些中小企業也要回饋給協會。

這是一個可以結合中央政府、地方政府、民間企業、個人創作產業與
學術研究的非官方單位,從推廣到創作到銷售,他們現在要推動的是「韓
流經濟文化」,而這個「韓流」不再只是狹隘的大眾文化,而是結合各項
資源與創作,將韓國視為一個品牌,行銷全世界,創造更多的商機,為此
提升韓國形象、振興韓國經濟。

四、地方政府

（一）文化產業聚落

與台灣的「一鄉一特色」有所差別的是,韓國的各鄉鎮地方文化並不

如台灣的多元，韓國是單一民族，文化特色也大同小異，因此僅能以產業
來凸顯該地方的特殊性，於是有了「文化產業聚落」的產生。

　　有關地方文化的推動，從金泳三政府制訂《地方文化院法》，在地方
設立文化院促進地方文化的發展開始，到金大中具體將文化產業化後，
「文化產業聚落」的政策正式上路。但真正將「文化產業聚落」落實到各
地方的是盧武鉉政府，為了減少首都首爾的產業、人口、發展等過度集中
現象，致力發展地方產業，盧武鉉政府於2004年制訂了《國家均衡發展特
別法》，並訂定「國家均衡發展五年計畫」。

　　地方文化院與文化產業聚落同時並存在地方，前者以宣揚鄉土文化、
提供民眾文化生活空間與公民文化享有權為主要任務，資金來源以彩券基
金為主，全國近六十個地方文化院，分別開設各種體驗與服務課程，旨在
振興各地區的固有文化特色；而後者則以產業為重，主要集中在八個城市
（下一章節會有詳細介紹）。

　　目前韓國提倡的地方文創產業主要還是以產業聚落為主，所謂產業聚
落是透過相互的連結，為了使效用極大化，將相關企業（包括競爭企業、
扶持企業、合作企業等）、專業訓練、教育、資訊、研究、技術、相關機
構（大學、職業訓練所、研究中心、政府公認機關、企業協議團體等），

---

35 本書選擇「韓流文化產業協會」做介紹，乃因筆者與該協會有過共同舉辦文創研習營的經
　驗。

以及金融、會計、法律等支援服務的企業,全部集結在一處,這個地方就可稱為產業聚落。韓國政府便是以這樣的概念指定了文化內容產業聚落,這些聚落裡面必須要有企業、大學、研究中心和相關機構,使之成為一個網絡,互相協助,透過事業的展開、技術開發、人力交流、知識與技術共有等交流,創造綜合效應。

在韓國,文化產業聚落的概念包含了文化產業園區、文化產業振興地區與文化產業振興設施等三項,是為了活化地區文化產業、帶動綜合效應的一個集合體。當初文化產業聚落乃根據《文化產業振興基本法》第二十三~第三十條之二,共十一條規定所設立。其中第二十四條規定了園區的設立、二十八條之二規定文化產業振興地區的建置,而文化產業振興設施則散落在各條款中,其中第二十三條則是規定將設施置於園區內,以便集中化管理。此外有多項支援、補助政策的規定,為的就是希望可以活化地方的文化產業。*

(二)文化產業聚落的現況

為了提升地方文化產業與活化地區經濟,韓國政府從2000年開始推動地區文化產業聚落,接著為了邁向國民所得2萬美元的時代,又積極加強地方經濟的成長,於是在2004年通過《國家均衡發展特別法》,開始推動「國家均衡發展五年計畫」,一直到2010年為止,總共投入6,000億韓元(約台幣170億元),地方與中央各支3,000億韓元。

　　韓國的文化產業聚落牽涉了三個層面，即中央政府、地方政府、民間，可以包括六個主要的主角，即文化體育觀光部、地方政府、支援機關、投資者、企業、地方大學，這些單位共同來推動文化內容產業。[36] 文化產業聚落設立的目的，除了發展文化內容產業外，也為了區域平衡發展，改造地方，希望除了首爾之外，可以將一些有希望發展的都市打造為先進的文化產業園區，因此希望民間可以多參與，政府則站在輔導的地位。

　　目前釜山、大邱、光州、春川、大田、富川、全州、清州等八個地方是最為代表性的文化產業聚落。這些城市之所以可以成為文化產業聚落，是經由各項評比選出的。首先，以「選地係數」（location quotient: LQ）為評比標準，選出係數大於 1 的地區，作為第一階段的篩選程序。所謂選地係數是用來測定某個地區的某個產業相較於全國其他地區的重要性，其程式為：

該地區的某個產業的雇用率÷某個產業的全國雇用率

　　係數大於 1 者表示具有發展這個產業的資格，但是分析結果顯示，首爾在所有項目中都大於 1，至少一個項目大於 1 的地區，除了首爾之外，

---

* 詳見附錄一。

[36] 權淳載 [譯音]（2011: 35），〈文化內容產業聚落間特性的比較研究──以富川市和春川市為例〉，首爾市立大學碩士論文。

尚有仁川、京畿、大田、光州、全北、大邱、蔚山、釜山等九個；係數大於1的項目一個都沒有的地區，有忠南、全南、江原、忠北、慶北、慶南、濟州。

　　另一個評比的方法就是「地區競爭力指數」（RCI），從全國163個市、郡中選出RCI指數較高的城市，然後將文化內容核心產業分配到這些資格符合的地區或城市中。以城市來看，早在金大中政府時代，訂定了「尖端文化產業園區」的建設支援基本計畫（1999年9月）後，隨即在2000年4月制訂「地方文化產業創業育成中心」的支援計畫；2001年5月又制訂「地方文化產業創業育成中心設立營運方針暨推動計畫」，同時也指定了七個地區為文化產業聚落，這七個地區與指定發展的產業列舉如下：

富川－出版

春川－動畫

大田－遊戲

清州－學習用遊戲

光州－角色

全州－聲音文化

慶州－虛擬（假想現實）

　　但這七個文化產業聚落並非全都持續下來，發展的產業也有所變動，目前最具代表性的八個聚落中，釜山與大邱為新增，慶州被淘汰，但經過

幾年後現在的慶州又被重新指定為文化產業聚落，不過要發展的產業變成了工藝品3D產業，並成立歷史文化中心，這是配合慶州乃新羅古都的特色所形成的。

富川－出版漫畫、動畫、遊戲、個性化商品

春川－動畫

大田－影像、遊戲

清州－教育娛樂（edutainmnet）、遊戲

光州－影像、個性化商品（亞洲文化中心）

全州－數位影像、傳統文化

大邱－遊戲

釜山－影像（電影）

慶州－工藝品3D產業（歷史文化中心）

在韓國，文化產業聚落的產生和台灣不太相同，韓國可以說從無到有，不像台灣多半是利用舊有的糖廠來進行改裝。在韓國要設立一個文化產業聚落，未來要入駐的業者和地方政府要共同出資購買土地，這方面中央政府是不補助的，中央政府只針對業者共同使用的設施，如展覽、販賣、宣傳、影片放映等展館給予支援，此外，有關製作開發、人力養成、教育訓練、技術開發（R&D）、行銷、海外進出等所需費用中，中央政府會補助應負擔金額的50%以內。

　　從上面的城市與產業的搭配，可以清楚得知，韓國的文化產業聚落多半不是依照城市本身特性去造成的，如上所述，韓國政府是在評估各城市或地區的產業發展潛力之後，再將要推展的文化內容核心產業分配到這些資格符合的地區或城市中。

　　此外，政府會設立「地區文化產業研究中心」（CRC: Culture Research Center）來支援地區文創產業發展必要之業務。所謂的地區，則是除了首都圈之外的15個市、道。CRC是依據《文化產業振興基本法》第十六條（專業人才的培育）、第十七條（促進技術和文化內容的開發），以及《國家均衡發展特別法》的第十二條（地方大學的育成）、第十三條（地區科學技術的振興）、第十五條（地區文化、觀光的育成）規定而成立的，組織成員包括地方政府、企業、個人、大學、研究中心。2010年由國庫支出150億韓元，預計在2013年中心的分所將達20個，同時，為了保障文創產業永續發展，韓國政府也準備在2013年以前籌措發行2,000億韓元規模的全球文創產業投資基金。

　　地區文化產業研究中心的成立目的在活化地區的特有文化產業，但參與的成員一定要有地方的主管機關，如道廳（相當於省政府）、市政府，此外就是地區內的大學、研究單位，以及地區內外的業者，一定要有這些單位的組成才能獲得申請補助的資格。CRC的事業主軸有三：基礎建設型、計畫創作型、品牌行銷型，最終目的就是要將地區的文創產業以品牌包裝行銷到海外，創造收益。

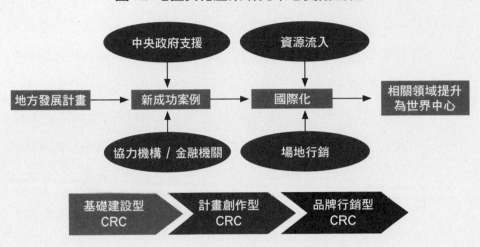

圖12 地區文化產業研究中心支援流程

資料來源：地區文化產業研究中心（CRC）支援產業成果調查及分析

（三）文化產業聚落面臨的課題

　　CRC在發展地方文創產業扮演舉足輕重的角色，從2005年開始，這幾年在中央政府、地方政府與民間產業的共同分攤事業發展經費之下，確實也有了一些成果，例如，專利、論文、產出等都有不錯的成績，也提升了研發設計R&D的素質，業者將研究結果運用在產業上，也幫助了產業有效地開發地區特性化商品。

　　雖然韓國政府很努力在推展地方的文創產業，但地方產業環境終究不如首都首爾，競爭力相形低落，事實上84%的文創業者都集中在首爾，

90%以上的銷售額也在首爾，從事文創的人員亦有86%集中在首爾。如何提供地方政府更多的資源，除了資金、稅賦減免之外，人才培育、計畫擬定，並與首爾之間建立有效能的合作網絡，是可積極作為的方法。本書整理出幾個文化產業聚落目前所面臨的課題，如下所示：

1. 由上而下的政策，喪失地方特色：中央政府集權的政策來推動園區的設立，讓地方有綁手綁腳、窒礙難行之處。雖然初期需要政府支援，但應下放權力到地方，再由地方下放到民間，無論是中央政府或地方政府，都盡量扮演輔導的角色，如此才能有更多的發展與創意空間。

2. 太過強調區域平衡，會壓縮文化的創意，並且這八個產業聚落有資源重複之虞，反而削弱了發展的重點。

3. 對於文創產業認知的不足：韓國政府並沒有依照地方的特色來發展文創，而將之視為一般製造業般地推展，雖有法案支持，但結果好像發展文化產業只是蓋一個園區，而非文化相關的建設。產業若沒有回歸文化，那就不能稱之為文化創意產業，因此可以考慮與地方文化院整合，支持地方特色產業的開發。

4. 缺乏有利的工具來發展文創產業：政府能給的只有財政的補助與減稅，缺乏長期性的計畫與整合。應該加強地方文化的自生能力，培養當地的文創人才，以「創意城鄉」吸引更多有為的青年回流，共同為自己的家鄉努力。

　　文化產業聚落的形成原為帶動地方文化產業經濟的發展，立意雖然良好，但是韓國政府過度干涉，侷限了聚落的發展。因此，調整中央和地方合作模式，中央作輔助、地方做主導，讓地方有能力永續經營才是根本之道，讓地方培養公司與人力，留住地方產業與人才是當務之急。

　　文化產業若沒有文化，那麼很快便會淪為一般產業。每個地方都有其特殊性，地方文化就是一個很好的文創產業元素，結合地方的產官學研等各界的力量，把現有的地方文化發展為文化創意產業，讓該地方自然形成一個文化產業聚落，也許更能因其特殊性而創造更多商機。台灣與日本的「創意城鄉」經驗，應該可以成為韓國學習的對象。

第四章　韓國文化創意產業現況與展望

一、整體產業

根據PWC2011的數據，2010年全世界文創產業的市場規模高達 1 兆4,195億美元，其中美國佔了31.2%，韓國佔2.4%，排名第九，韓國政府希望在2020年的文創產業世界佔有率可以達到5%，晉升到全球第五位，出口額也可以從2011年的42億美元增加到224億美元。

這幾年來，韓國文創產業已從內需為主的市場成功轉為出口導向，從2005～2011年七年期間，出口的年平均成長率為21.6%，已遠遠超出同期間整體產業出口年平均的11.8%，這樣高成長讓文創產業從2008年開始，貿易收支轉為黑字（見【表13】），出口大於進口的成長幅度不斷增加。不過韓國政府並不滿足現況，因為文創產業的出口總額只佔了全體產業出口總額不到1%的水準（2005年0.46%→2008年0.55%→2010年0.69%→2011年0.75%），仍有很大的進步空間。

表13 2006～2011年文創產業貿易狀況　　（單位：億美元）

	2006年	2007年	2008年	2009年	2010年	2011年
出口額	13.7	19.4	23.4	26.0	32.3	41.6
進口額	32.8	33.5	19.9	17.7	17.0	16.9
貿易規模	46.5	52.9	43.3	43.7	49.3	58.5
貿易收支	△19.1	△14.1	3.5	8.3	15.3	24.7

資料來源：《文化內容產業輸出擴大策略》，文化體育觀光部，2012

　　韓國文化部每年都會出版一本厚達三、四百頁以上的文創產業白皮書或統計報告書，也會針對某些產業做個別的調查，並出版報告書或白皮書，內容包含預算、結算、產值、成果、現況與展望……等，從白皮書可以得知文創產業的成果、現況與課題。不過，李明博上台後，開始用「產業動向報告書」來取代白皮書，內容多集中在產值的呈現。本書彙整各年度的白皮書、報告書與學者專家的論文等相關資料後加以分析，將各產業的最新產值與文創產業的上市公司營業狀況整理分析如下。

（一）銷售額

　　從【表14】統計數字可以發現，亞洲地區的規模與年增率均次於中南

表14 世界文創市場規模與展望　　（單位：百萬美元，％）

	2009年	2010年	2011年	2012年	2013年	2014年	2015年	2010～2015年平均增加率
世界	11,933	12,173	12,572	13,121	13,804	14,602	15,357	4.8
北美區	42,438	41,811	41,854	42,515	43,663	45,181	46,821	1.9
歐洲區	41,087	41,561	42,656	44,138	45,986	48,137	49,932	3.9
亞洲區	4,537	4,874	5,141	5,421	5,767	6,142	6,561	7.9
中南美區	5,426	6,024	6,563	7,219	8,025	8,970	9,995	11.0
大洋洲區	2,484	2,665	2,813	2,970	3,161	3,369	3,598	6.3
中東/非洲	2,369	2,562	2,797	3,063	3,368	3,713	4,090	10.5

地區：北美區包含美國、加拿大，歐洲區包含EMEA（歐洲、中東、非洲）等國家，亞洲區包含中國、日本、東南亞、印度、韓國，大洋洲包含澳洲、紐西蘭，中南美區包含墨西哥、巴西等中南美國家。
資料來源：《2010年內容產業白皮書》，文化體育觀光部，2011

美地區,足見新興國家對於文創產業具有相當大的爆發力,相較之下,北美地區則呈現停滯現象。

【表15】為世界文創市場各產業類別的規模及展望,雖多為預估值,但仍可窺知各產業的未來動向,將2015年的規模與2010～2015年平均年增率的前五名整理如下:

2015年規模:電視廣告＞無線電視節目＞平面出版＞零售角色＞線上
廣告

平均年增率:線上動畫／線上電影＞手機廣告＞手機出版＞手機動畫

從年增率發現,前五名均為線上產品(紅色標示),無論是連接電腦或手機的商品,都是炙手可熱的產業。不過以整體產值規模來看,傳統的產業仍佔居要角,前四名皆為平面產品。

在亞洲,文創市場規模最大的是日本,其次是中國與韓國,這三個國家2010年全球市佔率分別為10.6%、5.0%、2.4%。就國家而言,韓國曾經一度位居第八(前七名依序為美國、日本、英國、德國、法國、中國、義大利),不過現在又回到常態的第九名(美國、日本、英國、德國、法國、中國、義大利、加拿大、韓國、西班牙)。

韓國文創產業規模位居亞洲第三名,在政府大力的推動下,文創產業市場不斷擴大,產值也日趨增長。【表16】為2007～2011年的銷售額數值,2011年全體文創產業銷售額前五名順序與2010年相同,但年增率部

表15 2010～2015年世界文創商品的規模及展望 （單位：百萬美元）

		2010年	2011年	2012年	2013年	2014年	2015年	2010～2015年增率
電影	影院＋video	73,855	77,135	80,858	85,089	89,517	93,683	4.9%
	線上	504	688	1,019	1,403	1,794	2,071	32.7%
	手機	408	480	551	627	702	777	13.7%
動畫	影院＋video	12,909	13,354	13,884	14,515	15,186	15,831	4.2%
	線上	89	121	180	248	317	365	32.7%
	手機	76	95	117	141	168	198	21.1%
音樂	CD/公演	11,530	10,397	9,493	8,748	8,128	7,368	-8.6%
	線上	2,719	2,939	31,44	3,338	3,524	3,703	6.4%
	手機	2,321	2,656	2,969	3,262	3,533	3,784	10.3%
遊戲	服務/PC	83,319	81,723	83,753	88,360	95,431	101,000	6.2%
	線上	15,532	18,510	22,015	24,797	27,846	30,844	14.7%
	手機	6,772	7,518	8,343	9,172	9,978	10,816	9.8%
角色	零售	152,879	153,887	155,897	159,126	162,863	168,209	1.9%
	線上	-	-	-	-	-	-	-
	手機	-	-	-	-	-	-	-
出版	印刷品	175,611	176,185	177,877	180,281	183,069	185,857	1.1%
	線上	8,022	9,146	10,444	11,778	13,114	14,450	12.5%
	手機	891	1,130	1,424	1,760	2,314	2,869	26.3%
電視傳播	無線電視	179,304	174,720	176,069	183,563	193,854	202,983	2.5%
	線上	-	-	-	-	-	-	-
	手機	1,902	2,448	3,120	4,157	4,983	4,645	19.6%
廣告	電視	392,407	404,222	417,768	431,493	446,709	463,663	3.4%
	線上	62,077	74,187	88,554	104,608	123,169	145,199	18.5%
	手機	2,807	3,681	4,675	6,011	7,651	9,088	26.5%
知識資訊	線上	87,066	96,837	105,264	114,956	123,520	27,909	8.0%
	手機	6,533	8,581	9,930	9,996	12,216	14,926	17.9%
全體		1,279,553	1,320,640	1,377,348	1,447,431	1,529,586	1,610,238	

資料來源：《2010年內容產業白皮書》，文化體育觀光部，2011

分，代表新韓流的韓國音樂K-POP從第三名則竄升到第一名（2010年年增率為：知識資訊＞文創內容服務＞音樂＞遊戲＞角色），其順序整理如下：

銷售額：出版業＞電視傳播＞廣告＞遊戲＞知識資訊

年增率：音樂＞知識資訊＞文創內容服務＞遊戲＞角色

在出版產業方面，這幾年由於電子書市場的活絡，締造了銷售額的佳

表16 韓國各文創產業銷售額　（單位：百萬韓元，％）

產業	2007年	2008年	2009年	2010年	2011年	比重	比前年增減率
出版	21,595,539	21,052,936	20,609,123	21,243,798	21,024,701	25.5	-1.0
漫畫	761,686	723,286	739,094	741,947	757,087	0.9	2.0
音樂	2,357,705	2,602,076	2,740,753	2,959,143	3,869,414	4.7	30.8
遊戲	5,143,600	5,604,700	6,580,600	7,431,118	9,202,762	11.2	23.8
電影	3,183,301	2,885,572	3,306,672	3,432,871	3,457,246	4.2	0.7
動畫	311,166	404,760	418,570	514,399	551,318	0.7	7.2
電視傳播	10,534,374	9,354,605	9,884,954	11,176,433	12,949,275	15.7	15.9
影像獨立製作公司	-	727,411	796,175	737,092	800,490	1.0	8.6
廣告	9,434,625	9,311,635	9,186,878	10,323,172	11,715,194	14.2	13.5
角色	5,115,639	5,098,713	5,358,272	5,896,897	7,214,873	8.8	22.4
知識資訊	4,297,341	4,777,330	5,255,185	6,204,127	8,041,845	9.8	30.0
文創內容服務	1,679,800	1,866,100	2,036,362	2,196,232	2,828,791	3.4	28.8
合計	64,414,776	63,681,713	66,116,463	72,120,137	82,412,996	100.0	14.3

資料來源：《2011年第四季內容產業動向分析報告書》，文化體育觀光部，2012
　　　　　《內容產業統計——以2010年為基準》，KOCCA，2011
　　　　　《2012年內容產業展望報告書II篇——細部產業篇》，KOCCA，2012

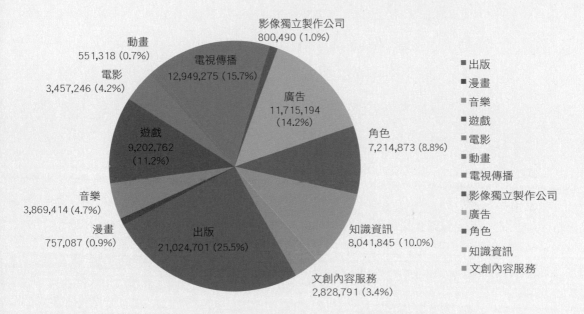

圖13 2011年韓國文創產業銷售額及比重 （單位：百萬韓元）

影像獨立製作公司
800,490（1.0%）

動畫
551,318（0.7%）

電影
3,457,246（4.2%）

電視傳播
12,949,275（15.7%）

廣告
11,715,194
（14.2%）

角色
7,214,873（8.8%）

遊戲
9,202,762
（11.2%）

音樂
3,869,414（4.7%）

漫畫
757,087（0.9%）

出版
21,024,701（25.5%）

知識資訊
8,041,845（10.0%）

文創內容服務
2,828,791（3.4%）

■ 出版
■ 漫畫
■ 音樂
■ 遊戲
■ 電影
■ 動畫
■ 電視傳播
■ 影像獨立製作公司
■ 廣告
■ 角色
■ 知識資訊
■ 文創內容服務

資料來源：《2011年第四季內容產業動向分析報告書》，文化體育觀光部，2012

續，但也因為既有市場的飽和與智慧型手機或平板電腦的電子書市場還在開拓中，2011年的銷售額比2010年下滑了1%，只有21兆247億韓元。[37]

2011年年增率從2010年的第三名竄升到第一名的音樂，雖然銷售額不大，但K-POP所造成的新韓流讓音樂產業的產值節節升高。

---

[37] 資料來源：《2012年內容產業展望報告書II篇──細部產業篇》，KOCCA，2012。

　　年增率第二與第三的知識資訊和文創內容服務皆與網路業有關，前者不管在銷售額或成長比例都有不錯的成績，可以看到李明博政府集中推展數位內容產業的成果。後者雖然銷售額不高，但比起2010年增加了28.8%，若這兩項合起來，銷售額直逼一路長紅的電視傳播業，可以說是文創產業中的黑馬，來勢洶洶，也說明了這兩項產業被列為旗艦產業的必要性。

　　另一個2008年開始新增的「影像獨立製作公司」是指戲劇等節目外包給相關製作公司，而非由電視台製作，這些年來我們所看到的許多膾炙人口的韓劇，例如《祕密花園》、《我的公主》等都是獨立製作公司所製作，不是電視台拍攝的，以前全都包含在內一起計算，這三年來開始分開計算，因此銷售額也不高，不過以政府積極扶持的政策來看，有不錯的成長空間。

　　此外，值得一提的是「角色」，韓國是全世界唯一把「角色」列入文創產業的國家，最早是指戲劇或遊戲裡的角色公仔，漸漸衍生為代表人物特性的肖像，現在角色產業則結合影劇、動畫，進而推動3D、4D影像產業，有逐漸成長趨勢。韓國的角色商品分為韓劇的PPL（置入性行銷商品）、自製公仔商品、肖像權專利，這幾年肖像權專利的銷售額年平均也有10.8%的成長佳績。[38]

　　將文創產業各分項產業2007～2011年的銷售額與總體文創產業的銷售額對照製表如下：

圖14 出版產業2007～2011年銷售額與文創產業總銷售額對照

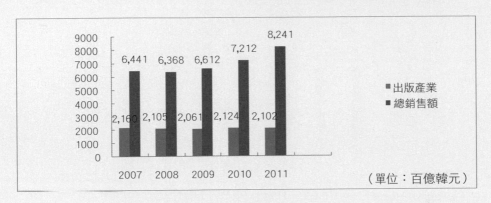

（單位：百億韓元）

圖15 漫畫產業2007～2011年銷售額與文創產業總銷售額對照

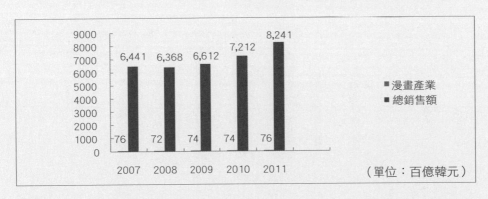

（單位：百億韓元）

角色商品開發與肖像權	2006年	2007年	2008年	2009年	2010年	年平均（2006～2011）
銷售額（億韓元）	3,069	3,453	3,445	3,589	4,632	10.8%

[38] 舉例說明一張《大長今》的海報相片肖像權專利金高達5,000美元，且購買之前必須先取得李英愛經紀公司的授權，拿到授權書後，再向MBC電視台購買，程序繁複。

圖16 音樂產業2007～2011年銷售額與文創產業總銷售額對照

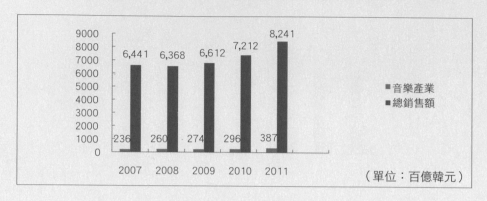

（單位：百億韓元）

圖17 遊戲產業2007～2011年銷售額與文創產業總銷售額對照

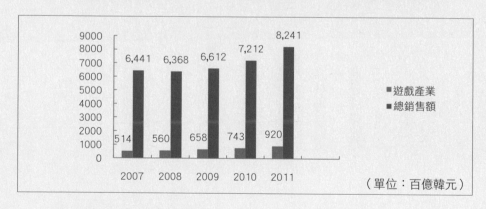

（單位：百億韓元）

圖18 電影產業2007～2011年銷售額與文創產業總銷售額對照

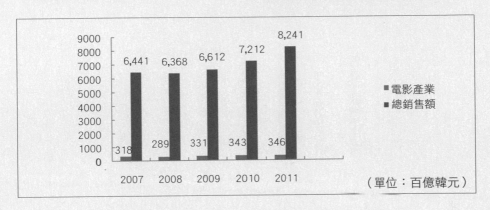

（單位：百億韓元）

圖19 動畫產業2007～2011年銷售額與文創產業總銷售額對照

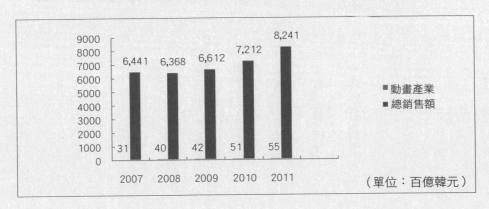

（單位：百億韓元）

圖20 電視傳播產業2007～2011年銷售額與文創產業總銷售額對照

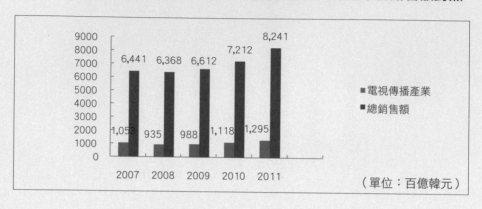

（單位：百億韓元）

圖21 影像獨立製作公司產業2007～2011年銷售額與文創產業總銷售額對照

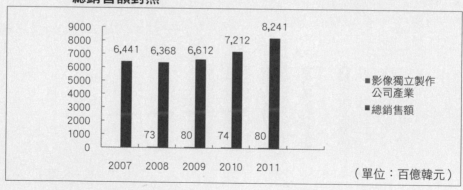

（單位：百億韓元）

圖22 廣告產業2007～2011年銷售額與文創產業總銷售額對照

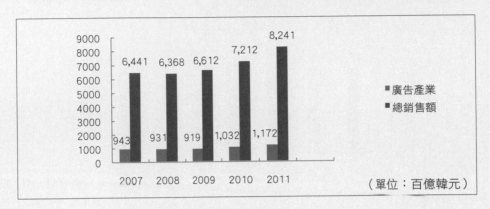

（單位：百億韓元）

圖23 角色產業2007～2011年銷售額與文創產業總銷售額對照

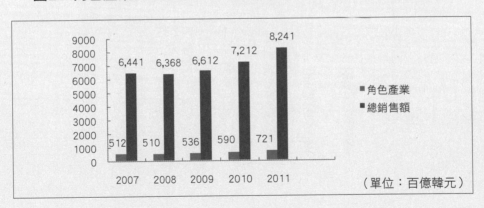

（單位：百億韓元）

圖24 知識資訊產業2007～2011年銷售額與文創產業總銷售額對照

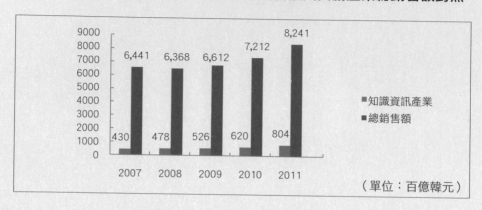

（單位：百億韓元）

圖25 文創內容服務產業2007～2011年銷售額與文創產業總銷售額對照

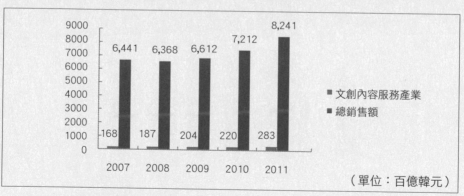

（單位：百億韓元）

資料來源：《2011年第四季內容產業動向分析報告書》，文化體育觀光部，2012
　　　　　《內容產業統計——以2010年為基準》，KOCCA，2011
　　　　　《2012年內容產業展望報告書II篇——細部產業篇》，KOCCA，2012

此外，本書亦統計了2006～2010年文創的線上（online）與數位內容產業銷售狀況（如【表17】），整體的年平均為15.8%，其中數位出版高達57.1%。從數據中整理出2010年線上／數位內容產業的銷售額比重與年增率的前五名順序如下：

銷售額：知識資訊＞遊戲＞文創內容服務＞出版＞廣告

年增率：電影＞遊戲＞知識資訊＞出版＞音樂

年平均增加率：出版＞漫畫＞廣告＞音樂＞知識資訊

表17 文創線上／數位內容產業銷售額　　（單位：百萬美元，%）

產業	2006年	2007年	2008年	2009年	2010年	比重	比前年增減率	年平均增減率
出版	676,405	812,184	954,654	1,149,481	1,309,334	7.5	13.9	57.1
漫畫	75,587	86,423	86,800	100,892	105,235	0.6	4.3	27.0
音樂	368,293	441,566	543,079	589,868	650,487	3.7	10.3	19.5
遊戲	2,879,600	2,982,400	3,588,400	4,572,000	5,594,165	32.0	22.4	14.4
電影	90,350	38,225	18,560	22,324	28,575	0.2	28.0	-27.9
動畫	7,795	9,504	10,287	7,810	7,430	0.04	-4.9	-
電視傳播（不含獨立製作公司）	484,962	515,721	491,960	502,495	501,350	2.9	-0.2	6.3
廣告	780,996	841,094	1,248,097	878,088	889,493	5.1	1.3	26.5
知識資訊	3,467,795	4,297,341	4,777,330	5,255,185	6,204,127	35.5	18.1	15.3
文創內容服務	1,541,700	1,679,800	1,866,100	2,036,362	2,196,232	12.6	7.9	11.5
合計	10,373,483	11,704,258	13,585,267	15,114,505	17,486,428	100.0	15.7	15.8

資料來源：《內容產業統計──以2010年為基準》，KOCCA，2011

　　銷售額最高的前三名仍是年輕世代喜好的知識資訊、遊戲與文創內容服務；相較之下，動畫不管在銷售額或年增率的表現上，皆不盡理想，這是因為動畫產業目前仍以電視節目為主，尚未普及到網路領域。此外，電影在2010年也有不錯的銷售成績，但因為被前幾年疲弱的成績拖累，因此整體的年平均增加率呈現負成長。

　　將線上／數位內容產業銷售額與整體的文創產業銷售額做比較，如

圖26 2010年線上產業銷售額及比重　（單位：百萬韓元）

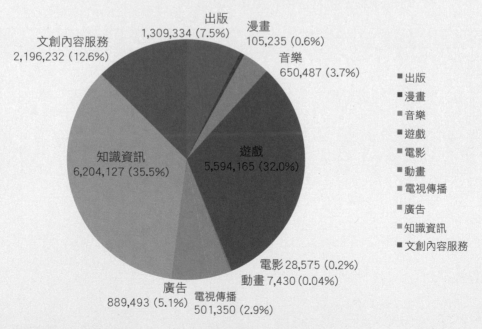

資料來源：《內容產業統計——以2010年為基準》，KOCCA，2011

【表18】，很明顯發現比重每年不斷成長，從2006年的16.5%，到2010年的24.2%，五年共增加了7.7%。說明了未來文創產業的趨勢將是數位化時代。

表18 文創產業全體銷售額與線上／數位內容銷售額對比　（單位：百萬美元，％）

銷售額	2006年	2007年	2008年	2009年	2010年	比前年增減率	年平均增減率
全體	62,768,976	64,414,776	63,681,713	66,116,463	72,120,137	9.1	4.7
線上/數位	10,373,483	11,704,258	13,585,267	15,114,505	17,486,428	15.7	15.8
比重（％）	16.5	18.2	21.3	22.9	24.2	-	-

（二）附加價值

文創產業是高收益、高附加價值的產業，其中又以遊戲為最。從附加價值率來看，遊戲比重最高，從2008年開始，連續三年皆超過50%，表示收益性最佳。2010年的附加價值率順序整理如下：

附加價值率：遊戲＞獨立製作公司＞知識資訊＞出版＞動畫

附加價值額：出版＞電視傳播＞廣告＞遊戲＞知識資訊

附加價值率第一名為遊戲，第二名的影像獨立製作公司從原來的電視獨立出來後，表現可圈可點。知識資訊可謂後來居上，由2008年的第五名躍升到2009年的第二名，雖然2010年降為第三，但附加價值率皆維持在40%以上，且穩定成長。附加價值率最低的是電影，其次是音樂與廣告。

　　2010年各產業所佔的附加價值比重數據順序整理如【表19】，這與【表16】銷售額的結果是相呼應的，同時也發現，2010年的附加價值比重順序（出版＞電視傳播＞廣告＞遊戲）與2009年完全一致。從整體的附加價值率來看，各項產業呈現穩定成長的趨勢。

表19 文創產業附加價值　（單位：億韓元，％）

產業	2007年			2008年			2009年			2010年			
	銷售額	附加價值額	附加價值率	銷售額	附加價值額	附加價值率	銷售額	附加價值額	附加價值率	銷售額	附加價值額	附加價值率	比重
出版	215,955	89,491	41.44	210,529	89,728	42.62	206,091	87,362	42.39	212,438	90,100	42.41	30.2
漫畫	7,617	2,821	37.03	7,233	2,836	39.21	7,391	2,908	39.35	7,420	2,976	40.11	1.0
音樂	23,577	7,877	33.41	26,021	9,466	36.38	27,408	10,228	37.32	29,591	11,429	38.62	3.8
遊戲	51,436	24,874	48.36	56,047	28,080	50.10	65,806	33,489	50.89	74,311	37,683	50.71	12.6
電影	31,833	8,808	27.67	28,856	3,494	12.11	33,067	10,879	32.90	34,329	11,219	32.68	3.8
動畫	3,112	1,225	39.37	4,048	1,673	41.33	4,186	1,752	41.86	5,144	2,171	42.20	0.7
電視傳播	105,344	42,676	40.51	93,546	35,696	32.57	98,850	39,314	40.73	111,764	42,850	39.81	14.4
影像獨立製作公司	-	-	-	7,274	2,958	40.67	7,962	3,283	41.24	7,371	3,298	44.70	1.1
廣告	94,346	40,022	42.42	93,116	40,627	43.63	91,869	34,451	37.50	103,232	39,321	38.09	13.2
角色	51,156	18,012	35.21	50,987	19,564	38.37	53,583	22,028	41.11	58,969	24,755	41.98	8.3
知識資訊	42,973	17,297	40.25	47,773	19,644	41.12	52,552	22,377	42.58	62,041	26,743	43.10	9.0
文創內容服務	12,750	6,425	38.25	18,661	7,317	39.21	20,364	8,027	39.42	21,962	8,725	39.73	3.0
合計	644,148	259,529	40.34	636,817	261,083	41.00	661,165	272,815	41.41	721,201	297,972	41.55	100.0

* 附加價值＝經常利益（稅前淨利）＋人事費＋純金融費用（利息費用－利息收入－紅利／股息收入）＋租金＋折舊費＋稅款
* 附加價值率＝（附加價值÷銷售額）×％
* 2010年比重＝該產業附加價值所佔全額之比例
資料來源：《2011年第三季內容產業動向分析報告書》，文化體育觀光部，2012
　　　　　《內容產業統計──以2010年為基準》，KOCCA，2011

【表20】為文創產業附加價值與國家整體GDP的比較，可以發現，除了2008年之外，附加價值額佔GDP的比重皆超過2.5%以上，雖然是很小的比例，但仍可看出文創產業的潛力。

表20 文創產業附加價值額與國家整體GDP的比較　（單位：億韓元）

	2006年	2007年	2008年	2009年	2010年
附加價值額	233,767	259,529	253,943	272,815	297,972
GDP	9,087,438	9,750,130	10,264,518	10,650,368	11,728,034
附加價值：GDP	2.57%	2.66%	2.47%	2.56%	2.54%

資料來源：《內容產業統計——以2010年為基準》，KOCCA，2011

（三）出口額

本書列出了2006～2011年的出口額數值，但由於2011年的資料計算單位為百萬韓元，與前幾年的百萬美元不同，因此分為兩個表來觀察。從【表21】中得知，2011年出口額的前五名產業與2010年雷同，只是角色與出版的順序互調（2010年：遊戲＞知識資訊＞出版＞角色＞電視傳播）；年增率部分則有較大的變動（2010年：音樂＞漫畫＞出版＞電視傳播＞遊戲），但音樂的年增率連續排名第一，顯示海外的K-POP有不錯的成績，有別於第一波以韓劇為主的韓流，這波K-POP所造成的新韓流值得矚目。2011年全體文創產業銷售額與年增率的前五名產業之順序整理如下：

　　出口額：遊戲＞知識資訊＞角色＞出版＞電視傳播

　　年增率：音樂＞電影＞漫畫＞動畫＞遊戲

表21 韓國各文創產業出口額　　（單位：百萬美元，％）

產業	2006年	2007年	2008年	2009年	2010年	比前年增減率
出版	185	213	260	251	358	42.6
漫畫	4	4	4	4	8	100.0
音樂	17	14	17	31	83	167.7
遊戲	672	781	1,094	1,241	1,606	29.4
電影	25	24	21	14	13	-7.1
動畫	67	73	81	90	97	7.8
電視傳播	134	151	171	170	229	34.7
影像獨立製作公司	-	-	11	14	14	0
廣告	76	94	14	93	76	-18.3
角色	190	203	228	237	276	16.5
知識資訊	5	275	340	346	363	4.9
文創內容服務	-	113	108	113	116	2.7
合計	1,375	1,945	2,349	2,604	3,239	23.9

資料來源：《2011年第三季內容產業動向分析報告書》，文化體育觀光部，2012
　　　　　《2012年內容產業展望報告書II篇——細部產業篇》，KOCCA，2012
　　　　　《內容產業統計——以2010年為基準》，KOCCA，2011

表22 2010、2011年韓國各文創產業出口額　　（單位：百萬韓元，％）

產業	2010年	2011年	比前年增減率
出版	413,803	357,296	-13.7
漫畫	9,427	18,118	92.2
音樂	96,273	204,017	111.9
遊戲	1,857,072	2,554,756	37.6
電影	15,705	32,207	105.1
動畫	111,957	150,484	34.3
電視傳播	248,002	252,295	1.7
影像獨製作公司	15,830	20,368	28.7
廣告	87,360	120,315	37.7
角色	319,507	424,598	32.9
知識資訊	420,048	466,503	11.1
文創內容服務	134,689	164,216	22.0
合計	3,729,673	4,765,173	27.8

資料來源：《2011年第四季內容產業動向分析報告書》，文化體育觀光部，2012

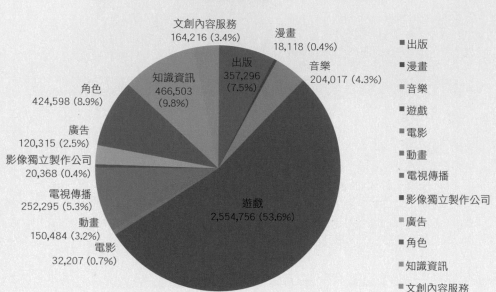

圖27 2011年出口額及比重　（單位：百萬韓元）

資料來源：《2011年第四季內容產業動向分析報告書》，文化體育觀光部，2012

從【圖27】可得知，2011年的出口總額最高的是遊戲，佔全部輸出額的一半以上（53.6%）。根據文化體育觀光部的統計，遊戲產業一直是出口常勝軍，從2007年的40%→47%→48%→50%→53.6%（2011年），持續成長增加。根據韓國情報網站GameShot的統計，遊戲中的線上遊戲，2009年總銷售額高達 3 兆5,000億韓元，突破 3 兆韓元，佔世界最大的線上遊戲生產及流通國。挾著出口額的優勢，韓國近年來更將野心跨足到海外市場，積極併購海外遊戲公司。[39]

出口額排名第二的知識資訊可謂後起之秀，在進入數位智慧時代，網路相關產業將會蓬勃發展。排名第五的電視傳播，在韓劇的沉滯後，這幾年因為談話性節目的盛行，出口額又有了起色。

年增率部分，音樂蟬聯兩屆的冠軍，這是導因於2010年女子團體歌手的演唱會在法國引爆話題，韓國政府打鐵趁熱，加碼投資，並將K-POP定義為新韓流，其行銷策略奏效使然。不過音樂的出口總額並不高，且2011年的成長率（111.9%）比起2010年的167.7%明顯減少。

將2007～2011年各項文創產業的出口額與總出口額對照製表如下：

圖28 出版產業2007～2011年出口額與總出口額對照

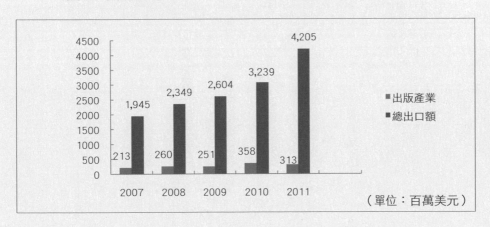

（單位：百萬美元）

---

³⁹ 台灣的遊戲橘子公司就面臨這個問題，韓國三大遊戲公司之一的納克森（NEXON）買入逾三成的遊戲橘子股票，將併購橘子公司。

圖29 漫畫產業2007～2011年出口額與總出口額對照

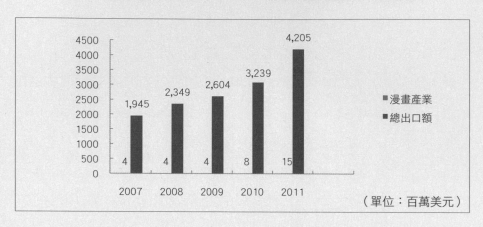

（單位：百萬美元）

圖30 音樂產業2007～2011年出口額與總出口額對照

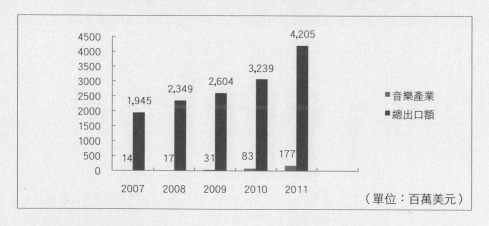

（單位：百萬美元）

圖31 遊戲產業2007～2011年出口額與總出口額對照

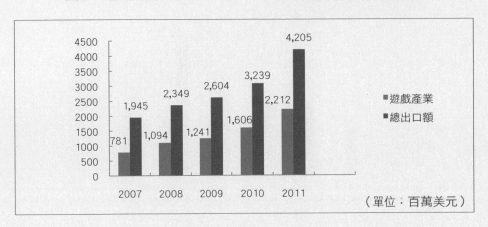

（單位：百萬美元）

圖32 電影產業2007～2011年出口額與總出口額對照

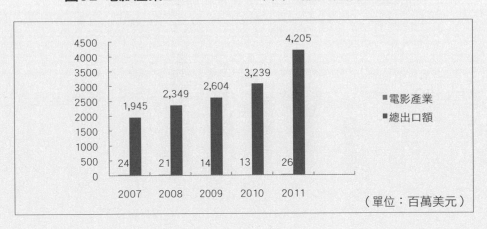

（單位：百萬美元）

圖33 動畫產業2007～2011年出口額與總出口額對照

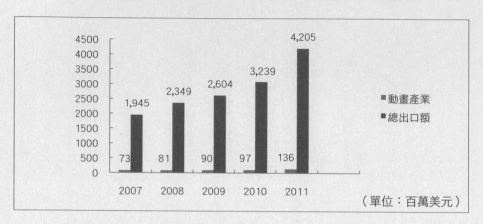

（單位：百萬美元）

圖34 電視傳播產業2007～2011年出口額與總出口額對照

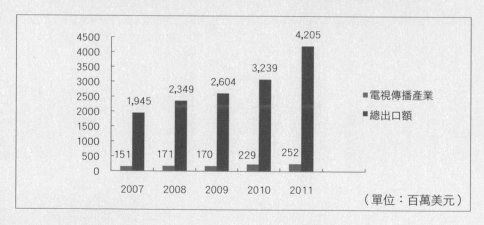

（單位：百萬美元）

圖35 影像獨立製作公司產業2007～2011年出口額與總出口額對照

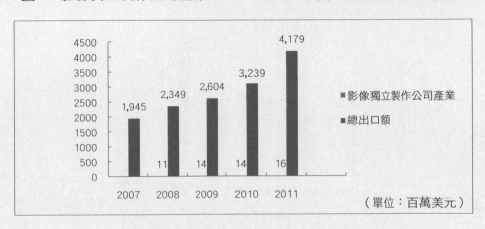

（單位：百萬美元）

圖36 廣告產業2007～2011年出口額與總出口額對照

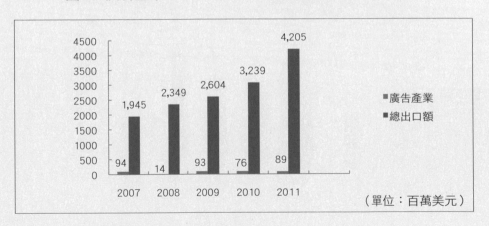

（單位：百萬美元）

圖37 角色產業2007～2011年出口額與總出口額對照

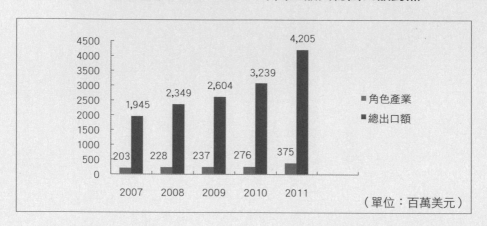

（單位：百萬美元）

圖38 知識資訊產業2007～2011年出口額與總出口額對照

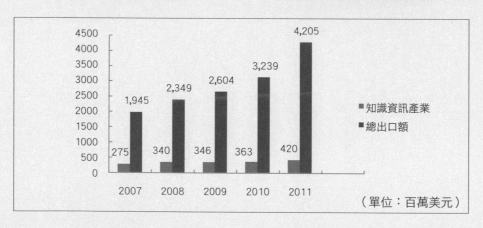

（單位：百萬美元）

圖39 文創內容服務產業2007～2011年出口額與總出口額對照

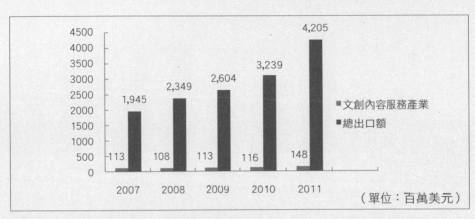

資料來源：《2011年第三、四季內容產業動向分析報告書》，文化體育觀光部，2012
　　　　　《內容產業統計──以2010年為基準》，KOCCA，2011
　　　　　《2012年內容產業展望報告書II篇──細部產業篇》，KOCCA，2012

　　根據韓國文化體育觀光部的資料，預估文創產業的出口額2010～2012年的年平均增加率為20%以上，2011年出口總額預估為42億美元，佔全世界的2.2%，排名第九，預計2020年要達到224億美元，佔全球的5%、排名第五的遠大目標。韓國文創產業的出口一項仰賴亞洲市場，從2007年的59%→2008年的47%→2009年的70%→2010年的73%，不斷地攀升。其中又以出口日本的26%比重最高，高達約8億美元；其次是中國，約7.5億美元，佔25%；第三名為東南亞約6.7億美元，佔22%；第四則是北美地區，約4億美元，佔13%。

　　【表23】為2007～2010年韓國文創產品對海外各地區的出口額一覽

表，從表中可以清楚得知，遊戲始終長紅，一枝獨秀；而2009～2010年的
數據中顯示，知識資訊和文創內容服務取代了昔日的音樂與電影（粗體標
示為出口額五大順序）。最引人矚目的是，電視傳播在歐美地區落到五名

表23 文創產業各出口區的出口額　　（單位：萬美元，%）

年度	產業	中國（含香港）	日本	東南亞	北美	歐洲	其他	合計
2007	出版	2,249	2,489	2,453	9,087	1,975	3,057	**21,309**
	漫畫	39	64	50	86	153	8	400
	音樂	166	943	206	31	22	21	1,389
	遊戲	24,133	24,289	10,309	13,824	4,139	1,406	**78,100**
	電影	82	519	276	877	470	216	2,440
	動畫	13	1,269	224	4,627	1,043	49	**7,277**
	電視傳播	833	5,349	2,675	132	35	301	**9,325**
	角色	3,140	464	1,363	6,870	4,322	4,130	**20,289**
	知識資訊	20	273	24	84	26	93	520
	合計	30,675	35,660	17,580	35,618	12,185	9,281	141,049
	比重	21.7	25.3	12.5	25.3	8.6	6.6	100
2008	出版	1,937	2,515	6,917	9,380	2,115	3,137	**26,001**
	漫畫	42	62	51	94	162	3	414
	音樂	184	1,122	257	35	30	20	1,648
	遊戲	29,206	22,752	24,174	18,486	9,298	5,469	**109,385**
	電影	131	899	268	314	414	79	2,105
	動畫	114	1,685	47	4,757	1,239	217	**8,059**
	電視傳播	810	6,563	1,723	119	35	142	**9,392**
	角色	3,835	1,278	2,077	7,441	5,044	3,150	**22,825**
	知識資訊	21	312	26	83	26	106	574
	合計	36,280	37,188	35,540	40,709	18,363	12,323	180,403
	比重	20.1	20.6	19.7	22.6	10.2	6.8	100

年度	產業	中國（含香港）	日本	東南亞	北美	歐洲	其他	合計
2009	出版	3,736	3,136	4,763	8,207	2,264	2,971	**25,076**
	漫畫	43	60	53	94	167	5	421
	音樂	237	2,164	641	35	30	20	3,127
	遊戲	43,306	32,883	18,613	15,263	10,175	3,847	**124,086**
	電影	158	595	271	89	237	63	1,412
	動畫	136	1,737	97	5,036	1,650	311	8,965
	電視傳播	1,082	6,528	2,338	191	121	165	10,425
	角色	4,360	1,463	2,133	7,451	5,134	3,111	**23,652**
	知識資訊	3,310	13,934	15,316	860	337	813	**34,570**
	文創內容服務	1,602	3,633	1,618	1,525	1,631	1,333	**11,342**
	合計	57,969	66,132	45,842	38,751	21,745	12,637	243,075
	比重	23.8	27.2	18.9	15.9	8.9	5.2	99.9
2010	出版	2,379	3,020	14,998	8,801	2,098	4,492	**35,788**
	漫畫	57	153	200	172	226	7	815
	音樂	363	6,727	1,132	43	40	22	8,326
	遊戲	59,586	43,525	24,252	14,776	13,813	4,658	**160,610***
	電影	97	226	349	142	452	93	1,358
	動畫	158	1,881	115	5,246	1,953	330	9,683
	電視傳播	2,096	4,971	4,956	282	232	170	**12,708**
	角色	4,937	1,646	2,723	8,533	5,967	3,828	**27,633**
	知識資訊	3,362	14,132	16,806	861	340	827	**36,328**
	文創內容服務	1,733	3,743	1,659	1,538	1,650	1,326	11,649
	合計	74,767	80,024	67,191	40,394	26,768	15,755	304,898
	比重	24.5	26.2	22.0	13.2	8.8	5.2	99.9

* 2010年的遊戲出口額數據在資料中有兩個版本，一為1,606萬美元，一為1,598萬美元，數據有些微差異，但不影響整體的結果，本書依照資料出處，不加以修正。

資料來源：《2010年內容產業白皮書》，文化體育觀光部，2011
　　　　　《內容產業統計——以2010年為基準》，KOCCA，2011

之外，說明了韓國戲劇在歐美地區難以形成風潮。相較之下，角色產品在歐美市場的表現比亞洲地區來得亮麗。

　　將每個地區或國家對韓國文創產品的進口額，從2007年開始做排序整理，試著推測各地區或國家對韓國文創產業的喜好與需求度。依照產業出口總額排序如下：

表24 韓國文創產品對海外區域的出口額度排名

區域	2007年	2008年	2009年	2010年
中國	遊>角>版>視>樂	遊>角>版>視>樂	遊>角>版>知>服務	遊>角>知>版>視
日本	遊>視>版>動>樂	遊>視>版>動>角	遊>知>視>服務>版	遊>知>樂>視>服務
亞太/東南亞	遊>視>版>角>影/動	遊>版>角>視>影	遊>知>版>視>角	遊>知>版>視>角
北美	遊>版>角>動>影	遊>版>角>動>影	遊>版>角>動>服務	遊>版>角>動>服務
歐洲	角>遊>版>動>影	遊>角>版>動>影	遊>角>版>動>服務	遊>角>版>動>服務
合計	遊>版>角>視>動	遊>角>版>視>動	遊>知>角>版>服務	遊>知>版>角>視

* 「遊」指的是遊戲、「角」指的是角色、「版」指的是出版、「視」指的是電視傳播、
　「樂」指的是音樂、「動」指的是動畫、　「知」指的是知識資訊、　「服務」指的是文創
　內容服務

　　由上表可得知，最受歡迎的是遊戲，不分區域，遊戲的需求皆排名第一。在亞洲方面，除了中國之外，在2008年以前佔居第二的電視劇明顯落後，被知識資訊取代，這結果與韓劇在海外的歡迎度逐漸下滑的事實相符。韓劇在歐美國家排名五名之外，不過角色、出版和動畫表現比亞洲好。整體而言，從2009年開始，各產業在各地區國家所佔據的版圖有了明顯的變動，主要還是因為智慧型手機與平板電腦等數位科技的崛起。

表25 2007～2010年文創產業地區別的出口額　（單位：萬美元，%）

	2007年	2008年	2009年	2010年	比重	比前年增減率	年平均增減率
中國	30,675	36,280	57,969	74,767	24.5	**29.0**	34.2
日本	35,660	37,188	66,132	80,024	26.2	21.0	34.4
東南亞	17,580	35,540	45,842	67,191	22.0	**46.6**	26.6
北美	35,618	40,709	38,751	40,394	13.2	4.2	13.7
歐洲	12,185	18,363	21,745	26,768	8.8	**23.1**	30.7
其他	9,281	12,323	12,637	15,755	5.2	24.7	18.8
合計	141,049	180,103	243,075	304,898	100.0	25.4	29.3

資料來源：《2008，2009，2010，2011年內容產業統計》，文化體育觀光部、KOCCA

2007年：日本＞北美＞中國＞東南亞＞歐洲

2008年：北美＞日本＞中國＞東南亞＞歐洲

2009年：日本＞中國＞東南亞＞北美＞歐洲

2010年：日本＞中國＞東南亞＞北美＞歐洲

　　將2007～2010年韓國對各地區國家的出口額與比重關係整理如【表25】。從表中的出口總額來看，除了2008年外，日本一直是韓國文創產業的最大出口國，相較之下，韓國對北美地區的出口額逐漸減少，2007～2010年的年平均為所有地區最低，只有13.7%，是韓國亟待努力的目標。相反地，歐洲雖然對韓國文創的仰賴度最低，但經過2010年K-POP的影響，有明顯成長的趨勢，年平均增加率僅次於中國。整理2007～2010年韓

國對各國出口的比重，並將數據以圖呈現如下：

圖40 2007～2010年文創產業出口地區比重　　（單位：%）

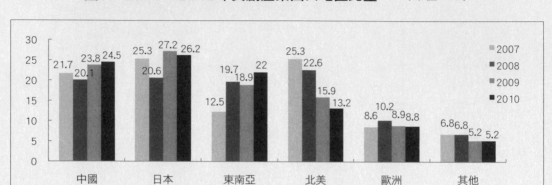

資料來源：《2008，2009，2010，2011年內容產業統計》，文化體育觀光部、KOCCA

（四）進口額

【表26】為2006～2010年海外各文創產業對韓國的進口額，相較於出口，進口韓國的海外文創產業明顯減少，除了廣告與知識資訊外，其他產業的進口年增率皆逐漸降低，可見韓國政府保護自家文創產業的用心與國內生產力的強大，無須仰賴太多的進口產品。2010年進口額的前五名產業為：廣告＞出版＞遊戲＞角色＞電視傳播。

【表27】為韓國各文創產業的進出口額比較表，從進出口比例可以得知，整體的文創產業從2008年開始，出口大於進口；從細項來看，2010年

表26 各文創產業進口額　（單位：萬美元，％）

產業	2006年	2007年	2008年	2009年	2010年	比重	比前年增減率	年平均增減率
出版	30,718	35,440	36,854	34,834	33,982	20.0	-2.4	2.9
漫畫	397	590	594	549	528	0.3	-3.8	9.5
音樂	835	983	1,148	1,194	1,034	0.6	-13.4	4.3
遊戲	20,756	38,955	38,692	33,225	24,253	14.3	-27.0	11.6
電影	4,581	6,753	7,878	7,365	5,337	3.1	-27.5	7.5
動畫	510	815	613	740	695	0.4	-6.0	12.4
電視傳播	7,256	6,494	14,940	18,301	11,050	6.5	-39.6	-1.8
影像獨立製作公司	-	-	7,114	6,128	819	0.5	-86.6	-
廣告	241,554	222,581	78,070	61,028	73,717	43.4	20.8	16.5
角色	21,190	22,526	19,868	19,637	19,046	11.2	-3.0	-2.4
知識資訊	32	40	42	43	44	0.03	2.3	4.71
文創內容服務	-	-	-	39	35	0.02	-9.0	-
合計	327,829	335,177	198,698	176,953	169,721	100.0	-4.1	-13.9

資料來源：《內容產業統計——以2010年為基準》，KOCCA，2011

以前「進口＞出口」的產業有廣告、電影、影像獨立製作公司、出版、漫畫，但2010年開始，只剩下廣告和電影兩項。在電影方面，自從韓美雙方商談自由貿易協定（FTA）之後，原本佔了一半電影市場的韓國本土電影被迫開放，將一年146天的放映量減少一半，只剩73天。因此從2007年開始，進口量逐漸增加，出口仍持續低迷，但經過政府積極振興電影產業的結果，2010年總算縮小了進出口的差距。

表27 各文創產業進出口額比較 （單位：萬美元，%）

產業	2007年			2008年			2009年			2010年		
	進口	出口	進出口比	進口	出口	進出口比	進口	出口	進出口比	進口	出口	進出口比
出版	35,440	21,310	1.66	36,854	26,001	1.42	34,834	25,076	1.39	33,982	35,788	0.95
漫畫	590	399	1.48	594	414	1.43	549	421	1.30	528	815	0.65
音樂	983	1,389	0.71	1,148	1,647	0.70	1,194	3,127	0.38	1,034	8,326	0.12
遊戲	38,955	78,100	0.50	38,692	109,387	0.35	33,225	124,086	0.27	24,253	160,610	0.15
電影	6,753	2,440	2.77	7,878	2,104	3.74	7,365	1,412	5.22	5,337	1,358	3.93
動畫	815	7,277	0.11	613	8,058	0.08	740	8,965	0.08	695	9,683	0.07
電視傳播	6,494	15,095	0.43	14,940	17,135	0.49	18,301	18,458	0.99	11,050	22,866	0.48
影像獨立製作公司	-	-	-	7,114	1,123	6.33	6,128	1,435	4.27	819	1,369	0.60
廣告	222,581	9,386	23.71	78,070	1,421	54.94	61,028	9,315	6.55	73,717	7,555	9.76
角色	22,526	20,289	1.11	19,868	22,825	0.87	19,637	23,652	0.83	19,046	27,633	0.69
知識資訊	40	27,511	0.001	42	33,995	0.001	43	34,569	0.001	44	36,328	0.001
文創內容服務	-	11,268	-	-	10,775	-	39	11,342	0.003	35	11,649	0.003
合計	335,177	194,463	1.72	198,697	233,760	0.85	176,953	260,423	0.68	169,721	322,609	0.53

資料來源：《2011年第三季內容產業動向分析報告書》，文化體育觀光部，2012
《2012年內容產業展望報告書II篇——細部產業篇》，KOCCA，2012
《內容產業統計——以2010年為基準》，KOCCA，2011
《2008，2009，2010，2011年內容產業統計》，文化體育觀光部、KOCCA

【表28】為海外地區各文創產業對韓國的進口額統計（不包含遊戲與廣告），整體而言，北美地區、日本與中國為韓國前三位的進口國，尤其是北美，穩居第一位，韓國對北美地區文創產業進口的需求度由此可知。整理各地區2007～2010年進口額順序：

2007年：北美＞中國＞日本＞歐洲＞東南亞

2008年：北美＞日本＞中國＞歐洲＞東南亞

2009年：北美＞中國＞日本＞歐洲＞東南亞

2010年：北美＞中國＞日本＞歐洲＞東南亞

此外，文創產業對海外國家或地區進出口的比較如【表29】，除了北美地區的消長互見外，韓國對其他國家或地區的出口有逐漸增加的趨勢。

（五）從業人口數

2011年的從業人口有了下降的趨勢，從【表30】數據中可以看到，從業人口數最多的是出版業，但比起2010年卻少了1.3%；從業人口最少的是動畫，但成長率最高（7.4%）。整體而言，2011年的從業人口成長率與2010年有很大的不同（2010年：文創內容服務＞電影＞知識資訊＞角色），其中出現負成長的產業有出版、漫畫。

人口數：出版＞遊戲＞音樂＞知識資訊

增加率：動畫＞知識資訊＞文創內容服務＞角色

表28 海外地區各文創產業對韓國的進口額　（單位：萬美元，%）

年度	產業	中國（含香港）	日本	東南亞	北美	歐洲	其他	合計
2007	出版	4,531	6,130	2,427	13,019	9,009	325	35,441
	漫畫	12	543	-	25	10	-	590
	音樂	10	150	7	94	133	30	424
	電影	282	482	46	5,496	424	24	6,754
	動畫	3	808	-	4	-	-	815
	電視傳播	53	40	0.2	567	255	17	932
	角色	8,537	2,093	4,321	3,829	332	3,413	22,525
	知識資訊	-	-	-	29	-	11	40
	合計	13,428	10,246	6,800	23,063	10,163	3,819	67,519
	比重	19.9	15.2	10.1	34.2	15	5.6	100
2008	出版	5,036	7,645	2,203	13,324	8,103	543	36,854
	漫畫	11	543	-	30	10	-	594
	音樂	10	221	6	211	657	43	1,148
	電影	131	899	268	314	414	79	2,105
	動畫	2	609	-	3	-	-	614
	電視傳播	218	1,227	0.5	5,963	330	87	7,826
	角色	7,570	2,027	4,292	2,841	338	2,801	19,869
	知識資訊	-	-	-	26	5	10	42
	合計	12,978	13,171	6,769	22,712	9,857	3,563	69,052
	比重	18.8	19.1	9.8	32.9	14.3	5.2	100

年度	產業	中國（含香港）	日本	東南亞	北美	歐洲	其他	合計
2009	出版	4,600	6,410	2,141	13,409	7,653	621	34,834
	漫畫	10	504	-	28	8	-	549
	音樂	10	243	5	215	677	44	1,194
	電影	353	174	40	6,366	293	139	7,365
	動畫	1	737	-	2	-	-	740
	電視傳播	110	602	11	10,870	448	125	12,166
	角色	8,137	1,967	4,134	2,540	341	2,519	19,638
	知識資訊	-	-	-	29	6	8	43
	文創內容服務				39	-	-	39
	合計	13,221	10,637	6,331	33,498	9,426	3,456	76,569
	比重	17.3	13.9	8.3	43.7	12.3	4.5	100
2010	出版	5,145	6,914	2,417	12,020	6,665	821	33,982
	漫畫	9	486	-	26	7	-	528
	音樂	9	214	5	217	546	44	1,035
	電影	175	123	8	4,209	504	319	5,337
	動畫	1	691	-	4	-	-	696
	電視傳播	104	578	13	8,883	560	66	10,204
	角色	8,157	2,034	4,034	2,169	353	2,299	19,046
	知識資訊	-	-	-	30	6	8	44
	文創內容服務	-	-	-	35	-	-	35
	合計	13,600	11,040	6,477	27,593	8,641	3,557	70,907
	比重	19.2	15.6	9.1	38.9	12.2	5.0	100

* 此統計不包含遊戲與廣告
資料來源：《2010年內容產業統計》，文化體育觀光部，2011
　　　　　《內容產業統計——以2010年為基準》，KOCCA，2011

圖41 2007～2010年韓國文創產業進口地區比重　　（單位：%）

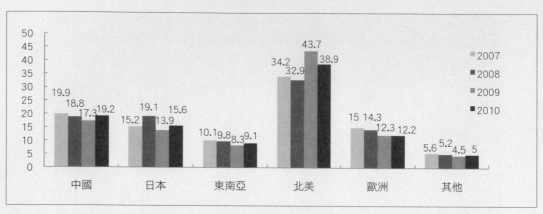

資料來源：《2010年內容產業統計》，文化體育觀光部，2011
　　　　　《內容產業統計——以2010年為基準》，KOCCA，2011

表29 韓國文創產業對海外各地進出口比較　　（單位：萬美元）

	2007年			2008年			2009年			2010年		
	進口	出口	進口/出口	進口	出口	進口/出口	進口	出口	進口/出口	進口	出口	進口/出口
中國	13,428	30,675	0.44	12,977	36,316	0.36	13,221	57,969	0.23	13,600	74,767	0.18
日本	10,246	35,660	0.28	13,170	37,187	0.35	10,637	66,132	0.16	11,040	80,024	0.14
東南亞	6,800	17,379	0.39	6,769	35,540	0.19	6,331	45,842	0.14	6,477	67,191	0.10
北美	23,062	35,618	0.65	22,712	40,708	0.56	33,498	38,751	0.86	27,593	40,394	0.68
歐洲	10,163	12,185	0.83	9,858	18,363	0.54	9,376	21,745	0.43	8,641	26,768	0.32
其他	3,819	9,534	0.40	3,563	12,323	0.29	3,556	12,637	0.28	3,557	15,755	0.23
合計	67,518	141,050	0.48	69,048	180,400	0.38	76,569	243,075	0.32	70,907	304,898	0.23

資料來源：《2010年內容產業統計》，文化體育觀光部，2011
　　　　　《內容產業統計——以2010年為基準》，KOCCA，2011

表30 韓國各文創產業從業人口數 （單位：名，%）

產業	2007年	2008年	2009年	2010年	2011年	比前年增減率
出版	225,347	210,084	206,926	203,226	200,588	-1.3
漫畫	11,772	11,093	10,748	10,779	10,340	-4.1
音樂	75,027	66,475	76,539	76,654	78,581	2.5
遊戲	92,572	95,292	92,533	94,973	97,387	2.5
電影	23,935	19,908	28,041	30,561	30,763	0.7
動畫	3,847	3,924	4,170	4,349	4,672	7.4
電視傳播	28,913	34,393	34,714	34,584	-	-
影像獨立製作公司	-	4,724	4,748	4,706	4,713	0.1
廣告	29,416	30,700	33,509	34,438	-	-
角色	21,846	21,092	23,406	25,102	26,598	6.0
知識資訊	38,192	41,279	44,897	48,226	51,507	6.8
文創內容服務	13,414	14,679	15,967	18,384	19,538	6.3
合計	564,281	553,643	576,198	585,982	524,687	-10.5

資料來源：《2010年內容產業統計》，文化體育觀光部，2011
《2011年第三、四季內容產業動向分析報告書》，文化體育觀光部，2012
《2012年內容產業展望報告書II篇──細部產業篇》，KOCCA，2012
《內容產業統計──以2010年為基準》，KOCCA，2011

　　文創產業多為中小型或個人公司，在【表31】以2010年為基準的數據中亦可得知，50人以下的小企業佔了65.6%，這當中，1～4人的個人或小型企業佔最大的比例，高達30.1%。不過，100人以上的大型企業也佔了22.1%的比重，而且年增率持續增加中。

　　擔心大企業出手而擠壓到中小企業的生存空間，一直是韓國政府不樂

表31 文創產業從業人口規模與從業人員狀況　（單位：名，%）

	1～4人	5～9人	10～49人	50～99人	100人以上	合計
2008年（比重）	147,704（31.8）	65,461（14.1）	98,049（21.1）	52,881（11.4）	101,039（21.7）	465,134（100.0）
2009年（比重）	153,051（31.3）	66,932（13.7）	110,175（22.5）	55,533（11.3）	103,825（21.2）	489,515（100.0）
2010年（比重）	151,367（30.1）	65,418（13.0）	112,891（22.5）	61,343（12.2）	111,054（22.1）	502,073（100.0）
比前年增減率	-1.1	-2.3	2.5	10.5	7.0	2.6
年平均增減率	1.2	-0.03	7.3	7.7	4.8	3.9

資料來源：《內容產業統計——以2010年為基準》，KOCCA，2011

表32 文創產業銷售額規模與從業人員狀況　（單位：名，%）

	未滿1億	1～10億	10～100億	100億以上	合計
2008年（比重）	102,428（22.0）	93,801（20.2）	138,749（29.8）	130,156（28.0）	465,134（100.0）
2009年（比重）	108,770（22.2）	98,100（19.7）	148,342（30.3）	135,878（27.8）	489,515（100.0）
2010年（比重）	109,182（21.7）	98,100（19.5）	156,597（31.2）	138,194（27.5）	502,073（100.0）
比前年增減率	0.4	1.6	5.6	1.7	2.6
年平均增減率	3.2	2.3	6.2	3.0	3.9

資料來源：《內容產業統計——以2010年為基準》，KOCCA，2011

見的情況，但由於初期資本的不足、產品出師不利的高風險與資金籌措等各種困境，許多小企業經營得相當辛苦。根據2010年的內容產業白皮書針對文創中小企業所做的調查顯示，以2010年為基準，全部文創企業中銷售額不滿1億韓元（約280萬台幣）的公司從業人員佔了21.7%，而調查對象中的70%提到資金籌措的政策有必要再檢討，因為借貸的高利息與擔保能力不足，再加上政府推動的信用保證制度沒能落實，目前僅有38.7%的中小企業有資格向金融機構借貸成功，這個結果說明了政策的推動與期待和實際狀況出現了落差。

此外，從【表33】從業者的年齡分布數據可以發現，文創產業從業人員年齡多為40歲以下，以2010年為基準，40歲以下從業人口佔了75.3%，其中35歲以下的年輕族群高達51.9%，發展文創產業振興經濟的同時又解決了青年失業問題，這是韓國積極發展文創產業的原因之一。以年平均成長率來看，29歲以下者最高，年平均以4.2%的速度成長，其次是30～34歲，年平均增加率為2.8%。相較之下，40歲以上的年平均增加率只有1.5%。

【表34】為各文創產業與從業人員年齡的對照表，其中從業人員40歲以下比例較高的產業依序為：角色＞文創內容服務＞動畫＞知識資訊＞音樂；相反地，從業人員40歲以上比例較高的產業依序為：漫畫＞出版＞廣告。這樣的結果反映了產業的性質，例如，與電腦資訊方面較為密切的文創內容服務、角色、動畫、知識資訊等產業，其從業人員多為年輕族群。

表33 文創產業從業者的年齡分布　　（單位：名，%）

年度	29歲以下	比重	30～34歲	比重	35～39歲	比重	40歲以上	比重	合計
2008	68,714	24.2	76,321	26,9	67,559	23.8	71,476	25.2	284,070
2009	70,683	24.2	79,036	27.1	68,804	23.6	73,032	25.0	291,555
2010	74,564	24.9	80,604	27.0	70,041	23.4	73,703	24.7	298,912
比前年增減率	5.5		2.0		1.8		0.9		2.5
年平均增減率	4.2		2.8		1.8		1.5		2.6

資料來源：《內容產業統計──以2010年為基準》，KOCCA，2011

表34 2010年各文創產業與從業人員年齡別比較　　（單位：名，%）

	29歲以下	30～34歲	35～39歲	40歲以上 人數	比重	合計
出版	26,606	36,834	34,269	47,171	32.6	144,880
漫畫	2,764	1,897	1,703	3,919	38.6	10,283
音樂	2,632	2,362	2,215	1,335	15.6	8,544
動畫	1,381	1,417	1,052	499	11.5	4,349
影像獨立製作公司	1,183	1,212	1,457	854	18.1	4,706
廣告	8,925	8,099	7,055	10,359	30.1	34,438
角色	10,159	7,658	5,290	1,995	7.9	25,102
知識資訊	14,712	15,130	12,577	5,807	12.0	48,226
文創內容服務	6,202	5,995	4,423	1,764	9.6	18,384
合計	74,564	80,604	70,041	73,703	24.7	298,912
比重	24.9	27.0	23.4	-	24.7	100

資料來源：《2010年內容產業統計》，文化體育觀光部，2011

　　從業人口與人才培育課題息息相關，人才培育又與教育有著密切的關聯，從【表35】得知，以2010年為調查基準，韓國設有文創相關系所的學校共有372所，其中又以電視傳播最多，其次是音樂與動畫。設有文創學系的大學有22所，研究所有４所[40]，統計在學學生約有175,000名，入學生也有41,000名左右。此外，根據KOCCA在2010年所做的統計調查，有43

表35 2010年設有文創相關系所之學校分布　　　（單位：個）

	總數	電傳	音樂	動畫	電影	遊戲	角色	漫畫
二/三年制大專	101	72	40	31	25	30	22	5
四年制大學	160	126	62	77	54	35	22	9
研究所	111	84	50	37	33	14	11	7
總計	372	282	152	145	112	79	55	21

資料來源：〈2010年文創科系教育機關現況調查〉，KOCCA，2011

---

[40] **韓國大學的文創學系開設學校一覽表**

大學部	獨立學系	14間大學（15個學系）	天主教大學、建陽大學、慶南大學、大邱中醫大學、尚志大學、聖潔大學、誠信女子大學、威德大學、梨花女子大學、仁荷大學、全州大學、漢拏大學、韓神大學、漢陽大學（鞍山）、（文化計畫學系、文創創作學系）
	相關主修	8間大學	建國大學、慶熙大學、木浦大學、祥明大學、安東大學、圓光大學、中央大學、韓國外國語大學（認可）
研究所			東國大學（專門研究所）、漢陽大學（特殊研究所）、中央大學（特殊研究所）、外國語大學

* 特殊研究所是指培養專業領域的高級人才或在職進修性質，與台灣的在職專班類似。
資料來源：〈世界文化產業創意人才養成的教育過程開發與示範運作〉，KOCCA，2010

所大學開設與文創產業息息相關的「創意思考與表現力」相關科系。[41]

　　然而，這麼多學校，每年培養這麼多學生，但還是無法滿足業界的需求，出現了人才供需失衡的問題，這個問題在以升學為重的國家裡非常普遍，韓國亦然。所培養出來的人才與實際需要的人才有很大的落差，導致人才的浪費與錯置，這是亟需改變的課題。

　　2010年「韓國職業能力開發院」就曾針對文創產業2010～2018年的人才供需差做了調查和預測，結果發現，專科大學有人才過剩的現象，達20萬名；四年制的一般大學也有同樣的問題，但差距較小；相較之下研究所則出現人才不足的現象，再度反映高級人才不夠的問題。然而，無論是供過於求或供少於需，都無法滿足產業界對人才的要求，這已經不是量的問題，而是質的問題。

　　除了人才供需失衡的問題外，約聘職的人數過多也是文創產業的一個問題。約聘職從業人員同時面臨到低工資、雇用不安定與社會保障的問題，

表36 文創產業人力供需差預測（2010～2018年）　　（單位：千名）

	供給 （S）	需要預測 （D）	供需差 （S-D）	年平均 供需差
專科大學	31.8	11.8	20.0	2.2
一般大學	68.8	58.9	9.9	1.1
研究所	17.7	21.0	-3.3	-0.4

資料來源：〈中長期人力供需展望〉，韓國職業能力開發院，2010
　　　　　〈文化產業的人才政策方向與課題〉，Lee, yeong-hwan，2010

雇主通常不會幫約聘職人員買雇用保險與職業災害，這是韓國政府必須解決的問題。雖然從【表37】看到2010年約聘職的比重比前年度減少了，但整體的年平均仍有8.4%的增加率，比正規職的3.9%，多了足足兩倍。

【表38】為2010年各產業的雇用型態與從業人數狀況，可以發現約聘職比重最少的前三位是出版、廣告、文創內容服務；相反地，約聘職比重最大的前三名為電影、影像獨立製作公司、音樂，動畫與音樂相似，約聘職佔了25%，這樣的數據說明了產業性質與人才結構的關係。例如，電影、電視與音樂這三項大眾文化產業，會因為工作的有無增減人員，因此人員流動率也最高。

[41] **設有創意思考與表現力相關科系的學校一覽表**

1	慶星大學	12	東義大學	23	水原大學	34	清州大學
2	暻園大學	13	釜山大學	24	淑明女大	35	忠南大學
3	慶熙大學	14	網絡外大	25	祥明女大	36	韓國數位大學
4	啟明大學	15	尚志大學	26	順天鄉大學	37	放送通信大學
5	高麗大學	16	西江大學	27	安陽大學	38	韓國外國語
6	公州大學	17	首爾產業大學	28	靈山大學	39	翰林大學
7	國民大學	18	首爾女大	29	梨花女大	40	漢陽大學
8	極東大學	19	鮮文大學	30	仁濟大學	41	漢陽網絡大學
9	東西大學	20	聖潔大學	31	朝鮮大學	42	湖南大學
10	東新大學	21	聖公會大學	32	中部大學	43	弘益大學
11	東亞大學	22	成均館大學	33	青雲大學		

資料來源：〈世界文化產業創意人才養成的教育過程開發與示範運作〉，KOCCA，2010

表37 各年度文創產業雇用型態及從業人數現況　（單位：名，%）

	從業人數		合計
	正職	約聘	
2008年	335,711	55,547	391,258
比重	85.8	14.2	100.0
2009年	350,865	66,588	417,453
比重	84.0	16.0	100.0
2010年	362,068	65,221	427,289
比重	84.7	15.3	100
與前年對比增減率	3.2	-2.1	2.4
年平均增減率	3.9	8.4	4.5

資料來源：《內容產業統計——以2010年為基準》，KOCCA，2011

表38 各文創產業雇用型態及從業人數　（單位：名，%）

	正職		約聘		合計
	從業人數	比重	從業人數	比重	
出版	133,565	92.2	11,315	7.8	144,880
漫畫	8,355	81.3	1,928	18.7	10,283
音樂	57,299	74.9	19,183	25.1	76,482
電影	17,689	57.9	12,881	42.1	30,561
動畫	3,263	75.0	1,086	25.0	4,349
電視傳播	29,911	86.5	4,673	13.5	34,584
影像獨立製作公司	3,471	73.8	1,235	26.2	4,706
廣告	31,490	91.4	2,948	8.6	34,438
角色	22,228	88.6	2,874	11.4	25,102
知識資訊	41,545	86.1	6,681	13.9	48,226
文創內容服務	16,732	91.0	1,652	9.0	18,384
合計	362,068	84.7	65,221	15.3	427,289

資料來源：《內容產業統計——以2010年為基準》，KOCCA，2011

二、上市公司

（一）銷售額

　　為了瞭解文創產業上市公司的發展與收益狀況，並與全體狀況做比較，本書除了整理出文創產業全體的產值外，特地列出上市公司的產值與現況。文創產業上市公司的營業規模，以2010～2011年的最新資料來看，2011年銷售額與成長率順序如下：

　　銷售額：遊戲＞知識資訊＞出版＞廣告＞電影

　　年增率：廣告＞知識資訊＞電影＞遊戲

表39 2010～2011年文創產業上市公司銷售額 （單位：百萬韓元）

	2010年	2011年	比前年增減率
出版	2,251,200	2,236,460	-0.7%
漫畫	-	-	-
音樂	605,080	731,240	20.9%
遊戲	3,081,150	4,214,820	36.8%
電影	665,940	921,350	38.4%
動畫	55,560	44,510	-20.0%
影像獨立製作公司	54,410	71,120	30.7%
廣告	995,800	2,221,690	123.1%
角色	194,660	249,750	28.3%
知識資訊	2,376,870	3,390,890	42.7%
文創內容服務	-	-	-
合計	10,280,670	14,081,830	37.0%

資料來源：《2011年第三、四季內容產業動向分析報告書》，文化體育觀光部，2012

　　由上面的統計結果得知，銷售額最大的是遊戲，但成長率只為第四位，其次是知識資訊，無論是銷售額或增加率皆佔居第二，增加率最高的是廣告，出版則呈現負成長。相較之下，這幾年韓國政府開始將影像獨立製作公司獨立於無線電視台之外，讓有線電視台有自己製作節目外銷的舞台，如此結果使得上市公司有機會投資影像產業，產值也因此增加。這些年由於韓劇的出口狀況逐漸下滑，再加上獨立製作公司開始有自己的頻道開播後，積極製作許多成本較低的娛樂談話節目，創造不錯的收益。

　　韓國的文創產業上市公司雖不多，但重要性不容小覷，從【表40】可以得知，光是2011年上市公司的銷售額就佔了文創產業總銷售額的21.7%，高出2010年所佔的18.1%，足見文創產業在上市公司的高成長。其中又以遊戲產業所佔比重最高，兩年皆佔了全體總額的40%以上，這也呼應了上述結果，遊戲產業不管上市公司或整體的銷售上，皆位居龍頭地位，知識資訊亦然，結果再次說明了韓國政府積極推動數位內容產業政策奏效。

　　從另一個觀點來看，比重較低的有角色、動畫和影像獨立製作公司等產業，代表這些產業在上市公司並非主流，如角色與動畫，多半為自由工作者或一人企業所為，至於影像獨立製作公司也因剛從電視傳播中分流出來，尚在發展階段，未來逐漸躍升為上市公司的機會值得期待。

　　韓國十幾年來持續發展文創產業，成就了許多文創中小企業上市公司，這些上市公司不管在銷售額或出口額的成績都可圈可點。【表41】中

表40 2010～2011年文創產業上市公司與全體銷售額比較

（單位：百萬韓元）

		2010年			2011年	
出版	總額	21,243,798	10.6%	總額	21,024,710	10.6%
	上市公司	2,251,200		上市公司	2,236,460	
漫畫	總額	741,947	-	總額	757,087	-
	上市公司	-		上市公司	-	
音樂	總額	2,959,143	20.4%	總額	3,869,414	18.9%
	上市公司	605,080		上市公司	731,240	
遊戲	總額	7,431,118	41.5%	總額	9,202,762	45.8%
	上市公司	3,081,150		上市公司	4,214,820	
電影	總額	3,335,080	20.0%	總額	3,457,246	26.6%
	上市公司	665,940		上市公司	921,350	
動畫	總額	514,399	10.8%	總額	551,318	8.1%
	上市公司	55,560		上市公司	44,510	
影像獨立製作公司	總額	737,092	7.4%	總額	800,490	8.9%
	上市公司	54,410		上市公司	71,120	
廣告	總額	5,546,163	18.0%	總額	7,075,730	31.4%
	上市公司	995,800		上市公司	2,221,690	
角色	總額	5,896,897	3.3%	總額	7,214,873	3.5%
	上市公司	194,660		上市公司	249,750	
知識資訊	總額	6,204,127	38.3%	總額	8,041,845	42.2%
	上市公司	2,376,870		上市公司	3,390,890	
文創內容服務	總額	2,196,232	-	總額	2,828,791	-
	上市公司	-		上市公司	-	
合計	總額	56,805,996	18.1%	總額	64,824,266	21.7%
	上市公司	10,280,670		上市公司	14,081,830	

*本統計不包含電視傳播
資料來源：《2011年第三、四季內容產業動向分析報告書》，文化體育觀光部，2012

表41 文創上市公司與全部上市公司銷售額與營利之比較（單位：億韓元，％）

		2009年	2010年	年增減率
銷售額	文創上市公司	118,822.6	131,839.3	11.00
	全部上市公司	6,587,020.0	7,704,332.0	16.96
	比重	1.80	1.71	-0.09
營業利益	文創上市公司	22,436.8	26,197.5	16.80
	全部上市公司	374,114.0	536,511.0	43.41
	比重	6.00	4.88	-1.11
營業利率	文創上市公司	18.90	19.90	1.00
	全部上市公司	5.68	6.96	1.28

資料來源：《2010年第四季與年間內容產業動向分析報告書》，文化體育觀光部，2011

可以看到，2010年文創產業上市公司的銷售額佔了全部上市公司的1.71%，營業利益佔4.88%。而就營業利率來看，文創上市公司2010年較2009年雖小幅成長1%，但19.9%的營業利率比全部上市公司的6.96%高出三倍，這個結果再次說明了文創產業具有高附加價值的潛力。

（二）出口額

　　【表42】為文創產業上市公司2010～2011年出口額與成長率的現況，2011年出口總額與年增減率前三名順序整理如下：

　　出口額：遊戲＞音樂＞角色

　　年增率：動畫＞出版＞音樂

表42 2010～2011年文創產業上市公司出口額　（單位：百萬韓元）

	2010年	2011年	比前年增減率
出版	4,540	12,410	173.3%
漫畫	-	-	-
音樂	45,170	87,430	93.6%
遊戲	561,150	798,030	42.2%
電影	11,580	20,000	72.7%
動畫	640	3,000	368.8%
影像獨立製作公司	5,730	7,330	27.9%
廣告		-	-
角色	69,730	76,720	10.0%
知識資訊	-	-	-
文創內容服務	-	-	-
合計	698,540	1,004,920	43.9%

資料來源：《2011年第三、四季內容產業動向分析報告書》，文化體育觀光部，2012

　　上市公司出口額排名第一的產業仍為遊戲，其次為音樂、角色。動畫在出口額中雖不在前五名內，但成長率卻名列第一，高達368.8%，相當驚人。此外，年增率排名第三的音樂，其出口額也增加到874.3億韓元，排名第二，比前一年增加了93.6%。

　　【表43】為上市公司與全體出口額的比較，數據顯示，2011年文創產業上市公司的總出口額佔全體總出口額的22.9%，比起2010年的20.6%，呈現穩定成長趨勢。其中又以電影產業所佔比重最高，高達62.1%，表示電影產業的總出口額中有一半以上是上市公司的業績；排名第二的是音

表43 2010～2011年文創產業上市公司與全體出口額比較

（單位：百萬韓元）

		2010年			2011年		
出版	總額	413,803	1.1%	總額	357,296	3.5%
	上市公司	4,540		上市公司	12,410	
漫畫	總額	9,427	-	總額	18,118	-
	上市公司	-		上市公司	-	
音樂	總額	96,273	48.9%	總額	204,017	42.9%
	上市公司	45,170		上市公司	87,430	
遊戲	總額	1,857,072	30.2%	總額	2,554,756	31.2%
	上市公司	561,150		上市公司	798,030	
電影	總額	17,893	64.7%	總額	32,207	62.1%
	上市公司	11,580		上市公司	20,000	
動畫	總額	111,957	0.6%	總額	50,484	2.0%
	上市公司	640		上市公司	3,000	
影像獨立製作公司	總額	15,830	36.2%	總額	20,368	36.0%
	上市公司	5,730		上市公司	7,330	
廣告	總額	-	-	總額	-	-
	上市公司	-		上市公司	-	
角色	總額	319,507	21.8%	總額	424,598	18.1%
	上市公司	69,730		上市公司	76,720	
知識資訊	總額	420,048	-	總額	466,503	-
	上市公司	-		上市公司	-	
文創內容服務	總額	134,689	-	總額	164,216	-
	上市公司	-		上市公司	-	
合計	總額	3,396,499	20.6%	總額	4,392,563	22.9%
	上市公司	698,540			1,004,920	

資料來源：《2011年第三、四季內容產業動向分析報告書》，文化體育觀光部，2012

樂，其次是影像獨立製作公司與遊戲。而這四項在2010年所佔的比重順序雖不一樣，但仍為前四名。

（三）從業人口

以2011年為統計標準，上市公司的從業人口數與增加率排順如下：

總人數：遊戲＞知識資訊＞出版

年增率：動畫＞音樂＞電影

其中，動畫的增加率高達86.4%，而角色呈現負成長，值得矚目。

表44 2010～2011年上市公司文創產業從業人數　（單位：名）

	2010年	2011年	比前年增減率
出版	6,679	6,886	3.1%
漫畫	-	-	-
音樂	1,149	1,358	18.2%
遊戲	10,517	11,163	6.1%
電影	1,211	1,396	15.3%
動畫	110	205	86.4%
影像獨立製作公司	67	74	10.4%
廣告	1,267	1,402	10.7%
角色	485	455	-6.2%
知識資訊	7,299	7,622	4.4%
文創內容服務	-	-	-
合計	28,574	30,561	7.0%

資料來源：《2011年第三、四季內容產業動向分析報告書》，文化體育觀光部，2012

表45 2010～2011年文創上市公司與文創全體從業人數比較（單位：名）

		2010年		2011年	
出版	總人數	203,226	3.3%	總人數 200,588	3.4%
	上市公司	6,679		上市公司 6,886	
漫畫	總人數	10,779	-	總人數 10,340	-
	上市公司	-		上市公司 -	
音樂	總人數	76,654	1.5%	總人數 78,581	1.7%
	上市公司	1,149		上市公司 1,358	
遊戲	總人數	94,973	11.1%	總人數 97,387	11.5%
	上市公司	10,517		上市公司 11,163	
電影	總人數	29,118	4.2%	總人數 30,763	4.5%
	上市公司	1,211		上市公司 1,396	
動畫	總人數	4,349	2.5%	總人數 4,672	4.4%
	上市公司	110		上市公司 205	
影像獨立製作公司	總人數	4,706	1.4%	總人數 4,713	1.6%
	上市公司	67		上市公司 74	
廣告	總人數	4,987	25.4%	總人數 5,328	26.3%
	上市公司	1,267		上市公司 1,402	
角色	總人數	25,102	1.9%	總人數 26,598	1.7%
	上市公司	458		上市公司 455	
知識資訊	總人數	48,226	14.7%	總人數 51,507	14.8%
	上市公司	7,299		上市公司 7,622	
文創內容服務	總人數	18,384	-	總人數 19,538	-
	上市公司	-		上市公司 -	
合計	總人數	520,504	5.5%	總人數 530,015	5.8%
	上市公司	28,574		上市公司 30,561	

資料來源：《2011年第三、四季內容產業動向分析報告書》，文化體育觀光部，2012

　　【表45】為2010年與2011年文創上市公司與全體文創產業從業人口的比較，從數據可以知道，這兩年的前三名順序是一樣的，廣告業的上市公司佔全體業者的26.3%，比重最高；比重排名第二的是知識資訊（14.8%），第三名為遊戲業（11.5%）。2011年上市公司的總從業人數為全體業者的5.8%，比起2010年的5.5%小幅增加0.3%。

第五章　韓國文化創意產業政策的影響

一、對韓國整體的影響

　　韓國這些年在政府積極地輔導與支援下，文化創意產業政策如火如荼地展開，各項產業也多有成果。然而，包括韓國在內，積極發展文化創意產業的國家，都開始思索高度推展文化創意產業政策所帶來的影響。好的影響如數家珍，包括創造高附加價值、帶來商機與工作機會、提高國家品牌知名度與競爭力、提供民眾更多更新的文創商品，進而提升生活品質等等。負面的影響過去雖然鮮少被提起，但文創產業高度發展與過度集中數位內容產業的政策下，傳統的文化產業開始式微，專家學者開始呼籲政府重視文化政策，勿將文化過於產業化。

　　文化政策與文化創意產業政策不盡相同，文化政策除了文化產業外，也注重人民的文化享有權、文化福祉、對文化藝術的提倡，並進而提升人民的文化素養。但韓國目前的文創產業政策著重在產業，尤其是CEO總統李明博，更強調產業的發展，因此專家學者痛批李明博政府「只有文化產業政策，沒有文化政策」。

　　此外，在政府文創產業政策集中支援的政策下，資源分配嚴重兩極化，反而讓大企業有機可乘，開始將事業的觸角延伸到文創產業，逐漸瓜分了中小企業的機會與利益。例如，大家耳熟能詳的樂天集團，除了購物、觀光外，也涉足電影產業；CJ集團更是從食品業跨足了媒體與娛樂公司，囊括了電視、音樂、電影、遊戲、網路與出版等所有產業。站在利的

角度，大企業確實可以創造更多的產值，但站在均衡整體產業發展與穩固經濟基盤的立場，培養中小企業的競爭力對韓國是很重要的課題。

創意常來自個人，以前個人的創意很難快速傳達或表現出來，遑論成為商品，但隨著網路的發達，提供了許多交流平台與創作機會，讓使用者也能成為創作者，而這些UCC（user created contents）的內容便成了商品創作的泉源，工作型態不再只是白領與藍領兩分法，也不再侷限集體作業，自由工作者（free lancer）與一人企業逐漸浮上台面，因此維護這些人的工作與生活權益也成了新的課題，尤其是對於自由工作者。

這些年來數位內容政策的推動，加上科技帶動了產業型態的改變，文創產業也有了革新面貌，這當中首推網路數位化。文創商品的數位化讓所有利用數位機器的內容，都可以相互轉換。例如，手機裡的應用程式APP也可以在電腦上使用，手機結合電腦讓文化商品變得更多元。其次是文化產業的複合化，電視傳播、通訊、家電、電腦相互融合成新型態的機器，以及隨之產生的數位服務，讓原有的產業界線不再堅持，文化產業的構造與市場也逐漸轉型中。第三是文化產業的娛樂化，例如結合技術與娛樂的遊戲和動畫，有別於以往枯燥生硬的製造業，文化產業也可以是創意的娛樂產業。最後就是讓消費者有機會成為生產者，除了產業所生產的產品外，消費者對產品所衍生的創思與創作等，讓原本被動參與的消費者變成主動的加入者，所謂UCC與PCC（proteur created contents）就是這種環境下的產物。

二、對文化消費的影響

　　文創產業政策所帶來的影響除了產業革新外，也為人們帶來便利，生活因此變得多采，連帶影響了民眾的文化消費。所謂文化消費是指對於文化商品所做的接觸與消費，但文化商品不僅止於電影、戲劇、出版、遊戲等有形的商品，服務與創意都可以算是文化商品。這樣的內容在《文化產業振興基本法》中也被清楚規定，因此包含有形的商品與無形的思想、價值觀等，都可以稱為文化商品。聯合國教科文組織將文化商品分為十大項目，包括文化遺產、文藝領域相關的印刷物、音樂或歌劇、演劇或舞蹈、舞台藝術、視覺藝術作品的造形藝術、電影、電視傳播、體育與休閒等活動，換言之，人民對這些包含文化元素的產品之消費與參與行為，即為文化消費[42]，因此，即便沒有優渥收入的人也能感受或享有文化政策帶來的改變與成果。

　　最早在文化產業時期，大家對文化消費幾乎都集中在購買書籍與欣賞電影，後來進入到文化創意產業時代，文化商品變得多元，文化消費習慣也隨之改變，尤其這幾年網路與數位時代的到來，相關商品所帶來的衝擊迅速蔓延。例如，民眾的閱讀習慣，漸漸從紙本到電子書，因此不再買書而以手機或平板電腦取代；線上或電視購物的普及改變了民眾的購物型態，大家對網路與電腦的依賴度逐漸增加，取代了出門消費的既有模式；線上遊戲、影片、運動、社群網站的流行等，改變了年輕族群休閒娛樂的

型態；UCC與PCC的個人線上創作也讓新世代年輕人的創意有了出口。且不論這樣的改變對人們身心所帶來的影響如何，但這些有形無形的新文化商品確確實實給現代人的文化消費與休閒型態帶來很大的影響。

韓國雖然比台灣晚實施週休二日，但隨著週休二日與為期一週左右的暑期休假（vacance），除了觀光旅遊外，看電影、展覽、欣賞藝術表演等，也進行各式各樣的文化消費。根據文化體育觀光部的「2010年國民餘暇活動調查」資料顯示，隨著休閒時間的增加，民眾參與文化活動或進行文化消費的比率也增加。【表46】為15歲以上民眾一天的休閒時間數，平日的休閒時間從2006年的3.1小時到2010年的4小時，增加0.9小時；假日則從5.5小時到7小時，增加了1.5小時；月平均文化消費也從142,000韓元小幅增加到168,000韓元（約台幣4,800元）。

表46 休閒時間與文化消費金額　　（單位：小時，韓元）

	2006年	2008年	2010年
平日／天	3.1	3.0	4.0
假日／天	5.5	6.5	7.0
月平均文化消費	142,000	139,000	168,000

資料來源：《2010年國民餘暇活動調查》，文化體育觀光部，2011

[42] 許仁貞 [譯音]，〈大學生的文化消費性向與芭蕾公演觀賞分析〉，世宗大學博士論文，2010。

表47 2010年月平均文化消費金額　（單位：韓元）

男性	206,000	女性	130,000
10幾歲	62,000	50幾歲	187,000
20幾歲	205,000	60幾歲	131,000
30幾歲	196,000	70歲以上	77,000
40幾歲	192,000		

資料來源：《2010年國民餘暇活動調查》，文化體育觀光部，2011

　　從【表47】2010年的文化消費每月平均金額來看，男性又比女性高，多出76,000韓元（約台幣2,100元）；若以年紀來看，20幾歲的族群消費最多，每月平均約205,000韓元，10幾歲的孩童與70歲以上的老人消費最少。

　　【圖42】為2010年民眾閒暇時會進行的文化消費種類比重，欣賞電影佔了81.4%，其次為展覽4.6%、戲劇公演4.2%，比例懸殊很大，最低的是舞蹈表演，只有0.1%，顯示看電影是韓國民眾最主要的休閒活動。整體而言，民眾休閒時以休息最普遍，佔了36.2%，其次是從事自己的興趣娛樂25.4%，觀賞文化藝術者佔了6.0%，而直接參與者更少，只有1.2%，說明了現代人的休閒生活型態，尤其在網路數位化的時代，出現了許多所謂的宅男宅女，不出門只在家裡。

三、對文化底蘊的影響

　　文化消費會因為年齡、教育程度、社會階級或經濟程度的不同，產生

圖42 2010年文化消費種類比重

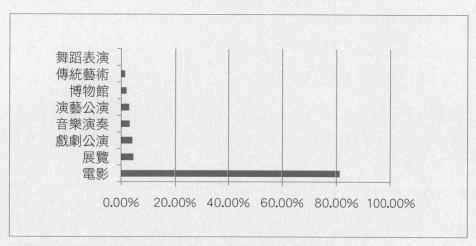

資料來源：《2010年國民餘暇活動調查》，文化體育觀光部，2011

不同的消費型態，而個人的文化經驗也會影響現在的文化活動或性向，這些文化經驗常常是從小父母所給予的。亦即，人們對於文化的認知甚或文化商品的選擇，常決定於孩童時期父母的教導與學校教育。例如，喜歡閱讀的父母親常會購買書籍，耳濡目染下，小孩對閱讀產生興趣，長大後也會習慣購買書籍，甚至由書籍衍生到音樂等藝術，因此孩童時期文化藝術教育影響甚遠。如果一個國家的文化藝術教育可以從小扎根，即便不能成為藝術家，至少可以養成人民的文化藝術鑑賞能力，讓文化藝術融入生活。

第三章曾提及，「韓國文化藝術教育振興院」（KCSES）在5,800多

個中、小學中配置了4,164名藝術講師進行教學上的支援,並選定26所學校作為推廣藝術教育的種子學校,政府更計畫將文化藝術教育帶入學齡前的幼兒教育中,這是非常值得學習也是最需要做的政策之一。

根據韓國文化觀光研究院2011年的調查資料顯示【圖43】,在1,431份有效問卷中,有24.2%的受訪者曾接受過文化藝術教育,而這當中有17.7%的人是在17歲以下開始接受教育。換言之,從青少年階段開始接受文化藝術教育者佔接受過文化教育總人數的73%左右,顯示有受過文化藝術教育的人當中,絕大部分是從青少年時期便開始學習,由此可見文化藝術教育從根扎起的重要性。

圖43 文化藝術教育經驗與青少年時期文化藝術教育的比例

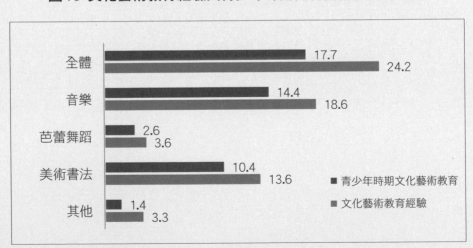

資料來源:《文化藝術教育經驗對文化不平等的影響》,文化觀光研究院,2011

　　若以教育類別來看，學習音樂的人數最多，達18.6%，其次是美術書法類，佔了13.6%，芭蕾舞蹈則只有3.6%。這三種才藝的學習，自青少年便開始的人數比例分別為14.4%、10.4%、2.6%。

　　此外，KCSES對社會的邊緣人或弱勢團體進行文化藝術教育，長期下來對文化底蘊的溫厚養成亦有所助益。韓國的傳統文化雖深受中國文化的影響，但自從發展文創產業後，便開始建構屬於自己的文化，無論是申請世界文化遺產、慢城或是世界設計之都，傳統與現代、文化與創意的融合，將傳統創意化、商品化，除了創造文化經濟，也喚醒人民對文化的重視與認同。

四、韓國的文創生活

　　韓國發展文創產業十幾年，融入生活的文創產業相當多，在文創產業這個詞還沒有被炒熱之前，不知道原來那就是文創產業的韓國人恐怕不少。如果外國人到韓國要體驗文創生活，可以怎麼計畫呢？本書因為篇幅有限，僅能選出幾個筆者親自造訪過的代表性文創景點來做介紹。

（一）首爾

1. 世界設計之都

首都首爾市是融合現代與古典的文化所在。首爾自從2010年被聯合國

左：首爾設計之都在UNESCO的標誌，左下：2010年首爾設計之都的代表標誌，右：代表首爾的
十個顏色

教科文組織（UNESCO）選定為世界設計之都後，它就是一個活招牌。[43]
用十個顏色來敘說首爾的故事，包括人文、社會、環境等，把既有的文化
用顏色來詮釋。丹青紅色代表古代皇宮——景福宮內皇上辦公的勤政殿；
土黃色代表景福宮慈慶殿圍牆的溫和與包容；黃色代表首爾的行道樹——
銀杏；綠色代表南山景點內四季常青的松樹；藍色代表首爾清高的天空；
褐色代表世界遺產的昌德宮內的柱子，具有信賴與氣度的風格；米色代表
不經染色的天然麻布料，大方典雅；銀白色代表漢江銀白的水波；灰色代

表古宮城牆，有如花崗石般的剛正不阿；鐵灰色代表傳統韓屋屋瓦的幽雅。

看似再平凡不過的東西，將首爾的文化底蘊包裝在顏色裡，讓大家透過對顏色的認知去感受韓國文化，並藉由說故事的力量，讓整個現代化的都市剎那間變得溫柔而感動，不再只是冰冷的科技，而是洋溢著古典韻味。充滿了都市的進步與快速，同時融合現代與傳統的首爾，代表了文化創意的精神！

2. 仁寺洞、北村韓屋村

這兩個景點相距不遠，前者自早期即廣為人知，後者則是這幾年托韓劇之福才開始聞名。仁寺洞最早是韓國貴族典當家寶的地方，後來變成大家尋寶的地方，除了可以看到極具傳統文化的手工藝品與瓷器等古董外，傳統飲食、茶房與小型畫廊也是仁寺洞的特色之一。不過這些古典在二〇

---

43 「設計之都」有兩個認定單位，一個是聯合國教科文組織，另一個則為國際工業設計協會（ICSID: The International Council of Societies of Industrial Design），主要有六個評比標準。

1）舉辦國際盛事

2）城市的文化與歷史

3）微笑的公共空間

4）數位科技

5）藝術與設計中心

6）設計與時尚

左：在仁寺洞的星巴克韓文招牌，右：仁寺洞商店

年代之後，開始變調，尖端科技的機器、化妝品店、咖啡廳等現代產物到處可見，唯一堅持的是，這裡所有的招牌都得用韓文書寫，連星巴克來到這裡都無法倖免，成為全世界唯一一家不用英文標示的分店。

和展示用的南山韓屋村不同的是，北村韓屋村裡的房子是可以居住生活的，村落裡面也有不少傳統藝術的個人工作室，同時兼備展示、教學與銷售的功能，在古色古香的建築裡傳達了韓國的文化底蘊。

3. 明洞、東大門、大學路等知名景點

首爾漢江以北地區還有明洞、東大門、清溪川、首爾塔等知名景點，是外國觀光客到韓國必去之處。明洞主要以化妝品和服飾時尚聞名，在這

北村韓屋村

裡可以看到很多韓國自創的品牌。東大門也是觀光客喜愛前來購物的地方
之一，原為服裝商圈的東大門市場，為了招攬更多的觀光客，韓國政府在
2002年便指定為「觀光特區」，將東大門納入海外旅遊必經行程。這裡除
了服飾店外，培養設計師與創造時尚品牌的「首爾時尚設計中心」亦設立
在此，裡面有服裝設計師與打版師的工作室，商圈的小巷中更藏有不起眼
的家庭代工廠，設計師將設計好的服裝送給打版師傅製版，再交到家庭式
的衣服工廠縫製，衣服做好後可以立即送到商店販售。這樣的一個配合讓
東大門市場有源源不絕的創意時尚，也可以依客戶需求來製作，再加上有
凌晨12點開張的深夜市場，一天24小時方便國內外前來批貨的中小盤商，

可謂購物天堂。

　　東大門附近的清溪川則是李明博當首爾市長的一項創舉,將長年蓋在馬路下的清溪川重新整治,復原了原始風貌,除了有效降低首爾市區的溫度,也帶動觀光,更是首爾市民一遊的好去處。首爾塔原名南山塔,原本只是散步與觀賞夜景的好去處,有觀景餐廳與纜車供遊客利用,但這幾年因為多部韓劇在此取景,帶動人潮,但也失去了原有的清幽。

　　「大學路」位於有六百多年歷史的成均館大學附近,早期還有首爾大學位於此地,因此稱為大學路,是許多大學生聚集之處,有各式各樣造型設計的咖啡廳,也有露天表演場提供年輕人發揮才藝。「大學路」的另一個特色就是小劇場,目前約有142個大小劇場集結於此,佔韓國全國820個的17.3%。事實上,從九〇年代初開始,大學路便以小劇場聞名,許多愛

左:清溪川,右:清溪川遊街的觀光馬車

首爾塔

左：大學路上到處貼滿劇場表演的海報，右：具有設計感的小劇場賣票亭

好藝術、舞台劇的年輕人會來這裡觀看表演，經過幾十年的累積，這裡自然形成了一個文化藝術的氛圍，因此2004年被韓國政府指定為「文化特區」。

江北之外，位於漢江以南的江南狎鷗亭洞也是觀光客會去造訪的地方，狎鷗亭洞原本是江南崛起後媲美明洞的繁華區，但這些年由於整形的風潮帶動醫療觀光，讓這裡除了來逛街娛樂的年輕人外，添增了許多前來整形的國內外愛美者。

4. 弘益大學的創意市集（Free Market）

弘益大學早期人稱美術大學，以美術創作出名，在附近有個公園，原本是學生展示自己作品的地方，後來漸漸成為創意市集。韓文名稱其實是

弘益大學附近的創意市集

來自英文的Free Market，顧名思義，是個沒有特別規範的自由市場，因此
有很多自由創作者將自製的商品拿到此地來販售，也會當場手工製作，每
個商品的設計皆不同，有別於跳蚤市場或一般市集。在創意市集中可以看
到許多充滿創意的商品，以及令人讚嘆的創新點子，但這裡只有週六才開
張，從下午一點到傍晚。

　　附近也設有露天表演場，喜歡歌曲創作或演唱的年輕人，這裡便是他
們的表演舞台。還有，愛畫畫的年輕人，也可以在創意市集裡為大家畫素
描。由於弘益大學附近常是韓劇拍攝取景的地方，漸漸成為外國觀光客必
訪之處，再加上與梨花女子大學比鄰，以及附近的西江、延世大學，「新
村」一帶自然形成了一個年輕人聚集的商圈，也發展了另類的文創觀光。

5. 上岩數位媒體城（DMC）

　　由垃圾場改造而成的上岩數位媒體城（Digital Media City）位於首爾
西北方的蘭芝島，佔地569,925平方公尺，結合了世界杯足球場和公園、
低碳綠能環境居住園區，造成了所謂「上岩新青年新都市」，所有的工程
預計2015年完成，是個結合尖端科技與文創的所在。其中「數位展示館」
（Digital Pavilion）開放觀光，讓遊客可以體驗未來的科技生活。目前媒
體城除了有IT業者外，MBC等電視公司，以及韓紙藝術、首爾設計財團
（Seoul Design Foundation）等與文創相關的業者也都陸續進駐於此。這
裡最大的工程是立下一座亞洲新地標，以韓國的青瓷為基底圖形，代表韓
國傳統的文化，但流線形又象徵現代，所有建材都以節能減碳為原則，可

左：上岩數位展示館，右：DMC新地標

謂結合創新與文化的最佳代言。地下9層、地上133層、最高高度640公尺、表面積724,675平方公尺，完工後將是世界第二高的建築。

（二）仁川

一向被稱為「首爾後花園」、屈居老二的仁川，這些年被看到了，仁川為自己建立了世界都市品牌，行銷全球。一般人提到仁川，第一個會想到的就是韓國國門——仁川國際機場，這座會讓人走到腳痠的機場總能令人讚嘆。仁川機場2001年開航至今邁入第十二個年頭，卻可以連續七年

（2005～2011年）榮獲位於瑞士日內瓦的國際機場協會（ACI）評比為「全球服務最佳機場」殊榮。仁川機場並爭取到2014物流奧運會（TIACA）主辦權，屆時將有全世界的機場、航空公司、物流等超過5,000多個企業單位與會，他們想藉此為未來「東北亞物流樞紐」做暖身。

仁川另一個讓人訝異的就是，各國媒體爭相報導的「松島智慧城」。松島是一個全新的城市，卻能讓世界著名的網絡產品供應商「思科公司」願意在五年內砸下20億美元的資金，將全球研發R&D中心總部設置在此，並為松島打造一個「智慧＋互聯社區」（Smart＋Connected Community, S＋CC）。

仁川市利用其得天獨厚的地理條件，不與首爾爭寵，從一開始便將目標鎖定在「東北亞樞紐都市」，而隨著機場營運的成功，2007年開始，施政目標改為「世界一流的名品都市」，野心也由東北亞擴大到全世界。接著舉辦2009年「世界都市博覽會」，又爭取到2014年亞運舉辦權；2010年更將施政方針訂為「開啟未來的智慧都市」，計畫在2020年擠進世界十大城市之列。

透過舉辦大型活動，吸引觀光客、推銷建設成果、創造外資投資機會等，這樣一舉數得的方法是韓國最常使用的模式，也是台灣可以積極參考的經驗。仁川市是否能在2020年成為世界十大城市之一，值得矚目！

1. 仁川機場

仁川機場連結62個航空公司、53個國家、177個城市，2009年運送國

際旅客達2,854萬名，進入全球前十五名，運載國際貨物231萬噸，全球第二；為了吸引轉機旅客，轉機區設有免費網路中心、休息室、電影欣賞室、按摩、免費淋浴間、兒童遊樂區等便利設備，2010年轉機旅客達到520萬名，轉機率逼近20%。機場內還設有韓國文化博物館、傳統工藝展示館、傳統文化體驗館等各種文化空間，提供外國旅客得以體驗韓國文化的機會，同時向世界宣揚韓國傳統文化。

　　仁川機場想讓機場不再只是單純機場的角色，為了吸引更多外國企業或觀光客前來使用機場，在機場周邊設置購物、休閒、觀光、娛樂、會議中心等相關設施，積極推動機場複合都市（Air City）的開發，例如，世界級水準的奇幻世界（Fantasy World）複合休閒園區、亞洲流行聖地時尚島、親水公園水上休閒運動中心等，以營造穩定的投資吸引環境。並計畫

左：機場內的傳統文化體驗館，右：仁川機場轉機區各項設備

將第二階段的自由貿易區打造為「產業聚落」，變身為製造業物流的開創據點。

仁川機場的成功經驗於2009年正式跨足海外，2009年2月與伊拉克庫德族自治政府（KRG）、阿勒比國際機場當局，簽訂了高達3,150萬美元規模的諮詢顧問服務合約；緊接著，12月與俄羅斯締結120萬美元契約，負責哈巴羅夫斯克機場現代化建設的總體規劃。仁川機場自2001年啟用以來，總計約有超過4,500多名國外機場及航空相關人士，前來訪問學習，而仁川機場也將成功的know-how經驗設計成一套課程，行銷海外並招生授課。

2. 松島智慧城（Songdo International Business District）

位於仁川的「松島」是填海造鎮而成的新都市，距離機場不過15～20分鐘的車程，隨著仁川大橋的通車、各項國際活動的展開、各國媒體的報導，這個陌生的城市，逐漸嶄露頭角。

「松島」佔地1,615萬坪，其中約167萬坪用來建設國際商務園區，也就是我們所說的智慧城，韓國政府投入250億韓元，蓋國際醫院、國際學校、博物館、中央公園、高爾夫球俱樂部、大規模的商務設施……，預計2015年完工。除了韓國政府的資金外，所有建設的費用，70%由美國開發商蓋爾國際公司（Gale International）與韓國浦項鋼鐵（POSCO E&C）合作的法人NSIC（New Songdo International City Development, LLC）支援，剩下的30%則由浦項鋼鐵獨立出資。除了硬體建設外，思科公司計畫將

松島打造成「智慧＋互聯社區」（Smart＋Connected Community）。

　　所謂「智慧＋互聯社區」，就是為城市和社區提供包括公用事業、安全保障、互聯建築、交通運輸、醫療保健、教育，以及政府服務等e化設備，因此，屆時松島居民將可以擁有遠距教學、醫療、網路金融、e政府服務等便利設備，不用出門也能搞定一切。事實上，韓國政府推動的「U-KOREA計畫」，第一階段的無線射頻技術（RFID）、感知網路

左：高305公尺68層樓的「東北亞世貿大樓」，右：松島國際商務園區（Courtesy of Gale International）

（Sensor Network）、車用通訊、全球定位系統等，都已經運用在松島智慧城。例如，松島國際學校等相關建築裝設了一套系統來偵測學生攜帶的RFID晶片，讓家長與學校方便監控小孩的行蹤。

在松島，綠能建設亦是強調的重點。在此地，設有所謂的「綠色感知」（Green Aware）系統，它會即時通報屋主與建商有關園區內二氧化碳的排出量、能源與水資源等的消耗量，隨時提醒大家要愛地球。園區內將設置七個5,235平方公尺的雨水儲存池，做為造景與清掃用水；在大樓、公園與居住地鋪設了長達25公里的自行車車道；每棟大樓必須配置自行車停車場、保留5%的停車場專門給廢氣排放量較少的環保車停放。

另外，在每棟建築物地下設置中央垃圾集散系統，以真空高壓幫浦方式處理垃圾，在這裡將看不到垃圾車，也少了垃圾車所排放的廢氣。未來松島將蓋一棟高達305公尺68層樓的「東北亞世貿大樓」，其外牆將採用可以吸收太陽光的特殊玻璃窗以節省能源耗費，將近75%的建材也採用再生或揮發性有機化合物比重較輕的材質。

這樣低碳綠能與尖端數位的松島國際商務園區，2008年與美國芝加哥、堪薩斯州格林斯堡等八大著名都市，共同榮獲美國都市土地學會（ULI）與英國《金融時報》所舉辦的「低碳綠能都市獎」；同時也是韓國第一座獲得美國綠色大樓委員會所頒發的「LEED-ND國際標準領先能源與環境設計認證」之城市。

（三）慢城（slow city）──全州韓屋村

所謂慢城起源於1999年誕生在義大利的「慢城運動」，其目的是為了人類社會真正的發展與永續的未來，因此保護自然環境與傳統文化成了該運動的兩大主旨，希望藉這個運動創造出一個人們可以自在生活的溫暖社會、幸福世界。[44] 慢城的第一個條件就是城市人口不能超過5萬人，且須遵守《慢城憲章》中多達54條的政策：自然生態保護、對傳統文化的矜持、保護當地美學與美食、創造慢食、推廣有機、減少噪音與交通流量、增加綠地與徒步區、支援當地的農民以及販售當地農產品的商店市場與餐廳、獎勵環保科技……，同時也誓約要創造更健康的環境，讓居民意識緩慢步調的生活價值。

位於韓國西南方全羅北道的「全州韓屋村」於1999年被選定慢城，為韓國八大慢城之一。[45] 在全州韓屋村中可以發現街道的水渠，也會看到騎著自行車代步的人，整個慢城古色古香，步行其中就有慢活的舒適感，晚上也可以夜宿傳統屋舍，值得忙碌的現代人前去體驗。

（四）濟州島

濟州島又稱為三多島，風多、石頭多、女人多，因為男人到外地討生活，留在島內的女人多從事「海女」工作，到海裡打撈海帶、海產等以維持生活，海女們習慣一邊工作一邊唱歌，動作伴隨著旋律，很有藝術感。

上：傳統屋舍養士齋，中：全州慢城街景，下：全州慢城全景

---

[44] 2012年6月為止，全球共有25個國家、150個城市晉身慢城之列。

[45] 韓國的八個慢城：位於全羅南道的曾島、莞島、長興郡、潭陽昌平；全羅北道的全州；慶尚南道西邊的河東郡；忠清南道中部的禮山郡；京畿道中部的南楊州市。

上：濟州島的傳統屋舍，以及守護島民的土地公，下：《大長今》在濟州島的拍攝現場

左：濟州島的女乩童，右：濟州島特有的「海女」公演

原本只是一個維生的工作，但濟州島自從成為「經濟貿易特區」後，儼然成為觀光島，海女也被包裝成一項表演，吸引許多好奇的觀光客前來觀賞。

　　濟州島保有一群「原住民」住在一個特定的村落，政府提供支援，讓他們保存傳統的屋舍，住在這區的孩子可以享有免費唸書的優惠，但濟州島因為地理環境的險惡，島上的居民生活辛苦，仍然有很多人選擇到外地生活。不過韓國政府一直努力為濟州島尋求商機，除了增設賭場、大型觀光飯店，這些年為了提高濟州島的知名度，要求許多韓劇到此拍攝，大家熟悉的《大長今》、《宮－野蠻王妃》等劇都在這裡取景過。託韓流的福，濟州島政府也確實增加了許多觀光收益。

第六章　結論

一、韓國文化創意產業所面臨的課題

　　韓國從1998年金大中就任宣示文化立國，1999年制訂《文化產業振興基本法》後，正式展開了文創產業的推動，歷經了十幾年，創造了韓流奇蹟，曾是世界線上遊戲最大生產與流通國，挾著IT技術的強項，目前在內容產業上又蓄勢待發，這幾年雖然韓劇風潮不再，但K-POP所創造的新韓流卻幫韓國順利地打入歐美市場，像這樣一波接一波的革新與持續發展，讓全世界不斷地聚焦韓國。

　　目前韓國文創產業的市場規模佔全球第九位，佔有率只有2.4%，韓國政府希望在2020年可以提高到5%，晉升到全球第五位。成為全球五大文化強國原是盧武鉉政府2010年的既定目標，但一度延至2013年，現在又將目標訂在2020年，2020年是否可以完成任務，值得矚目。前面曾提及，韓國雖然很早就發展文創產業，但一直是邊做邊修正，過程中也面臨到許多課題，本書整理出幾個重點，並提出改善因應對策，也希望能提供給台灣當局一些借鏡與省思。

（一）整體課題與因應對策

1. 由上而下主導型政策，限制太多

　　韓國政府在文創產業開創期扮演強而有力的主導者，制訂法規、提供各項支援、串連中介組織……等，在各方面由上而下的垂直聯繫成功展

開，文創產業就像電腦化的生產線一樣，在軌道運行，順利發展。但因為一切得依法行事，也因此受限政府太多的規制。例如，申請補助要填寫厚厚的申請書並經過層層的關卡審查，雖說這是必然的過程，但耗時又耗神，再加上僧多粥少，到後來，政府原有的美意常常無法嘉惠規模較小的企業，結果就變成資源分配不均。因此很多專家學者開始呼籲政府回到金大中政府時代「一條胳臂距離」的原則，希望政府不要介入太多，放寬僵硬的規制，並將權力下放到民間，放手維持一條胳臂的距離，但隨時給予支援與輔導。許多產業的發展在初期都很需要政府的支援，但穩定後，無論是中央政府或地方政府，都應盡量扮演輔導的角色，如此方能有更多的發展與創意空間。

2. 資源分配不均，獨厚大財團，很難下達小團體或個人

因為政府的種種規範與主導，許多小企業都很難成功獲得補助。筆者在與電影、戲劇、娛樂經紀公司、影像獨立製作社協會等相關單位的負責人訪談中都發現，他們幾乎不曾獲得補助，甚至不曉得政府有哪些補助，這是很令人訝異的結果。那麼究竟政府每年編列的補助都跑到哪裡了呢？答案是可以為國家賺進巨大效益的「有望企業」，而這些有望企業通常是政府想要扶植的新興產業或是已經具有相當規模的大企業，在韓國，小企業的無奈可見一斑。

以李明博政府為例，為了達到高成長目標，不斷地加碼，包含基金提撥，2010年文化預算高達3兆423億韓元，號稱史上最多，但卻引起學者專

家們的抨擊，認為這又是一個數字遊戲，對於這麼龐大的支援，中小企業究竟受惠多少，大家多所質疑。雖然《文化產業振興基本法》中明文規定對中小企業與個人工作室的補助和獎勵措施，但執行效果如何，有待商榷。如何確實監督與考核，讓政策落實、資源得以公平分配，是韓國政府需要費心之處。

這幾年因為學者專家不斷提出大企業獨／寡佔的問題，薦請李明博政府重視這個現象，因此所謂的「相生」「同伴成長」模式不斷被提及，就是希望大企業可以提攜中小企業，但效益多大，尚在評估中。在韓國，大企業底下包裝了許多自己的中小企業，提攜結果，若又是肥水不落外人田，那資源仍難以下達到真正需要支援的中小或個人企業，終究又回到偏重大企業的難題。

3. 地方產業環境惡劣、競爭力低落

所謂文創產業，除了產業外，文化特色亦是重要的一環，而各個地方的文化特色正是產業可以活用的題材。然而目前文創業者有84%集中在首都首爾，銷售額的90%以上也在首爾，從事文創的人員亦有86%集中在首爾[46]，過度集中首爾，影響了地方的文創產業發展，導致地方各種條件更形惡劣，留不住專業人才，如何改善地方的文創產業環境是當務之急。

雖然韓國政府在2005年選定了釜山、春川、富川等八個地方為文化產業聚落，並設置了「地區文化產業研究中心」，但太過強調區域平衡為重點，壓縮了文化的創意，並且這八個產業聚落有資源重複之虞，反而削弱

了發展的重點，實際執行成效有限。

中央雖然給各地方政府資金補助，但韓國政府並沒有依照地方的特色來發展文創，只視為一般產業來推展，缺乏與地方文化的連結。然，產業裡沒有文化，那就很難稱為文化創意產業，因此若能結合既有的地方資源，如地方文化院，共同開發具有地方特色的產業，提供當地居民參與的機會，相信更能創造別具風格的文創商品。

中央政府應該提供地方政府更多的資源，除了資金、稅賦減免外，人才培育、計畫擬定，並與首爾之間建立有效能的合作網絡等，都是可以積極作為的方法。此外，加強地方文化的自生能力，培養當地的文創人才，以「創意城鄉」模式吸引有為的青年回鄉，共同為自己的家鄉努力，是值得推動的政策。

4. 重複投資，浪費資源

文創產業OSMU（one source multi-use）特質與窗口效應所帶來的高經濟效益，引發業者紛紛投入，這是否已經造成資源的重複與浪費、又是否讓創意的市場流於通俗而失去競爭力，是韓國當局需要思考之處。此外，市場的熾熱，刺激了仿冒行為，違反著作權法，與文創產業精神相悖，是一大課題。

---

46 曹仁熙、鄭慶熙 [譯音]，《21世紀韓國文化內容產業的發展方向》，韓國娛樂產業學會論文集3-3，2009: 23。

5. 過度偏重文化技術（CT），文化元素逐漸消失

從盧武鉉政府開始大力支援CT，現今政府更是直接刪除「文化」兩字，改為「內容產業」，過度偏重數位技術，文化元素變得虛無。從韓國的文化底蘊出發，重新找回珍貴的文化元素，方能符合文化創意產業之精神並永續發展。

6. 跨文化力量過於薄弱

單一民族的韓國對於他文化的包容與接受力過於薄弱，面對多元文化時代的來臨，如何融合他人文化是一大挑戰。韓國政府最近積極與海外相關單位合作，除了達到雙方交流外，希望能提高韓國文化的認知度，試圖將以大眾文化為主的「韓流粉絲」變為以韓國文化為主的「韓國粉絲」，企圖心不可謂不小。然而，以開放的胸襟接受外來文化、加強雙向交流，仍是韓國亟需努力之處。

7. 著作權法執行的加強

不法複製、仿冒等違反智慧財產權的行為，大大地重創文創產業，亞洲國家尤甚。雖然韓國政府為了加強人民對著作權法的認識，將每月的26日訂為「Copy-Clean day」，並製作短片、在教科書中增加相關內容，加強宣導，韓國當局這些年也陸續關閉了許多違反著作權的網站（如中國的土豆網），但文創產業數位化的普及，在浩瀚的網路世界，智慧財產權的維護仍是個難題。為了有效保護著作權，韓國政府建構了24小時的監控系統、配置特使警察32名（預計到2013年增加為69名），並在海外韓流盛行

地區設置Copyright Center，希望將不法複製品的侵害率從2009年的21.6%，在2015年能降到15%。

（二）人才課題

1. 專業人才不足

文創產業的人才需求是全方位的，上中下游的人才都需要積極培育，而人才的培育不僅在學校的正規教育進行，非正規體制下的教育也常常是優秀人才孕育的搖籃。所謂上游人才是指直接從事文化藝術的各類人才，包括創作、展演等；中游人才是指可以媒介創意與廠商的中介組織、或讓創意可以展示或展演的創意市集、又或可將創意組合實踐的策展規劃人才等；下游人才是指可以將創作商業化、事業化的人才。上中下游的人才環環相扣，缺一不可，換言之，創作人才雖是商品重要的來源，但是好的原始創作如果可以結合更多的CT技術，將產品更多元化，之後透過包裝與行銷，將能開拓更多元的市場與客源，因此這些人才都是產業成功不可或缺的要素。

但根據文化體育觀光部的資料顯示，人才中尤以3D數位科技高階人才與軟體人才最為缺乏，因此鼓勵研究所設立相關課程、加強產學合作、提供獎學金與就業資源，以及開設「SW Maestro」（軟體匠人）課程並頒發證書，培養更多的文創軟體技術人員，是韓國政府積極努力的目標。為此，韓國政府提供了最高4,000萬韓元的獎助金供個人創意工作室申請，並

希望在2014年可以培育5萬個個人創意工作室。不過,如何妥善運用獎助金,如何將個人的創意被量產,需要建構個人、中小企業、大企業之間的合作網絡,避免大財團壟斷。

2. 人才供需失衡,約聘職太多,薪資過低

重視升學的教育無法提供業界想要的人才,導致嚴重的人才供需失衡,因此在加強產學合作的同時,文藝教育的從根扎起,是韓國政府積極想推動的政策。此外,文化藝術人員薪資過低、約聘職太多,難以留才,因此加強雇用制度,保障基本工資與建立約聘職的保險制度是政府必須協助完成的課題。此外,由於文創產業中的創作者多為自由工作者,如何建構自由工作者的經歷認證制,讓自由工作者透過其經歷認證而提升自我價值,亦是重要的課題。

3. 缺乏故事創作人才

說故事人才的缺乏是目前各國都在談論的議題,為了解決這個問題,韓國政府積極促進人文系所設立「故事開發學系」,並支援多元化的故事開發、透過製作商的媒合,將故事產業化。KOCCA在2010年設立了「故事創作中心」,每年舉辦故事創作比賽,為的就是希望可以挖掘更多的故事創作者,將其創作運用在文創產業上。此外,「韓國文學翻譯院」每年在海外舉辦「韓國文學作品讀後感大賽」、網路UCC作品大賽等,都是韓國政府獵才並培養專業人才的途徑之一。

二、對台灣文創產業的啟示

發展了十幾年的韓國文創產業有值得學習之處，也有許多待改善的課題，無論是優點或缺點，都值得台灣當局借鏡。綜觀韓國整個文創產業的發展，不難發現以下幾個矚目的特點：

1. 旗艦產業的選定

韓國政府從《文化產業振興基本法》的八大項目中，因應市場和社會的變遷而調整旗艦產業的選定，集中支援，是個實際且較有勝算的做法。台灣因處於發展初期，產業的選定尚未成熟，2010年通過的《文創法》中十五加一項，過度集中設計產業且有重複之虞，是需要審慎斟酌之處。

2. 因應需求快速制訂相關法規

金大中1998年就任宣布要以文化立國後，1999年便制訂《文化產業振興基本法》，之後依法行事，文創產業在軌道上依序發展。後來幾任總統也都能延續前朝的文化政策，同時因應需求快速制訂相關法規，其中《一人創作企業育成法》對於以中小企業為主的台灣，頗值得參考。

3. 善用OSMU（one source multi-use）原理

利用OSMU原理，運用所有的可能性，結合所有的環節進行包裝與行銷，創造最大的附加價值。透過韓流的效應，產生綜合效益。在台灣，文化商品常常成為「一次性商品」，用過即丟，例如，花許多錢打造的拍攝現場常隨著戲劇的結束就被拆除，不符合文創產業OSMU的精神，台灣可

以學習韓國,將拍攝現場或景點再利用,並推出周邊商品,透過包裝與行銷,再配合觀光局的旅遊政策,招攬海內外觀光客前來觀賞與消費,創造綜合效益。

4. 人才培育

書中提及韓國正規教育下人才錯置的現象,台灣目前也正處於該階段,尤其是文創產業在台灣的定位尚未分明之前,許多大學雖然成立了文創相關科系,但培養出來的人不知道要往哪裡貢獻所學。此外,產學合作亦是台灣的燃眉課題,學生在學期間若能夠與產業有所連結,便可縮短初就業時的摸索期,對企業也有所幫助,當然這些機會是需要企業善意提供的。

另外,台灣年輕人KUSO的創意在網路活躍,若政府當局可以仿效韓國的UCC、PCC網路獵才,加以輔導與培育,再媒合相關業界協助創思事業化,相信不僅可以挖掘許多創意人才,也會讓年輕人在網路上找到希望。

5. 人才國際化

搶人才似乎已成為全球的議題,不惜重金禮聘海內外人才,在韓國已行之多年;將國內人才送到海外培訓、與國外人才合作等,都是韓國人才國際化的積極作為,透過這樣的機制,不僅與海外接軌,也可以成長自己的技術。台灣這些年人才逐漸外流造成國家社會的損失,是政府必須嚴肅看待的課題。

6. 放眼國際市場

在韓國,一部膾炙人口的戲劇或電影、一個訓練有成的K-POP團體,不會只滿足於國內市場的成功,他們會打鐵趁熱,透過擅長的包裝與行銷策略,將熱潮延續到國外,放眼全球,並且知道要用什麼策略打進各種不同的市場。相較之下,台灣受歡迎的戲劇、演員或歌手,其版圖常常只擴及到中國大陸、港澳、新加坡等華人市場,如何包裝行銷海外是台灣很需要學習的課題。

7. 中介組織

各式各樣的中介組織扮演強大的連繫與媒合功能,是文創產業順利發展的推手之一,補政府所不足、提供民間所需,建立政府、學界、中介、產業、民間的緊密網絡。不過韓國中介組織之間欠缺橫向的聯繫,是資源重複的原因之一,這也是台灣當局可借鏡之處。

8. 舉辦大型活動爭取商機

透過舉辦大型活動與國外接觸合作進而爭取商機,這是韓國常用的模式。舉辦國際活動不僅可以帶動國內地方的繁榮,也可以刺激觀光消費、宣揚國威,最重要的是,在這當中尋求合作的商機。

此外,努力爭取UNESCO的各項文化遺產,以及慢活城市聯盟,不僅提升了國家的文化形象,也帶動觀光消費。

9. 企業善盡社會責任

韓國大企業佔盡優勢,但他們也不忘回饋社會,在韓國,企業社會責

任制度（CSR: Corporate Social Responsibility）行之多年，即便到了海外仍不間斷。推廣文創產業需要資金，政府能力有限時，會轉而求助企業，甚至也會明文規定大企業的補助；此外，建立實習制度，透過產學合作的方式來培養人才，也是企業社會責任的一環。

10. 善用每一個可能

韓國單一民族文化雖然讓人清楚明瞭其特質，卻也限制了文創產業的多元性，但OSMU的原理讓他們善用每個可能，許多外國人認為不起眼或不曾注意過的資源，韓國都能透過包裝，將不可能化為可能的商機。去過韓國的台灣觀光客常常會有一種感覺：「這哪有什麼特別的？」「那也沒什麼啊！」「真厲害，這樣也可以賺錢！」……是的，韓國也知道自己的資源不多、市場不大，因此善用每個可能，透過巧思創意的包裝，化腐朽為神奇，確實是韓國很擅長的強項。

韓國這些年來因為外籍新娘等移住民的增加，多文化的議題不斷被討論，韓國若成功接納外來文化並融為一體，相信必能成為發展文創產業的助力。相較之下，多元文化的台灣擁有比韓國更多的優勢，閩南、客家、原住民、移住民等各種文化，如果可以將這些文化底蘊變成文化資源，一鄉一特色，打造文創商品或文化聚落，並帶動地方繁榮與創造就業機會、結合觀光創造商機，再把營收回饋到地方、增加建設……，形成一個活絡的循環，這不就是文創產業的典範模式嗎？筆者相信台灣的民間已經活躍地在發展文創產業，這些散在各角落的商機，如果能有一雙強而有力的大

手，來整合行銷並推向全世界，相信台灣的文化軟實力是銳不可當的。

　　本書從韓國的文化底蘊出發，探討韓國文創產業發展的軌跡、政策與政府機制，以及產業現況和文化政策所帶來的影響，並找出其面臨之課題，觸及的面向可謂多元，為的就是想從多角度來瞭解韓國文創產業的全般，亦希望可以提供方起步的台灣文創產業一些啟示，借鏡韓國，學習其長處、避免其困境，走出屬於台灣的文創之路，將台灣多元文化的特色以台灣品牌行銷到全世界。

參考文獻

中文

- 吳思華，〈創新策略：中小企業成長動力之探討〉，政治大學，2008。
- 金偉燦（W. Chan Kim）、莫伯尼（Renee Mauborgne），《藍海策略》，天下文化，2006。
- 郭秋雯，〈韓國推展文化創意產業動向之探究〉，《文化越界》1-4，pp. 63-96，政治大學外語學院跨文化研究中心，2010。
- 孫正和，〈文化創意、數位內容產業發展之比較研究──以台灣、韓國為例〉，政治大學智慧財產研究所碩士論文，2009。
- 劉曉蓉，〈文化產業發展成文化創意產業之特性研究──以交趾陶為例〉，中山大學公共事務管理研究所碩士論文，2006。

韓文

著書&論文

- 강응선（姜應善 [譯音]），〈文化市場開放的經濟性接近〉，《文化政策論叢》，第9輯，1998。
- 구광모，《文化政策與藝術振興》，中央大學出版部，2001。
- 권정화，〈有關文化福祉之韓國文化政策研究〉，世宗大學博士論文，2003。
- 김정수（金正洙 [譯音]），《文化行政論：理論的基盤和政策的課題》，集文堂。
- 김정은，〈文化政策與文化消費的地域差別〉，首爾市立大學碩士論文，2009。
- 김종원，〈活化地域文化藝術教育策略研究〉，《人文論叢》27輯，2011。
- 金昌洙，〈從文化公共性概念看各政權文化產業政策的比較研究，以電影和文化內容政策為中心〉，漢陽大學博士論文，2009。
- 김평수, 윤홍근, 장규수（金平洙、尹洪根、張圭洙 [皆為譯音]），《文化內容產業論》，Communication Books，2011。
- 류준호，《2011文化內容創作者們的創業態度及一人創作專家企業育成方案》，首爾科學技術大學博士論文，2011。
- 박광무，《韓國文化政策論》，김영사，2010。

- 박병호，〈韓國文化內容人力養成方案研究──以文化體育觀光部旗下機關學術單位為中心〉，漢陽大學碩士論文，2008。
- 박성진，〈文化內容產業的國際化案例研究〉，弘益大學碩士論文，2011。
- 신동하，〈一人創作企業的事業成果的影響要因相關研究〉，首爾大學碩士論文，2011。
- 엄창섭，《文化認識的擴張和變形》，亞細亞文化社，2006。
- 윤찬종，〈對於韓國文化原型3D動畫內容開發育成方案的研究〉，漢陽大學博士論文，2007。
- 이동연，〈大眾文化產業的獨佔化理論和替代方案文化行動〉，韓國藝術綜合學校，2007。
- 이동연，〈韓流文化資本形成和文化民族主義〉，文化議論「首爾角色與執照展覽2011」，韓國藝術綜合學校，2011。
- 이병량，〈關於韓國文化政策理論的批判性研究〉，《行政論叢》第44卷，第2號，2006。
- 이상돈，〈為建構人力供給展望體制的中長期策略〉，KRIVET Forum，第66回，2008。
- 이선경，〈動畫角色產業的現況和發展方案〉，《韓國內容學會誌》第6卷，第1號，2008 / 3。
- 이종호，〈HRI分析各領域業種、規模的細部項目〉，*The HRD Review*，2009。
- 이중만, 오용선, 오영삼, 신준우，〈文化內容領域大學教育機關人力養成政策方向〉，《韓國內容學會誌》第6卷，第2號，2008 / 6。
- 이용환，《文化產業的人才政策方向和課題》，教保文庫，2010。
- 정윤재（鄭允載 [譯音]），《政治領導能力和韓國民族主義》，NaNam出版社，2003。
- 정지영，〈在地域文化設施中為了增加文化享有的政策對應方案〉，《地域社會發展學會論文集》第34輯，第2號，2009。
- 조선아，《韓流對韓國輸出和FDI影響的效果分析》，仁濟大學，2010。

- 조승희，〈文化產業的人才養成方案相關研究〉，延世大學碩士論文，2008。
- 최선혜（崔善慧 [譯音]），〈韓國文化內容產業政策談論研究〉，中央大學碩士論文，2011。
- 최장성，《對於我國知識財產權相關文化商品海外市場的保護與進出擴大方案——以韓流和文化內容相關事項為中心》，延世大學，2005。
- 최지윤，〈企業對於文化藝術所做的社會貢獻〉，梨花女子大學碩士論文，2012。
- 최종철（崔鍾哲 [譯音]），〈對於IMF體制下的文化產業振興文化政策的對策——以影音產業為中心〉，《文化政策論叢》，第9輯，1998。
- 태원유, 이상우, 윤우근, 서의정，〈創意和核心的原動力，人力多樣性管理〉，*CEO Information*，第882號，2011。
- 韓承俊，〈文化產業的產學合作活性化方案相關研究：以大學的角色為中心〉，首爾女子大學，2008。
- 허인정，〈大學生的文化消費性向與芭蕾公演觀賞分析〉，世宗大學博士論文，2010。
- Evan Ramstad，〈經濟奇蹟終結 韓國路在何方？〉，《華爾街日報》，2010。

官方資料（以出版年為順）

文化體育觀光部

- 《文化產業白皮書（1997〜2008）》，1997。
- 《角色產業振興五大概念計畫（2003〜2007）》，2003。
- 《電傳影像產業振興五大概念計畫（2003〜2007）》，2003。
- 《影像政策資料》，2004。
- 《影像振興基本法》，2007。
- 《2007年角色產業白皮書概要》，2007。
- 《電傳影像產業振興五大概念計畫（2008〜2012）》，2008。
- 《傳播影視產業振興五年（2008〜2012）計畫》，2008。
- 《文化技術（CT）R&D基本計畫（2012）》，2008。
- 《電影與影音產品振興相關法》，2009。

・《2009、2010年度預算基金營運計畫》，2009。

・《2009年海外內容產業市場調查（2010）》，2009。

・《2009年上、下半期內容產業動向報告書》，2009。

・《為創新工作機會與實現創造經濟的一人創作企業活化策略》，文化體育觀光部、中小企業廳、未來企劃委員會，2009。

・《2009年角色產業白皮書概要》，2009。

・《角色產業振興中長期計畫（2009～2013）》，2009。

・《內容產業統計——以2008年為基準》，2009。

・《內容產業發展戰略》，2010。

・《文化藝術振興法》，2010。

・《內容產業統計——以2009年為基準》，2010。

・《數位融合時代內容產業未來政策研究》，2010。

・《2010年內容產業白皮書》，2010。

・《文化享受實態調查》，文化體育觀光部、文化觀光研究院，2010。

・《文化產業振興基本法》，2011修訂版。

・《一人創作企業育成法》，2011。

・《2010年性別文化能力統計DB》，文化體育觀光部、文化觀光研究院，2011。

・《2010年第四季與年間內容產業動向分析報告書》，2011。

・《非營利法人現況》，2011。

・《2011年全國文化基礎設施總覽》，2011。

・《2011年第三、四季內容產業動向分析報告書》，2012。

・《2011年第四季內容產業動向分析報告書》，2012。

・《文化內容產業輸出擴大策略》，2012。

韓國內容振興院

白皮書

・《2008，2009，2010，2011年內容產業統計》。

・《2009年上半期內容產業動向報告書》，2009。

- 《2009年下半期內容產業動向報告書》，2009。
- 《2010年音樂產業白皮書概要》，2011。
- 《內容產業動向與分析》，2011。
- 《2011年第一季內容產業動向分析報告書》，2011。
- 《2011年第二季內容產業動向分析報告書》，2011。
- 《內容產業統計——以2010年為基準》，2011。
- 《2011年內容產業統計》，2012。
- 《2012年內容產業展望報告書II篇——細部產業篇》，2012。

其他研究報告

- 《KEEP第一回合（2004）～第五回合（2008）年度教育雇用調查結果》，2008。
- 《2006年文化內容教育機關現況調查》，2007。
- 권호영，〈明星參與電視劇的效果與持續性分析〉，《KOCCA焦點》2009-12號，2009。
- 김영덕，〈電視劇製作&流通的現在與振興方向〉，《KOCCA焦點》2009-02號，2009。
- 김영덕, 윤재식，《電傳影像內容產業實際調查II：電視劇、訪談節目製作及流通狀況》，2009。
- 윤호신，《內容製作支援制度改善與製作費評估方案研究——以電視節目為中心》，2009。
- 〈世界融合時代內容產業支援體系跨時代之改善〉，2009。
- 《文化內容產業專門人力需求展望研究（2）——調查結果》，2009。
- 《電傳影像內容產業實際調查I：國內外產業實際調查》，2009。
- 〈提交電視劇製作與流通方向〉，《KOCCA焦點》，2009。
- 《內容產業一人創作企業育成策略》，2010。
- 〈全球文化產業創意人才養成的教育過程開發與示範運作〉，2010。
- 《中國文化密碼研究——以戲劇為中心》，2010。

- 《2009年海外內容市場調查》，2010。
- 《2010年度主要事業計畫（概要）》，2010。
- 《韓國內容振興院2011年事業計畫》，2010。
- 《內容產業領域人力供給展望與海外先進案例標竿分析調查》，2010。
- 《文化內容雇用現況及經營管理方案研究調查》，2010。
- 《內容產業的創意人力育成和創造工作機會相關方案研究》，2010。
- 《2010年國內內容產業十大展望與海外內容產業六大展望》，2010。
- 《2010年海外內容市場調查（角色、音樂）》，2010。
- 《2010年海外內容市場調查（出版、電影）》，2010。
- 《地域文化產業研究中心（CRC）支援事業成果調查及分析》，2010。
- 《2009年海外內容市場調查（總括）》，2010。
- 《2011年上半期韓國內容產業動向分析報告書》，2011。
- 《2011年第二季內容產業動向分析報告書》，2011。
- 《2010年內容教育機關現況調查》，2011。
- 〈韓國內容的戰略市場輸出推進和政策實施點〉，《KOCCA焦點》2011-02號，2011。
- 〈2010年文化內容科系教育機關現況調查〉，2011。

文化觀光研究院
- 《文化產業政策十年，評價與展望》，2005。
- 이병준，《文化藝術教育政策的批判性再構成與未來展望》，2007。
- 《2010 이주민 문화향수실태조사》，2010。
- 구문모，《內容產業的一人創作企業成功案例分析研究》，2010。
- 《文化藝術教育經驗對文化不平等的影響》，2011。
- 이용관，《文化產業永續成長的政策型態研究》，2011。
- 정광렬，《因應未來環境變化的文化政策課題與方向》，2011。

中小企業廳

- 《一人創作企業活性化方案》，2009。
- 《第二期中小企業育成對策》，2009。
- 《2010年創業支援事業支援計畫》，2009。
- 《中小企業廳支援知識服務領域想法商業化》，2010。
- 《下半期一人創作企業綜合支援政策發表》，2010。
- 《一人創作企業支援事業上半期實績與下半期推進計畫》，2010。
- 《一人創作企業育成法》，2011。
- 《由制定一人創作企業法加速政策推進》，2011。
- 《中小企業成功墊腳石》，2011。

韓國職業能力開發院

- 《為文化內容產業發展專門人力養成方案》，2002。
- 《韓國教育雇用小組分析報告書（2005）──第一回（2004）年度資料分析》，
  2005。
- 《韓國教育雇用小組分析報告書（2006）──第二回（2005）年度資料分析》，
  2006。
- 《韓國教育雇用小組分析報告書（2007）──第三回（2006）年度資料分析》，
  2007。
- 《韓國教育雇用小組分析報告書（2008）──第四回（2007）年度資料分析》，
  2008。
- 《韓國教育雇用小組分析報告書（2009）──第五回（2008）年度資料分析》，
  2009。
- 《人力資源企業小組分析報告書（2010）──第三回（2009）年度資料分析》，
  2010。
- 《中長期人力供需展望》，2010。
- 《國際開發協力專門人力養成海外案例》，2011。

‧《2010年地方人才育成事業評價》，2010。

電影振興委員會
‧《電影產業專門人力分流體制研究》，2007。
‧《2008～2010年韓國電影決算》，2008～2010。
‧《2010～2014韓國電影票房構造及市場規模預測（概要）》，2009。
‧《韓國電影產業的數位化：各過程的診斷》，2009。
‧《2010年電影消費者調查報告書》，2010。
‧〈2011年韓國電影產業展望〉，*KOFIC Issue Paper 2011*，2011。
‧〈智慧電視時代的電影〉，*KOFIC Issue Paper 2011*，2011。

其他官方資料
‧《職業能力發展中心的學校企業模型開發》，韓國障礙人雇用促進工團雇用開發院，2005。
‧《內容產業展望和育成戰略》，內容韓國促進委員會，2008。
‧《電傳影像產業未來願景2012》，韓國電傳影像產業振興院，2008。
‧손기영，〈以出版產業需要為根據的個別女性支援相關研究：以坡州出版城為中心〉，《人力開發研究》，vol. 11，No. 1，2009。
‧《2009年遊戲產業實際業績總整理》，韓國情報網站GameShot，2009。
‧이병희, 문제철，〈文化內容產業的現況與課題〉，調查局產業分析室，2009。
‧《仁川國際機場公社2010年年報》，仁川國際機場公社，2009。
‧《電傳影像獨立製作公司申報現況》，韓國電傳影像產業振興院，2010。
‧《數位電傳核心製作人力的教育要求調查》，韓國電傳影像產業振興院，2001。
‧《2000～2006年國家人力資源開發白皮書》，大韓民國政府，2000。
‧〈IT韓國，現在向軟體強國前進！〉，知識情報部，2010。
‧〈2011年政府預算內容〉，企劃財政部，2010。
‧〈知識經濟部公告第2011-337號〉，2011。

．박형동, 이순일，〈內容產業未來新成長動力集中育成〉，國務總理室，2011。

．〈韓國電影，為何會面臨今日出現的危機〉，*Max News*，2011。

．〈振興電影及Video相關法律施行令〉，國家法令情報中心，2011。

附錄一　文化產業振興基本法

（1995.05.09 制訂施行）

第一章　總則

第一條 目的

　　本法旨在通過制定扶持和振興文化產業的條款來奠定文化產業發展的基礎並增強其競爭力，從而達到提高國民文化生活水平、促進國民經濟發展的目的。

第二條 定義

　　本法中使用的術語定義如下。

1. 所謂「文化產業」是指與文化商品的計畫、開發、製作、生產、流通、消費等相關之產業。符合下述各項之一者即屬於文化產業。

　　（改訂 2010.06.10, 2011.05.25）

　　①與電影、影音產品相關的產業。

　　②與音樂、遊戲相關的產業。

　　③與出版、印刷、定期刊物相關的產業。

　　④與廣播、影視相關的產業。

　　⑤與文化遺產相關的產業。

　　⑥與漫畫、卡通形象（概指卡通、小說中主要角色以及其被商業化的產品，如卡通圖像、吉祥物等）、動畫、娛樂教育（edutainment）、行動通訊文化內容（mobile contents〔culture〕）、設計（工業設計〔industrial design〕除外）、廣告、表演、美術品、工藝品相關的產業。

　　⑦從事數位文化內容、用戶製作參與型文化內容與多媒體文化內容的收集、加工、開發、製作、生產、儲存、搜索、流通等活動，以及提供與之相關服務的產業。

　　⑧活用傳統素材和技術生產服飾、雕像、裝飾用品、小物件及生活用品等與之相關的產業，及促進其流通之產業。

　　⑨以文化商品為主的展示會、博覽會、展銷會及慶典等相關產業。唯有與《展

示產業發展法》第二條第②號內的展示會、博覽會、展銷會相關產業除外。
⑩符合第①號到第⑨號規定中的兩項以上之複合產業。

2. 所謂「文化商品」是指將具有藝術性、創意性、娛樂性、大眾性（以下稱「文化元素」）等與文化相關之創意商品化，創造經濟附加價值的有形、無形之財物（包含文化相關內容、數位文化內容），以及相關服務等皆稱之。

3. 「內容（contents）」是指符號、文字、聲音、音響、影像等（包含上述之複合體）資料或資訊。

4. 「文化內容（culture contents）」是指文化元素被實物化的內容（contents）。

5. 「數位內容（digital contents）」是指為了提高符號、文字、圖形、色彩、聲音、音響、形象及影像等（包含上述之複合體）資料與資訊的保存和利用的效果，而對其進行的數位化製作與處理。

6. 「數位文化內容」是指文化元素被實物化的數位內容。

7. 「多媒體內容」是將與符號、文字、聲音、音響和影像等相關的媒介有機地結合起來，使之具有新的表現功能和儲存功能的內容。

8. 「公共文化內容」是根據《公共機關的資訊公開之相關法律》第二條第③號規定的公共機關，和根據《博物館與美術館振興法》第三條規定的國立博物館、公立博物館、國立美術館等所持有、製作和管理的文化內容。

9. 「娛樂教育（edutainment）」是將文化內容有機地結合從而策劃和製作出用於教育目的的內容。

10. 「文化產業專門投資聯合會」（以下稱「投資聯合會」）是指按照《中小企業創業援助法》第二十條和第四十一條第三項規定的聯合會，其資產中總統令規定的比重以上的資本投資於創業者和製作者。

11. 「製作」是指通過策劃、開發、生產等一系列的過程來製作有形、無形的文化商品的行為，同時還包括用數位化等電子形式來進行轉變或者處理的行為。

12. 「製作者」是指製作文化商品的個人、法人和投資組織等。

13. 「文化產業完成保證」（以下簡稱「完成保證」）是指為了引導文化商品的製作者按照與文化商品流通者的協議順利完成文化商品的生產，從總統令指定的金融機構獲得必要的貸款、資金等來保證其財務營運的行為。

14. 「流通」是指文化商品從製作者傳遞到消費者之間的過程，包括《資訊通信網利用促進和情報保護法》第二條第一項第①號中規定的通過資訊通信網路進行傳遞的行為。

15. 「流通專門公司」是指為了文化商品通暢的流通和節約物流費用而設立的公司，這些公司要按照第十四條的規定向文化體育觀光部長、特別市市長、廣域市市長、道知事、特別自治道知事（以下簡稱「市、道知事」）進行申報。

16. 「價值評估」是指通過文化商品或文化技術（製作文化所使用的方法或者技術，以下同）的產業化所產生的或者可能產生的經濟價值用價格、等級或者分數等來表現出來。

17. 「文化產業振興設施」是指集體引入的文化產業相關從業者和援助設施，為了扶持文化產業從業者活動所建之設施，並依據第二十一條第一項所指定的設施。

18. 「文化產業園區」是指使企業、大學、研究所、個人能夠共同參與文化產業的研究開發、技術培訓、資訊交流、共同製作等活動而建成的土地、建築和設施的複合體。按照第二十四條第二項的規定，這個複合體是被指定和開發的產業園區。

19. 「文化產業振興區域」是指與文化產業相關的企業、大學、研究所的密集度比其他地區要高的地區，在這些地區獎勵和促進從事文化產業的企業、大學和研究所等機構聚集起來進行營業活動、研究開發、人才培訓和共同製作等活動，也即第二十八條之二所指定的區域。

20. 「廣播影像獨立製作公司」（以下簡稱「獨立製作社」）是指根據總統令所規定向文化體育部長申告，並製作廣播影像物，向《廣播法》中所規定的廣播發

展商、轉播有線廣播發展商、音樂有線廣播發展商、電光板廣播發展商或外國廣播發展商（以下簡稱「廣播商等」）提供的公司。

21.「文化產業專門公司」是指將公司的資產投向文化產業的特定領域，並將取得的收益分配給投資者、公司員工、股東的公司。（2009.02.06 專門修訂）

第三條　國家以及地方自治團體的責任

1. 為了振興文化產業，國家和地方自治團體必須制定和實行必要的政策。

2. 為了振興文化產業，國家和地方自治團體必須採取大力支持技術開發和調查研究工作、構建國外及文化產業相關之國際機構的合作體制等必要措施。

3. 為了振興文化產業，國家和地方自治團體在制定和實行各種政策時，根據《禁止殘疾人士差別待遇及權利救濟等相關法律》第四條，必須致力於正當提供殘疾人士參與相關活動。（2011.05.25 新增）

第四條　制定文化產業的中、長期基本計畫

1. 文化產業政策由文化體育觀光部長總括。

2. 為了實現本法的目的，文化體育觀光部長必須制定和實行關於文化產業振興的根本性和綜合性的中、長期基本計畫（以下簡稱「中、長期基本計畫」）以及文化產業各領域、各發展階段的詳細實施計畫（以下簡稱「詳細實施計畫」）。

3. 為了制定和實行中、長期基本的計畫以及詳細實施計畫，根據需要，文化體育觀光部長可向地方自治團體以及公共機關、研究所、法人、團體、大學、民間企業、個人等提出所需的協助邀請。（2009.02.06 專門修訂）

第五條　年度報告

政府必須在定期國會會議召開前向國會提交關於文化產業振興政策與動態的年度報告書。（2009.02.06 專門修訂）

第六條　與其他法律的關係

關於文化產業振興和扶持等方面，除非其他法律有明文規定，否則一律按照本法律的規定實行。

第二章　創業 製作 流通

第七條　支援創業

為了促進文化產業的創業活動和對創業者的培育，文化體育觀光部長可以對此進行必要的扶持。（2009.02.06 專門修訂）

第八條　支援投資公司

1. 按照《中小企業創業援助法》第十條所註冊的中小企業創業投資公司和《信貸專門金融業法》第三條第一項、第二項所許可或註冊的信貸專門金融公司（以下簡稱「投資公司」），對按照本法獲得援助的從事下列各事項的行為者，必須從文化體育觀光部長獲得對該公司文化產業投資份額的認可。

   ①對文化產業及相關製作者的投資。

   ②對文化商品製作者的投資。

   ③對文化產業投資者的徵集和管理。

   ④投資聯合會資金的管理。

   ⑤為文化商品製作者所做的擔保與資金的調解。

   ⑥對與文化產業相關的尖端技術、設備和專門人力的引進及管理諮詢。

   ⑦為創業提供的諮詢及製作活動協助。

   ⑧為促進文化商品流通而進行的國內外市場營銷以及版權管理。

   ⑨從第①號到第⑧號所列的事業的附加事業。

2. 第一項所屬的內容中，有關文化產業投資份額的認可程序等事項，根據總統令確定。

3. 第一項第④號的投資聯合會資金管理包含對特定文化商品製作者的無擔保貸款。

4. 依據本法獲得援助的投資公司需按照總統令的規定向文化體育觀光部長提交相關的會計年度結算書。（2009.02.06 專門修訂）

第九條 投資聯合會

1. 投資公司若想要管理投資聯合會的資金，該投資公司必須與其他出資者組成投資聯合會，且必須對其經營概要、出資計畫、收益分配等情況進行公告。

2. 與投資公司對文化產業的投資及投資聯合會的範圍、組織等相關的事項，根據總統令來確定。（2009.02.06 專門修訂）

第十條 支援製作者的製作

1. 為了增強文化產業的競爭力和促進優秀文化商品的製作，文化體育觀光部長或市、道知事可以向製作者提供必要的融資或其他方面的援助。

2. 依據本法可以獲得援助的製作範圍和製作者援助等相關事項，由總統令來確定。（2009.02.06 專門修訂）

第十條之二 設置完成擔保帳戶

1. 為了繁榮文化商品製作和文化產業投資，文化體育觀光部長可以在下述負責保證完成業務的機構中，選取和文化體育觀光部長規定標準的機構設置完成擔保帳戶，委託其來營運和管理這一帳戶。

   ①《信用擔保基本法》規定的信用保證基金。

   ②《技術信用擔保基本法》規定的技術信用保證基金。

2. 完成擔保帳戶的出資款項、擔保手續費等的收入、營運和管理等相關事項，依據總統令來確定。

3. 根據第一項的規定，管理完成擔保帳戶的機構可以使債務者將文化商品相關的公正以及會計管理事務委託給《公共機關營運之相關法律》第四條規定的與文化產業振興相關的公共機關。（2009.02.06 新增）

第十一條 支援獨立製作公司的製作

1. 為促進獨立製作公司的製作，依據總統令的規定，政府可以對其提供必要的援助。

2. 依據總統令規定，廣播業從事人員等必須盡力為獨立製作公司的製作提供援助。（2009.02.06 專門修訂）

第十二條　促進流通

1. 為了振興文化產業，政府必須努力促進文化商品的流通和流通的資訊化。

2. 根據第一項的規定，為了促進流通資訊化，按照總統令的規定用國際標準條碼來標註文化商品。

3. 須用國際標準條碼標註的文化商品，由總統令來確定。

4. 為了保證文化商品的質量和促進流通，文化體育觀光部長或者市、道知事可以獎勵文化商品的質量認證並扶持相關活動的開展。

5. 根據第四項的規定，為了實施文化商品的質量認證，文化體育觀光部長或市、道知事可以根據總統令的規定指定認證機構。

6. 第四項規定與實施文化商品的質量認證相關的事項，依據總統令來確定。

7. 政府必須通過防止文化商品的非法複製和流通、鼓勵正版文化商品的消費以及實施相關的培訓等手段來努力保護知識財產權，並為此提供必要的援助。

（2009.02.06 專門修訂）

第十二條之二　構建公平交易秩序

1. 從事文化商品的製作、銷售、流通等行業的人員，不得在沒有合理理由的情況下單方面要求轉讓知識財產權等，也不得利用職權強迫簽定不公平合同或謀取不正當利益。（2011.05.19 修訂）

2. 為了構建文化商品的公平交易秩序，文化體育觀光部長可實施以下各項措施。

①文化產業競爭環境的現狀分析以及評價。

②構建和營運文化產業相關從業者參與的協議體系。

③其他有利於構建公正交易環境的必要措施。

3. 為了構建文化產業的公平交易秩序，經過公證交易委員會委員長和放送通信委員會委員長的商討後，文化體育觀光部長可以制定或修訂文化產業的相關標準

條款和標準合同，供其實施。（2009.02.06 新增）

第十三條 刪除（2010.06.10）

第十四條 專門流通公司的設立與支援

1. 從事下列各項與文化商品流通相關的業務的公司想按照本法獲得規定的援助時，必須按照文化體育觀光部的規定向文化體育觀光部長或者市、道知事提出申報。

   ①共同購買和共同銷售設施的營運。

   ②共同電子通信網的營運（包含電子訂購、庫存以及退貨處理）。

   ③共同物流倉庫的設置、營運。

   ④與第①號到第③號的業務相關的其他事業。

2. 專門流通公司的設立、援助等相關事項，依據總統令來確定。

   （2009.02.06 專門修訂）

第十五條 優秀文化商品的指定、標識

1. 文化體育觀光部長或者市、道知事可以指定優秀文化商品。

2. 按第一項規定，被指定的相關產品，可以貼上由文化體育觀光部長或者市、道知事指定為優秀文化商品的標識。

3. 文化體育觀光部長或是市、道知事可以指定從事文化產業振興事業的法人或團體來代理第一項中規定的業務。

4. 優秀文化商品的指定、標識以及援助等相關事項，依據總統令來確定。

   （2009.02.06 專門修訂）

第十五條之二 優秀文化項目的指定

1. 文化體育觀光部長可以把創作性和成功可能性大的文化商品製作項目指定為優秀文化項目，可以把經濟、技術方面普及效果大的文化商品製作者和文化技術開發者指定為優秀文化從業者。

2. 為了發掘、培育優秀文化項目或優秀文化從業者，文化體育觀光部長可以採取

相關所需的措施。

3. 優秀文化項目和優秀文化從業者的指定標準和程序、援助、指導、監督等相關事項，由總統令來確定。（2009.02.06 新增）

第十五條之三 指定優秀文化項目的取消

1. 文化體育觀光部長對符合下面各項情形之一者即可以取消第十五條之二第一項所指定的優秀文化項目和優秀文化從業者。

   ①利用欺騙和其他不正當方法獲得優秀文化項目或優秀文化從業者指定的情形。

   ②未達到第十五條之二第三項規定的指定標準。

2. 文化體育觀光部長根據第一項取消指定時，須按照《行政程序法》舉行聽證會。（2009.02.06 新增）

第三章 建構文化產業基礎

第十六條 專業人才的培育

1. 國家或者地方自治團體必須努力培養文化產業振興所需要的專業人才。

2. 文化體育觀光部長或者市、道知事根據第一項培養專業人才的要求，可以按照總統令的規定來指定研究所、大學和其他機構作為培養文化產業專業人才的機構。

3. 按照總統令的規定，國家或者地方自治團體可以承擔全部或者部分第二項所指定的文化產業人才培養機構在培訓專業人才中所需的經費。

   （2009.02.06 專門修訂）

第十六條之二 價值評估機構的指定

1. 為了對文化商品和文化技術進行專業和高效的價值評估，文化體育觀光部長可以指定價值評估機構（以下簡稱「評估機構」）。

2. 獲得文化商品或者文化技術的價值評估者，可以向第一項規定所指定的評估機構提出申請。

3. 按照第二項的規定，收到價值評估申請的評估機構對文化商品和文化技術進行價值評估，並必須盡快將結果告知申請者。

4. 除了對總統令所規定的經營、營業保密等特殊原因外，評估機構必須將當年度的價值評估資訊在下一年度1月末之前上報給文化體育觀光部長。

5. 評估機構的長官必須與文化體育觀光部長協商下列各項。

   ①評估對象。

   ②評估範圍。

   ③評估手續費。

6. 關於評估機構的指定標準、指定程序、價值評估的申請程序等必要事項，由總統令來決定。（2009.02.06 新增）

第十六條之三 評估機構和評估手續費的援助

1. 文化體育觀光部長可以全部或部分援助評估機構在下面各事項中的預算範圍之內的所需費用。

   ①價值評估專業人才的培育。

   ②價值評估方法的研究。

   ③價值評估相關資訊的收集和提供。

   ④此外還包括總統令規定的價值評估的相關事項。

2. 文化體育觀光部長在預算範圍內可以對第十六條第三項規定的接受評估機構評價的公司或個人予以全部或者部分評價手續費的援助。（2009.02.06 新增）

第十六條之四 指定評估機構的取消

1. 文化體育觀光部長有權取消符合下列情況之一的評估機構的指定資格。

   ①通過欺騙或者其他不正當方法獲得指定評估機構的情形。

   ②未達到第十六條之二第六項規定的評估機構的指定標準。

2. 文化體育觀光部長根據第一項取消指定時，須按照《行政程序法》舉行聽證會。（2009.02.06 新增）

第十七條　促進技術和文化內容的開發

1. 為了促進文化產業的相關技術以及文化內容的開發（以下簡稱「技術開發事業」），文化體育觀光部長可制定和實施一系列相關政策，並對政策實施和技術開發事業中所需的資金提供預算範圍內的扶持及資助。

2. 為了推動技術開發事業高效發展，文化體育觀光部長可以在符合下列各項之一的法人、機構或者團體中指定能夠接受委託並全權負責技術開發事業的機構（以下簡稱「技術開發事業全權負責機構」）。

   ①第三十一條規定的韓國文化內容振興院。

   ②除上述之外，與文化產業相關的法人、機構或者團體。

3. 為了推進技術開發事業的發展，技術開發事業權負責機構可以將一部分業務交給文化商品的製作者或者技術開發者（以下簡稱「技術開發事業實施機構」）來實施。

4. 下列各項相關事項由總統令來確定。

   ①第一項規定中可以獲得援助的技術開發事業的範圍。

   ②第二項規定中委託給技術開發事業全權負責機構的業務範圍。

   ③第三項規定中技術開發事業實施機構的選定方法和程序。

   （2009.02.06 專門修訂）

第十七條之二　技術費的徵收

1. 根據第十七條第一項的規定，在技術開發事業結束時，文化體育觀光部長可以對技術開發事業實施機構徵收所援助或出資的技術開發事業帶來的收益的全部或部分金額（以下簡稱「技術費」）。

2. 技術費的徵收對象、徵收金額和徵收方法等相關事項，由總統令來決定。

   （2009.02.06 專門修訂）

第十七條之三　企業附屬創作研究所

1. 為了促進文化產業的創作開發，文化體育觀光部長可以按照總統令的規定將符合人力、設施等標準的企業附屬研究機構或者企業研究開發負責部門認定為企業附屬創作研究所或者企業創作負責部門（以下稱「創作研究所等」）。

2. 第一項規定的創作研究所等的認定程序等相關事項，由總統令來決定。

3. 文化體育觀光部長可以對創作研究所等的營運提供必要的扶持。

4. 文化體育觀光部長可以取消符合下列情況之一的第一項中規定的創作研究所等的認定。

　①利用欺騙或者不正當方法獲得創作研究所等資格認定的情況。

　②違反了第一項規定的認定標準的情況。

　（2009.02.06 新增）

第十七條之四　《培育投資企業的特殊措施法》的適用

根據第十七條之三第一項規定，持有企業附屬創作研究所的股份公司型中小企業（《資本市場和金融投資相關法》第九條第十三項所規定的證券市場上市法人除外，以下稱「創造型中小企業」）在進行戰略攜手合作時，適用《培育投資企業的特殊措施法》的第十五條、第十五條之二到十以及第十六條之三。此時將「投資企業」視為「創造型中小企業」。（2009.02.06 新增）

第十八條　刪除（2010.06.10）

第十九條　促進共同開發、研究

1. 為加快文化商品的開發、研究，政府應該通過人力、設施、器材以及資訊共享等措施，來努力促進共同開發及研究。

2. 根據第一項的規定，對推動共同開發和共同研究的人員，文化體育觀光部長可以援助全部或部分其所需的費用。（2009.02.06 專門修訂）

第二十條　國際交流和海外市場進出的支援

1. 為了提高文化商品的出口競爭力、擴大海外市場，政府可以對與外國的共同製

作、利用廣播和網路等進行海外市場營銷和宣傳、吸引外商投資、參與國際影視節和展銷會以及在國內舉辦、構建出口合作體制等方面提供援助。

2. 為了更好地援助第一項規定的措施，按照總統令的規定，文化體育觀光部長可以委託其他機構或者團體代理這些職責，並對所需的費用進行補助。
   （2009.02.06 專門修訂）

第二十一條　文化產業振興設施的指定

1. 為振興文化產業，在必要的情況下，文化體育觀光部長經與市、道知事商討後可指定文化產業振興設施，並對設施的營運等所需預算提供全部或者部分援助。

2. 獲得第一項中的文化產業振興設施的指定（包含地方自治團體），必須按照總統令的規定提出指定申請。

3. 根據第一項的規定，被指定的文化產業振興設施將視作被指定為《培育投資企業的特殊措施法》第十八條所規定的風險投資企業聚集設施。

4. 文化產業振興設施的指定條件和援助等相關事項，由總統令來決定。
   （2009.02.06 專門修訂）

第二十二條　指定文化產業振興設施的解除

對於未達到指定條件的文化產業振興設施，文化體育觀光部長可以按照總統令的規定解除對其的指定。（2009.02.06 專門修訂）

第二十三條　文化產業振興設施的集中化

1. 為了文化產業的振興，在必要的情況下，文化體育觀光部長或市、道知事可以將文化產業振興設施集中建在文化產業園區，並可將園區內的建築物用作文化產業振興設施，或者鼓勵援助設施建在那些建築物之內。

2. 為了讓民間人士等能夠更便捷地建設文化產業振興設施，政府可以給予所需的援助。（2009.02.06 專門修訂）

第二十四條　文化產業園區的建立

1. 為了以研究文化產業相關技術、開發製作文化商品、培育專業人才等方式來更有效地振興文化產業，國家或者地方自治團體可以建立文化產業園區。

2. 第一項中規定的文化產業園區的建立，需遵守《產業選址和開發的相關法律》中關於國家產業園區、一般產業園區，都市尖端產業園區的指定、開發程序的規定。（2009.02.06 專門修訂）

第二十五條　文化產業園區建立計畫的確立

1. 為了促進文化產業園區的建立，在必要的情況下，文化體育觀光部長可以設立文化產業園區建設計畫並聽取該轄區市、道知事的意見，並要求國土海洋部長指定文化產業園區。

2. 按照總統令的規定，地方自治團體的長官可以向文化體育觀光部長提出建立文化產業園區的申請。

3. 確立文化產業園區建設計畫的相關事項，由總統令來確認。

4. 文化產業園區建設計畫實施者（以下稱「事業實施者」）的指定等相關事項，按照《產業選址和開發的相關法律》第十六條的規定執行。
   （2009.02.06 專門修訂）

第二十六條　建立文化產業園區的援助

在建設文化產業園區的過程中，必要情況下，國家或地方自治團體可以向實施者提供援助。（2009.02.06 專門修訂）

第二十七條　各項分攤費用的免除

1. 免除文化產業園區實施者的下列各項負擔費用。
   ①《山地管理法》第十九條規定的大體山林資源建設費用。
   ②《農地法》第三十八條規定的農田保護分攤費用。
   ③《草地法》第二十三條第六項規定的大體草地建設費用。

2. 對文化產業園區的文化產業振興設施，可以免除《都市交通整頓促進法》第三十六條規定的交通引起的分攤費用。（2009.02.06 專門修訂）

第二十八條　認可、許可等議題

1. 根據第二十五條第四項，文化產業園區指定機構指定的事業實施者，可視為接受了下列各號的許可。

   ①《下水道法》第十六條規定的公共下水道工程的施工許可。

   ②《公有水面管理法》第五條規定的公有水面的佔用或使用許可。

   ③《河川法》第三十條規定的河川工程的施工許可以及該法第三十三條規定的佔用河川許可。

   ④《道路法》第三十四條規定的道路工程的施工許可以及該法第三十八條規定的佔用道路許可。

   ⑤《港灣法》第九條第二項規定的港灣工程的施工許可。

   ⑥《私道法》第四條規定的私道開設許可。

   ⑦《農地法》第三十四條規定的農地專用許可。

   ⑧《國土計畫及利用的相關法律》第八十六條規定的城市計畫設施事業實施者的指定以及該法第八十八條規定的實施計畫的認可。

   ⑨《水道法》第五十二條與第五十四條規定的專用上水道以及專用工業用水道的建設許可。

2. 指定文化產業園區時，擁有文化產業園區指定權限的機構必須事先對第一項所包含的各號與相關機構的長官進行協商。（2009.02.06 專門修訂）

第二十八條之二　文化產業振興區域的指定

1. 為了文化產業的振興，在必要情況下，市、道知事可以在管轄區域內指定一定區域為文化產業振興區域。

2. 在指定文化產業振興區域時，市、道知事應該確立文化產業振興區域的建設計畫並獲得文化體育觀光部長的認可。在變更文化產業振興區域的指定時也必須獲得上述認可。（2009.05.21 修訂）

3. 市、道知事必須實施第二項所規定的文化產業振興區域建設計畫。

4. 根據第一項和第二項關於指定文化產業園區、變更指定的規定和第五項關於解除指定的規定，市、道知事必須根據總統令的要求公告相關的內容。

5. 對於符合下列情況之一的文化產業振興區域，市、道知事有權取消對其的指定。取消指定時，必須獲得文化體育觀光部長的認可。
①文化產業振興區域建設計畫沒有實現可能性的情況。
②因建設延遲、管理不善等原因導致未能實現指定目標的情況。

6. 刪除。（2009.05.21）

7. 第一項所規定的文化產業振興區域的指定條件和程序等事項，由總統令來決定。（2009.05.21 修訂）（2009.02.06 專門修訂）

第二十八條之三　文化產業振興區域的建設援助

1. 在建設文化產業振興區域時，必要的情況下，國家或者地方自治團體可以對實施文化產業振興區域建設計畫的團體給予援助。

2. 實施第一項的文化產業振興區域建設計畫的團體適用於第二十七條與第二十八條。

3. 根據第二十八條之二第一項的規定，被指定文化產業振興區域可視為《培育投資企業的特殊措施法》第十八條之四規定的投資企業培育促進區域。
（2009.02.06 專門修訂）

第二十九條　國有與公有財產的借貸、使用

1. 為了擴充文化產業振興設施、建設和營運文化產業園區，在必要的情況下，國家或者地方自治團體可不侷限於《國有財產法》和《公有財產與物品管理法》的規定，用自由合同（private contract）的方式來貸出、使用、收益或者銷售國有與公有財產。

2. 第一項規定的對國有與公有財產的貸出、使用、收益、變賣等內容和條件遵守《國有財產法》和《公有財產與物品管理法》的規定進行。
（2009.02.06 專門修訂）

第三十條　租稅優惠

1. 為了振興文化產業，在文化產業振興設施、文化產業園區、製作者、投資公司、投資聯合會對文化產業投資的情況下，政府可以按照稅法的規定對創業者和援助創業者給予稅制援助。

2. 對文化產業振興設施和文化產業園區的建設、營運過程中所直接使用的裝備、設備和零件等，政府可以參照《關稅法》的規定給予減免關稅。

   （2009.02.06 專門修訂）

第三十條之二　地方自治團體的支援

為了振興文化產業，在必要的情況下，地方自治團體可以對建設文化產業振興設施、文化產業園區和文化產業振興區域的團體及援助創辦文化產業相關事業的公共團體給予出資，甚至可以不受《地方財政法》的約束給予出資。

（2009.02.06 專門修訂）

第三十條之三　文化產業統計的調查

1. 為了有效地確立、實施中、長期基本計畫和促進其運用於文化產業，文化體育觀光部長可以通過對國內外實際狀況的調查，進行文化產業統計。

2. 文化產業統計的製作、管理相關事項，由總統令來確定。

   （2009.02.06 專門修訂）

第三十條之四　消費者保護

根據《消費者基本法》等相關法律的規定，為了保護文化產業消費者的基本權益，政府必須制定相應的政策措施。（2009.02.06 專門修訂）

第三十一條　韓國文化內容振興院的設立

1. 政府為了有效地扶持文化產業的振興和發展，特設立韓國文化內容振興院（以下稱為「振興院」）。

2. 振興院為法人單位。

3. 振興院按章程的規定設負責人與必要職員。

4. 振興院應負責下列各事項。

①研究、調查和策劃促進文化產業振興的政策和制度。

②文化產業的實際情況調查和統計的製作。

③扶持文化產業專業人才的培養和再教育。

④規劃文化產業振興所需的技術開發、技術管理與標準化。

⑤促進文化產業製作、流通的發展。

⑥援助文化產業的創業、經營和海外出口。

⑦援助文化原型、學術資料、歷史資料等文化資源的開發。

⑧促進文化產業基礎設施的建設。

⑨促進公共文化內容的保護、流通和利用。

⑩國內外文化內容資料的收集、保護和應用。

⑪傳播媒介對廣播影視作品的流通、利用、出口進行援助。

⑫支援廣播影視作品的國際共同製作和當地語言的配音。

⑬減少遊戲的副作用和建立健全的遊戲文化。

⑭促進電子競技（e-sports, electronic sports）的發展以及國際交流。

⑮保護文化內容使用者的權益。

⑯其他達成振興院設立目的的相關事業。

5. 對振興院的建立、設施和營運等所需的經費，政府可以提供預算範圍之內的出資或者援助。

6. 振興院對獲得援助的公共機關，可以使其負擔該援助項目所需費用的全部或者一部分。

7. 除了適用本法和《公共機關營運之相關法律》中的規定之外，振興院還適用《民法》中對財團法人的規定。

8. 振興院以外的個人或團體不得使用韓國文化產業振興院的名稱。

（2009.02.06 專門修訂）

第四章　刪除（2009.05.21）

第三十二條　刪除（2009.05.21）

第三十三條　刪除（2009.05.21）

第三十四條　刪除（2009.05.21）

第三十五條　刪除（2009.05.21）

第三十六條　刪除（2009.05.21）

第三十七條　刪除（2009.05.21）

第三十八條　刪除（2009.05.21）

第五章　刪除（2009.02.06）

第三十九條　刪除（2009.02.06）

第四十條　刪除（2009.02.06）

第四十一條　刪除（2009.02.06）

第四十二條　刪除（2009.02.06）

第六章　文化產業專門公司（2006.04.28 新增）

第四十三條　文化產業專門公司

為執行文化產業的特定事業，可以設立文化產業專門公司。

（2009.02.06 專門修訂）

第四十四條　公司的形式

1. 文化產業專門公司採用有限公司或股份公司的形式。

2. 文化產業專門公司除了遵循本法的特別規定之外，還遵循《商法》。

（2009.02.06 專門修訂）

第四十五條 職員的人數

文化產業專門公司的職員人數，不遵循《商法》第五四五條的規定。

（2009.02.06 專門修訂）

第四十六條 董事會

文化產業專門公司的董事大會的決議可以不受《商法》第五七七條第一項與第二項的約束，即使沒有全體職員的同意，也可以以書面形式來進行。

（2009.02.06 專門修訂）

第四十七條 兼營等的限制

1. 文化產業專門公司不得從事第四十九條所規定業務之外的其他業務。

2. 文化產業專門公司不得在總部以外設置其他營業場所，不得雇用職員和任命常駐負責人。（2009.02.06 專門修訂）

第四十八條 禁止使用類似名稱

1. 文化產業專門公司必須在其公司名中加入文化產業專門公司的字樣。

2. 非文化產業專門公司不得使用文化產業專門公司或者與之類似的名稱。

（2009.02.06 專門修訂）

第四十九條 具體業務

文化產業專門公司從事下面各項業務。

①負責文化產業的文化商品的策劃、開發、製作、生產、流通、消費等，以及與之相關的服務項目。

②負責文化產業的文化商品的管理、營運和處理。

③履行第①號和第②號中規定業務時所需合同的簽訂。

④其他與第①號到第③號業務相關的業務。

（2009.02.06 專門修訂）

第五十條 會計處理

文化產業專門公司的會計必須按照金融委員會規定的會計處理標準進行處理。

（2008.02.29 修訂）（2006.04.28 新增）

第五十一條 業務的委託

1. 根據事業委託合同，文化產業專門公司必須將第四十九條各項所規定的業務委託給符合下列各項條件之一者（包含法人，以下稱「事業管理者」）。

   ①經營的主業務與該文化產業專門公司要開展的業務相同者。

   ②該文化產業專門公司的主要投資者。

   ③其他由董事大會或者股東大會選定出來的人。

2. 關於資金或者資產的保管、業務管理和權利關係證明文件的保管業務，文化產業專門公司必須根據資產管理委託合同，委託給符合下列條件之一者。

   ①《資本市場和金融投資相關法》所規定的信託業者。

   ②依《律師法》所規定的法務法人或其他法務法人（有限）。

   ③《註冊會計師法》所規定的會計法人。

3. 資產管理者必須把文化產業專門公司委託管理的資金或者資產與其固有財產或者受第三方委託保管的資產區分開來進行會計處理。

4. 事業管理者和資產管理者不能為同意人（包含法人）。

5. 第一項和第二項規定的委託合同必須獲得董事大會和股東大會的批准。

   （2009.02.06 專門修訂）

第五十二條 註冊

1. 文化產業專門公司必須將具有下列事項的註冊申請書和總統令規定的書面資料，在設立登記當日後三個月內，提交給文化體育觀光部長進行註冊。

   （2011.05.25 修訂）

   ①規章的目的性事業。

   ②理事以及審計的姓名、身分證字號。

③事業管理者的名稱。

④資產管理者的名稱。

2. 對第一項規定的內容進行註冊的文化產業專門公司必須具備下列各項條件。

（2011.05.25 修訂）

①必須是按照本法設立的有限公司或者股份公司。

②簽署事業委託合同的事業管理者必須符合第五十一條第一項的規定，並且不處於業務停止期間。

③簽署資產管理委託合同的資產管理者必須符合第五十一條第二項的規定，並且不處於業務停止期間。

④設立資本金必須為一千萬韓元以上。

⑤註冊申請文件的內容不得違反本法或者依據本法的命令。

⑥註冊申請文件中不得有偽造事項或遺漏重要事項。

3. 需要變更第一項規定的註冊事項時，文化產業專門公司需在兩週以內將變更內容提交給文化體育觀光部長進行變更註冊。

4. 進行第一項中規定的註冊時，將視為按照《電影與影音產品振興相關法》第二十六條與第五十七條、《遊戲產業振興相關法》第二十五條和《音樂產業振興相關法》第十六條規定進行了註冊和申報。（2009.02.06 專門修訂）

第五十三條 解散

1. 文化產業專門公司以下面各項理由之一來解散。

①存續時間的期滿或者規章中規定的事由發生的情況。

②股東大會或董事大會達成決議的情況。

③破產的情況。

④法院的命令或者判決的情況。

2. 與文化產業專門公司簽屬事業委託合同的事業管理者，在該文化產業專門公司解散時，從解散日起三十日內必須將該事實報告給文化體育觀光部長。

（2009.02.06 專門修訂）

第五十四條　合併等的禁止

文化產業專門公司不得與其他公司合併或者變更組織成為其他類型的公司。

（2006.04.28 新增）

第五十五條　監督、審計等

1. 為了文化產業專門公司的健康營運，在必要的情況下，文化體育觀光部長可以要求文化產業專門公司、事業管理者、資產管理者提供與本法規定的業務相關的資料或者報告。

2. 文化體育觀光部長可以讓其屬下的公務員針對本法規定業務的相關事項對本法規定的文化產業專門公司、事業管理者、資產管理者進行檢查。

3. 第二項規定中的檢查者必須持有證明其權限的標誌物，且須向相關人員出示。

4. 在第二項規定的檢查結果有違反本法的情況時（根據第五十六條之二第一項的規定，如果是公募文化產業專門公司，也要遵守《資本市場和金融投資相關法》），文化體育觀光部長可以對文化產業專門公司採取以下各項措施。

①取消對相關文化產業專門公司的註冊。

②要求對相關負責人進行處罰。

③由總統令規定違法情況的更正措施。

（2009.02.06 專門修訂）

第五十六條　取消註冊

對符合下列情況之一的文化產業專門公司，文化體育觀光部長可以根據第五十二條的規定取消其註冊。

①解散的情況。

②以欺騙或者其他不正當手段註冊的情況。

③註冊後沒有維持本法（根據第五十六條之二第一項的規定，如果是公募文化產業專門公司，也要遵守《資本市場和金融投資相關法》，以下此條同規定

的註冊條件）。

④違反本法或者本法的命令或處理的情況。

（2009.02.06 專門修訂）

第五十六條之二　關於公募文化產業專門公司的特例

1. 公募文化產業專門公司（指不屬於《資本市場和金融投資相關法》第九條第十九項中規定的私募集合投資機構的文化產業專門公司，以下同）不受第五十一條第一項的約束，具備下列各項條件，且必須將第四十九條各項所規定的業務委託給已獲取文化體育觀光部長註冊的註冊者。

　①必須為《商法》規定的股份公司。

　②必須擁有一億韓元以上、超過總統令規定金額以上的自有資本。

　③必須具備能夠充分履行事業管理者應有業務的人力和設備。

　④必須具備可以防止事業管理者和投資者之間、特定投資者和其他投資者之間的利害衝突的體系。

2. 與第一項規定的註冊條件相關的細節事項由總統令來確定。

3. 公募文化產業專門公司的事業管理者適用第五十五條第四項和第五十六條。

4. 公募文化產業專門公司與事業管理者（僅從非公募文化產業專門公司的文化產業專門公司獲得第四十九條各項規定的業務委託的事業管理者除外）不適用《資本市場和金融投資相關法》第十一條到第十六條、第二十二條到第二十七條、第二十八條（考慮到受託資產的規模等，限定於總統令規定的事業管理者）、第二十九條到第三十二條、第三十四條到第四十三條、第四十八條、第五十條到第五十三條、第五十六條、第五十八條、第六十條到第六十五條、第八十條到第八十三條、第八十五條第②號、第③號與第⑥號到第⑧號、第八十六條到第九十五條、第一八一條到第一八三條、第一八四條第一項、第二項與第五項到第七項、第一八五條到第一八七條、第一九四條到第二一二條、第二二九條到第二五三條與第四一五條到第四二五條的規定。

5. 文化體育觀光部長對公募文化產業專門公司或事業管理者（僅從非公募文化產業專門公司的文化產業專門公司獲得第四十九條各項規定的業務委託的事業管理者除外）進行註冊時，須事先與金融委員會協商。

6. 為了保護公益或公募文化產業專門公司的股東和職員，必要情況下，金融委員會可以命令公募文化產業專門公司與事業管理者（僅從非公募文化產業專門公司的文化產業專門公司獲得第四十九條各項規定的業務委託的事業管理者除外）提供與業務相關的資料和報告，並可讓金融監督院長對該業務進行監察。

7. 當公募文化產業專門公司和事業管理者（僅從非公募文化產業專門公司的文化產業專門公司獲得第四十九條各項規定的業務委託的事業管理者除外）違反本法及本法規定的命令或處理、違反《資本市場和金融投資相關法》及其相關命令時，金融委員會可以向文化體育觀光部長要求採取第五十五條第四項各號所規定的相應措施，文化體育觀光部長如無特殊理由應該採納其要求。此時文化體育觀光部長必須將其採取的措施向金融委員會通報。

（2009.02.06 專門修訂）

第七章　附則 （2009.02.06 修訂）

第五十七條　等同於公務員的規則

根據第五十八條，授權委託的從業者適用（《刑法》）第一二九條到第一三二條規定，將被視為公務員。（2009.05.21 修訂）（2009.02.06 專門修訂）

第五十八條　權限的委任、委託

文化體育觀光部長可以按照總統令的規定把本法的一部分權限委任給市、道知事或者委託給以振興文化產業為目的的法人或者團體。（2009.02.06 專門修訂）

第五十九條　罰款

1. 符合下列各項之一者須繳納一千萬韓元以下的罰款。（2011.05.25 修訂）

　　①未依照第五十二條申請註冊使用文化產業專門公司的名稱、執行第四十九條
　　　各項之一業務，或募集投資者。

　　②違反第五十一條第三項，未區分管理文化產業專門公司的資產。

2. 符合下列各項之一者須繳納五百萬韓元以下的罰款。（2011.05.25 修訂）

　　①用欺騙的手段獲得第八條第一項所規定的認定。

　　②未獲得第十五條第一項規定的指定卻擅自使用優秀文化商品的標誌。

　　③違反第三十一條第八項與第四十八條第二項的規定使用類似名稱。

　　④未根據第五十二條第一項在註冊期間內申請註冊。

　　⑤未根據第五十五條第一項及第二項提交資料、報告，或是拒絕、妨礙檢查，
　　　以及提交、報告偽造資料。

3. 按照總統令的規定，第一項及第二項中規定的罰款由文化體育觀光部長或者
　　市、道知事來徵收。（2011.05.25 修訂）（2009.02.06 專門修訂）

附錄二　內容產業振興法

（2012.12.11 制訂施行）

第一章　總則

第一條　目的

　　本法旨在制定與「內容產業振興」相關之必要事項，以此建立「內容產業」的基礎與強化其競爭力，並以提升國民生活及對國民經濟健全發展做出貢獻為其目的。

第二條　定義

　　1. 本法中所使用的術語意涵如下。

　　　①「內容」（contents）是指符號、文字、圖形、色彩、聲音、音響、形象與影像等（包含上述之複合體）資料或資訊。

　　　②「內容產業」是指能創造出經濟附加價值的「內容」或是提供「內容」服務（包含上述之複合體）的製作、流通、利用等相關產業。

　　　③「內容製造」是指透過創作、企劃、開發、生產等來生產「內容」，另，將其以電子型態之轉換處理亦包含於其中。

　　　④「內容製作者」是指在內容之製作時，企劃整個過程以及承擔其責任者。

　　　⑤「內容事業者」是指從事「內容」的製造、流通等相關經濟活動之經營者。

　　　⑥「使用者」是指利用「內容事業者」所提供「內容」的人。

　　　⑦「技術的保護措施」是指為了有效地防止「內容製作者」的利益受到侵害，適用在「內容」上的技術或是裝置。

　　2. 本法中所使用的術語的意涵，除了在第一項中所指定之外，依循《著作權法》之規定。此時，「著作物」視為「內容」。

第三條　基本理念

　　政府依據下列各號中所制定之基本理念來推動與「內容」相關之政策。

　　（2011.05.19 修訂）

　　①充分的發揮內容製造者的創意性，並在國內外盡可能地保護與內容相關的知

識財產權。

②透過內容順暢地流通，使使用者能享用廣泛的文化，並以之提升國民的生活品質與增進國民福祉。

③創造出多樣的內容相關產業，將之效率化與高度化來強化其國際競爭力，並致力於實現內容產業的永續發展。

第四條　與他法之關係

1. 本法對於振興內容產業，應優先於《文化產業振興基本法》適用之。

2. 內容製作者在受《著作權法》保護之狀況時，同法之下，應優先於本法適用之。

第五條　基本計畫

1. 政府為了創造內容產業的基礎建設並強化其競爭力，每三年必須設立內容產業振興相關的中、長期基本計畫（以下稱「基本計畫」）。

2. 基本計畫依據本法第七條的「內容產業振興委員會」的審議來確定。

3. 基本計畫必須包含以下各號所載之事項。

①為振興內容產業之政策基本方向。

②與內容產業的基礎建設有關之事項。

③與內容產業的各部門別振興政策有關之事項。

④與內容的標準化有關之事項。

⑤與創造內容產業公平競爭環境有關之事項。

⑥與保護使用者權益有關之事項。

⑦依據內容相關產業間之融合發展所做出的與內容政策有關之事項。

⑧與為了確保內容產業振興的財源以及分配有關之事項。

⑨與為了振興內容產業振興的制度改善有關之事項。

⑩與內容產業相關之中央行政機關的角色分擔有關之事項。

⑪上述之外，為了內容產業振興之必要事項。

4. 基本計畫的設立、推動等必要事項，以總統令頒訂之。

第六條　施行計畫

1. 與內容產業相關之中央行政機關之首長，為了個別所管轄之內容產業的振興，依據基本計畫的規定，每年必須設立施行計畫（以下稱「施行計畫」）。

2. 施行計畫依據本法第七條的「內容產業振興委員會」的審議來確定。

3. 文化體育觀光部長必須在「內容產業振興委員會」中，提出綜合內容產業相關之中央行政機關首長所設立之施行計畫。

4. 施行計畫的設立、推動等必要事項，以總統令頒訂之。

第七條　內容產業振興委員會

1. 政府為了審議與以下各號所規定和內容產業的振興相關之事項，將「內容產業振興委員會」（以下稱「委員會」）置於國務總理所屬之下。

　①與基本計畫和施行計畫的設立與推動有關之事項。

　②內容產業振興政策的總括與調整。

　③內容產業振興政策的開發與諮詢。

　④與內容產業地區別特性化有關之事項。

　⑤與調整內容產業有關之重複規定相關之事項。

　⑥上述之外，委員長為了振興內容產業而認定有其必要性之事項。

2. 委員會由包含一名委員長在內的二十名以下之委員組成。

3. 委員長由國務總理擔任，其餘委員組成依照以下各號之規定構成。

　①企劃財政部長、教育科學技術部長、國防部長、行政安全部長、文化體育觀光部長、知識經濟部長、保健福祉部長、僱用勞動部長、國土海洋部長、放送通信委員會委員長、公平交易委員會委員長。

　②與內容產業相關之專門知識與經驗豐富者中，由委員長所委託之人士。

4. 依據第三項第②號所選任之委員，任期三年，得連任一次。

5. 委員會設幹事委員一名，由文化體育觀光部長擔任。

6. 自第一項至第五項所規定事項之外，與委員會的構成和運作相關之必要事項，由總統令頒訂之。

第八條　財政的確保

1. 政府必須努力籌備為了發展內容產業所需之必要財源。

2. 政府依據《資訊通信產業振興法》第四十一條，得使用「資訊通信振興基金」來支援本法所規定之事業的推動。

第二章　內容製作的活化

第九條　內容製作的活化

1. 政府必須形塑有利於各領域與多樣型態內容的創作、流通與利用的環境，並制定出提升內容製作者的創意性與強化競爭力的施行政策。

2. 政府必須制定能讓內容製作者平順且穩定地調度內容製作時所必要之資金的施行政策。

3. 相關中央行政機關之長官，在依據總統令頒訂的同時，必須將依據第一項與第二項所制定的內容製作活化施行政策，反應於施行計畫之中。

第十條　知識財產權的保護

1. 政府依據社會與經濟環境的變化，應適切地回應內容利用方法的多樣性，並且必須研究探求保護內容之知識財產權的施行政策。（2011.05.19 修訂）

2. 政府為了支援使內容製作者能依本法來開發本法所保護之與內容有關之技術的保護措施，必須制定與之相關的施行政策。

3. 為了使內容產業者不侵害到他人的知識財產權，必須行使必要性的措施。（2011.05.19 修訂）（2011.05.19 標題修訂）

第十一條　公共資訊利用的活化

1. 國家、地方自治團體以及除此之外以總統令所規定之公共機關首長（以下稱

「公共機關首長」），在該公共機關所保有與管理的資訊中，依據《公共機關的資訊公開之相關法律》第九條的規定，在排除了非公開對象之外的已公開資訊（以下稱「公共資訊」）之情況下，內容產業者得將該資訊利用於內容的製作之中。

2. 公共機關首長為了促進公共資訊的利用，在依據總統令規定的同時，必須制定與公共資訊有關的利用條件與方法，並將其公開。

第十二條　融合內容的活化

政府為了促進隨著內容產業與其他產業間的融合，而推動之「內容技術的研究開發」與「多樣性內容的開發」，必須設立與施行必要之政策。

第三章　建立內容產業的基砥

第十三條　創業的活化

1. 政府為了促進內容產業領域的創業以及創業者的成長與開發，必須設立與施行創業支援計畫。

2. 政府依據第一項所定之創業支援計畫，可提供如投資等必要性之援助。

第十四條　專門人才的養成

1. 政府必須努力培養與內容產業之振興相關的專門人才。

2. 政府為了培養內容專門人才，可指定依據《高等教育法》第二條所規定之學校、依據《終身教育法》第三十三條第三項所成立之遠距大學的終身教育設施，或是依據《文化產業振興基本法》第三十一條所設立之「韓國文化內容振興院」等，做為專門人才之培養機關，施行教育與訓練，並提供其必要之預算支援。

3. 依據第二項與專門人才培養機關的指定有關之必要事項，以總統令頒訂之。

第十五條　技術開發的促進

1. 政府為了促進內容產業相關的技術開發，必須推動下列各號所記載之事業。

   ①技術水準調查與技術的研究開發。

   ②已開發技術之評鑑。

   ③技術協力、技術移轉等，已開發技術之實用化。

   ④技術資訊平順的流通。

   ⑤上述之外，為了技術開發所必要之事項。

2. 政府依據第一項的規定，為有效率地促進技術開發之推動，在必要時，可將第①號所載之事業，委託於研究機關或民間團體。

3. 依據第二項規定所委託業務之範圍、委託機關之選定方法及選定程序等必要性事項，以總統令頒訂之。

第十六條　標準化的推動

1. 文化體育觀光部長為了有效率地製作內容與提升內容的品質，確保內容間的兼容……等，得協同相關之中央行政機關首長，推進以下各號所記載之事業，並對相關從業者公告其所制定之標準並提供諮詢。

   ①與內容有關之標準的制定、修訂、廢止與普及。

   ②與內容有關之國內外標準的調查、研究與開發。

   ③上述之外，與內容之標準化相關的必要事項。

2. 文化體育觀光部長在隨著第一項各號之事業依總統令頒訂的同時，依據《文化產業振興基本法》第三十一條之規定，可將之委託於諸如「韓國文化內容振興院」或是與內容相關之機關或團體。

第十七條　國際合作與海外市場進出之支援

1. 政府為了內容產業的國際合作與促進其進出海外市場，可推動下列各號所載之事業。

   ①內容之海外行銷與宣傳活動支援。

   ②吸引與留住外國人之投資。

③參與國際性的授獎典禮、交誼會、展示會、試演會等，並在國內主辦同類型活動。

④構築與內容輸出有關之合作體制。

⑤對內容在海外當地化的支援。

⑥對內容之海外共同製作的支援。

⑦國內外技術合作與人才交流。

⑧與內容有關之國際標準化。

⑨上述之外，為了國際合作與進出海外市場之必要事業。

2. 文化體育觀光部長在依據總統令頒布第一項各號所載之各項事業的同時，依據《文化產業振興基本法》第三十一條之規定，可將之委託於諸如「韓國文化內容振興院」或是與內容相關之機關或團體。

第十八條　稅制支援等

1. 政府為了內容產業的振興，依據《租稅特例制限法》、《地方稅法》以及其他有關法令中的相關規定，可施行租稅減免等必要性措施。

2. 政府為了內容產業的發展，依據總統令的頒訂，可實行金融支援或是其他的必要性支援。

第十九條　對中小型內容產業者的特別支援

政府在制定內容產業振興的必要施行政策時，為確保中小型內容事業者之事業順利地進行，必須以行政的或是財政的方式，提供其特別支援。

第二十條　協會的設立

1. 內容事業者為了與內容相關之營業的健全發展，並謀取內容事業者的共同利益，在獲得文化體育觀光部長的認可之下，得以成立協會。

2. 依據第一項成立的協會，以法人方式行之。

3. 依據第一項設立的協會，必須努力致力於內容製造與流通秩序健全之維持。

第四章 內容流通的合理化

第二十一條 內容物交易事實認證事業的推動

1. 文化體育觀光部長為了確保在網路上流通的內容交易的透明性、公平性、效率性，並促進優秀內容之流通，得保管內容物交易事實的相關資料，並得施行確認與證明內容物交易事實之認證事業。

2. 文化體育觀光部長得依法人的形式，在依據總統令所頒訂之具有技術協力、財政能力、設施、裝備以及其他必要條件者中，指定內容物交易事實認證事業的執行機關（以下稱「認證機關」），而在指定認證機關之後，必須將其公告。

3. 認證機關在認證業務開始之前，必須依據下列各號所包含之內容，制定認證業務規定，並向文化體育觀光部長提出申告。

   ①認證業務的種類。

   ②認證業務的施行方法與程序。

   ③認證業務的利用條件與利用規費。

   ④上述之外，與認證業務之執行有關，必須由文化體育觀光部令訂定之必要事項。

4. 認證機關若有下述各號中任一事例時，文化體育觀光部長可命令取消或停止該機關之業務（期間為六個月以內）。但若有第①號之事實者，必須取消其認證機關之指定：

   ①以謊言或是其他不正當之方式，取得認證機關之指定時。

   ②無正當事由，連續一年以上未從事認證業務時。

   ③變成不合乎第二項之指定要件時 。

   ④違反第三項之認證業務規定來處理認證業務時。

5. 文化體育觀光部長為了推動內容的交易事實認證事業，在必要之狀況下，得在內容事業者或是認證機關的預算範圍之內，提供行政上或財政上的支援。

6. 認證機關施行內容物交易事實認證事業時，不得將內容事業者的交易資訊與使用者的個人資訊，提供、洩漏，或是將之利用於認證目的以外之用途。

7. 自第一項至第六項規定事項之外，其餘推動內容物交易事實認證事業之必要事項，得以總統令頒訂之。

第二十二條　內容提供服務的品質認證

1. 文化體育觀光部長為了促進內容的流通，依據以總統令所制定的營運基準，得以進行對為了使內容事業者與使用者方便內容物購買與使用其服務（以下稱「內容提供服務」）之品質認證事業。

2. 文化體育觀光部長為了使第一項所提出之事業更有效率的施行，得指定提供內容提供服務品質認證之機關（以下稱「內容提供服務品質認證機關」）。與內容提供服務品質認證機關的指定基準以及其指定程序有關之必要事項，以總統令頒訂之。

3. 認證機關若有以下各號中任一事例時，文化體育觀光部長可命令取消或停止該機關業務（期間為六個月以內）。但若有第①號之事實者，必須取消其認證機關之指定：

　①以謊言或是其他不正當之方式，取得內容提供服務品質認證機關之指定時。

　②無正當事由，連續一年以上未從事內容提供服務品質認證業務時。

　③違反第一項內容提供服務品質認證事業的營運基準來處理內容提供服務品質認證業務時。

　④變成不合於第二項之指定基準時。

4. 文化體育觀光部長在內容提供服務品質認證機關的預算範圍內，得提供事業推動時必要之行政上或財政上的支援。

5. 自第一項至第四項規定事項之外，品質認證的對象、品質認證的基準以及品質認證事業的營運基準等，與推動內容提供服務品質認證事業有關之必要事項，以總統令頒訂之。

第二十三條　內容識別系統

1. 政府為了明辨內容之權利關係以及其流通與利用的先進化等，必須設立和施行與內容識別系統（以下稱「識別系統」）有關之施行政策。

2. 文化體育觀光部長為了識別系統的確立與普及，必須推動下列各號之事業。

　①識別系統的研究開發。

　②識別系統的標準化。

　③識別系統的利用、普及與推廣。

　④識別系統登錄、認證、評鑑與管理。

　⑤為識別系統國際標準化之合作。

　⑥上述之外，為了活用識別系統所必要之事業。

3. 文化體育觀光部長在依據總統令頒訂與識別系統之確立與普及之相關事業時，依據《文化產業振興基本法》第三十一條之規定，可將之委託於「韓國文化內容振興院」，或是與內容相關之機關或團體。

第二十四條　建造公平的流通環境等

1. 依據《電氣通信事業法》第五條第二項，依總統令訂定，從事機關通信事業的從業者之中（以下稱「資訊通信網從業者」），在無合理之理由下，不得拒絕對內容事業者提供資訊通信網等中介設施，或是利用其地位取得不正當之利益。

2. 內容商品的製作、販賣與流通等從事者，不得在無合理的理由之下，要求與內容有關的知識財產權的一般性讓渡等，利用其地位所進行之不公平的契約，或是取得不正當之利益。（2011.05.19 修訂）

3. 文化體育觀光部長若認定內容商品的製作、販賣、流通等從事者，違反第一項或是第二項行為時，可向相關機關首長請求行使必要之措施。

4. 文化體育觀光部長為了建造內容產業公平的流通環境，得從事下列各號中所載之事業。

①內容產業流通環境的現況分析與評鑑。

②內容產業相關從業者所參與的協議體之構成與營運。

③上述之外，為了形塑公平的流通環境之必要事業。

第二十五條　標準契約書

1. 文化體育觀光部長為了內容之合理的流通與公平的交易，得會同公平交易委員
   會與放送通信委員會之協議，製作出標準契約書，並勸導內容事業者使用該標
   準契約書。

2. 文化體育觀光部長依據第一項以總統令頒訂標準契約書相關業務的同時，可依據
   《文化產業振興基本法》第三十一條之規定，將相關業務委託於「韓國文化內容
   振興院」，或是與內容有關之機關或團體，或依據本法第二十條，委託於成立之
   協會。

第五章　使用者的權益保護

第二十六條　使用者保護施行政策等

1. 文化體育觀光部長為了保護內容的流通以及交易相關使用者之基本權益，必須
   推動下列各號所定之事業。

   ①對使用者提供內容資訊與教育。

   ②依據第二十八條，進行與使用者保護方針之遵循有關的現況調查。

   ③以內容事業者為對象，進行使用者保護之相關教育。

   ④以使用者保護為目的，進行對機關或是團體之支援。

   ⑤使用者受害預防以及救濟措施之準備與施行。

   ⑥上述之外，與使用者的權益保護相關之必要施行政策的設立與施行。

2. 文化體育觀光部長對那些因為經濟的、地域的、身體的或是社會的……等條件
   所引起，而在自由地接近內容或是利用內容上有所困難者，必須設立與施行必

要之政策，使之得以便利地利用內容。

3. 文化體育觀光部長依據總統令頒訂第一項與第二項業務的同時，依據《文化產業振興基本法》第三十一條之規定，可將之委託於「韓國文化內容振興院」，或是與內容有關之機關或團體。

第二十七條　要約撤回等

1. 內容製作者依據《電子商務交易中關於消費者保護的法律》第十七條第二項（同項中各號之外的部分但書除外），在要約無法撤回以及不可能解除契約之內容的狀況下，該不能解約之事實，必須以在內容或是其包裝上標示、改以提供試用商品、提供時限性的使用，或是以僅可利用其中一部分等，不違反要約撤回以及契約解除權力之行使的方式來處置。

2. 依據第一項要約撤回與契約的解除，准用《電子商務交易中關於消費者保護的法律》第十七條、第十八條、第三十一條、第三十二條、第四十條、第四十一條以及第四十四條的規定。在此狀況下，「通信販賣業者」視為「內容事業者」，「財貨等」視為「內容」，「消費者」視為「使用者」，「公平交易委員會」視為「文化體育觀光部長」。

第二十八條　使用者保護方針的制定等

1. 文化體育觀光部長為了內容之健全交易、流通秩序之確立以及使用者之保護，在聽取相關領域之從業者、機關以及團體的意見之後，得制定內容事業者可以自律遵循之方針（以下稱「使用者保護方針」）。

2. 內容事業者交易內容之時，為了保護使用者，依循總統令之頒訂，必須制定包括超收金額之返還、內容利用契約之解除、解除之權力、因內容缺陷等情事導致使用者受害部分之補償等相關內容之使用約定條款，並將其告知消費者。

3. 內容事業者所使用之約定條款，若比使用者保護方針的內容對使用者更不利之情形，必須將與使用者保護方針有所不同之約款內容，以使用者能輕易瞭解的方式標示出，或是予以告知。

4. 文化體育觀光部長得向內容事業者勸導其使用與內容交易有關所制定之約定條款的樣式。

5. 對於內容事業者違反第二項或是第三項規定時的糾正建議、糾正措施以及罰則，准用《電子商務交易中關於消費者保護的法律》第三十一條、第三十二條、第四十條、第四十一條以及第四十四條的規定。在此情況下，「公平交易委員會」視為「文化體育觀光部長」。

第六章 紛爭調停

第二十九條 紛爭調停委員會的設置

1. 為了調停內容事業者間、內容事業者與使用者間、使用者與使用者間，與內容物交易或是利用有關之紛爭，設置內容紛爭調停委員會（以下稱「調停委員會」）。但與著作權相關之紛爭依據《著作權法》；與放送通信相關之紛爭中，依據《放送法》第三十五條之三成為紛爭調停的對象；或是依據《電氣通信事業法》第四十五條，成為財政的對象的紛爭等情況下，各依該當法律規定行之。

2. 調停委員會包含委員長一名，由十名以上、三十名以下之委員組成。

3. 調停委員會的委員，在符合下列各號中任一條件者之中，由文化體育觀光部長委任之。

　①依據《高等教育法》第二條，曾任或現任學校之法學或是與內容有關領域學科之助理教授以上者。

　②法官、檢察官，或是擁有律師資格者。

　③擁有內容與內容事業之學識與經驗豐富者。

　④使用者保護機關或團體所屬者。

　⑤四級以上公務員（包含屬於高級公務員中之一般職公務員）或是現任或曾任

與其相當地位之公共機關職者中，對內容育成業務或是消費者保護業務有經驗之人士。

4. 調停委員會的委員長由調停委員會委員互選之。

5. 委員為非常任職，非公務員之委員任期為三年，得連任一次。

6. 為了支援調停委員會的業務，依據《文化產業振興基本法》第三十一條之規定，在「韓國文化內容振興院」內設事務處。

7. 調停委員會可依照內容之種類，設置分科委員會。

8. 調停委員會的組織與營運等必要之事項，以文化體育觀光部令頒訂之。

第三十條 紛爭的調停

1. 想接受與內容事業或與內容利用有關之被害救濟與紛爭調停者，可向調停委員會申請紛爭之調停。但已依據其他法令完成申請紛爭調停者除外。

2. 調停委員會依據第一項之規定，必須自接收申請日起六十日內，成立調停案，並向紛爭當事者提出規勸。但若有不得已之情事而須延長期限時，必須將其事由與期限明示，並向紛爭當事者通報。

3. 與內容有關之紛爭的調停方法、調停程序、調停業務的處理等必要事項，由調停委員會訂定之。

第三十一條 委員的排除、忌避與迴避

1. 調停委員會的委員，若有符合下列各號任一情事時，必須自該調停案中排除。

   ①委員、委員的配偶或是曾為委員配偶者所申請之事項。

   ②委員、委員的配偶或是曾為委員配偶者和與其有共同權利或是共同義務關係者所申請之事項。

   ③委員的親屬或是曾為委員親屬者所申請之事項。

2. 當事者若認為委員之調查有不公正的憂慮時，若有足以認定之相當的理由，得以書面形式將該事實詳盡說明並申請迴避。

3. 若有第二項迴避申請之狀況時，以調停委員會的議決來決定是否必須迴避。在

此狀況之下，成為迴避申請對象之委員不得參與該議決。

4. 委員若有第一項所述各號之任一情事，或是依據第二項有可供迴避申請之事由時，得自行迴避該事項之調停。

第三十二條　資料請求等

1. 調停委員會可向在紛爭調停時能提供必要資料的紛爭當事者、內容事業者或參考人（以下稱「紛爭當事者等」），提出資料提供之請求。在此狀況下，若無正當之事由，紛爭當事者等必須同意該資料提供之請求。

2. 調停委員會在認定有所必要之情況下，可要求紛爭當事者等出席調停委員會，並聽取其意見。

第三十三條　調停的效力

1. 調停委員會做出調停案時，應向各當事者提出，並不得有所推遲。

2. 依據第一項而收到調停案告知之當事者，必須在收到該調停結果起五日內，向調停委員會通報是否接受該調停結果。

3. 當事者依據第二項而同意調停案時，調停委員會必須將當事者間所協議之事項加以記載並作成調查書。

4. 依據第三項當事者同意調停結果，而調停委員會並將完成之調停書通報給當事者時，該紛爭之調停內容具有法律判決上之和解與同意之效力。

第三十四條　調停的拒絕與終止

1. 調停委員會若認定紛爭本身在其性質上交由調停委員會調停並不適合，或是認定其依照總統令之頒訂，而有以不正當之目的申請調停之事由時，得以拒絕進行該項調停。在此狀況下，必須將調停拒絕之事由向申請人通報。

2. 調停委員會若在已申請調停之事件的處理程序進行之中，任一方當事者提起訴訟時，必須終止該項調停，並將此事實向雙方當事者通報。

第三十五條　調停費用等

1. 調停委員會依據總統令的頒訂，可向紛爭調停申請者要求分擔調停時所需之費

用。

2. 文化體育觀光部長可在預算範圍之內，補助調停委員會運行時之必要經費。

第三十六條 祕密維持

從事調停委員會的紛爭調停業務者，或是曾從事該業務者，不得將其因職務之便所得悉之祕密，向他人洩漏或是將其使用於非其職務上目的之其他目的。但若在他法上有特別之規定時，則不在其限。

第七章 附則

第三十七條 禁止行為等

1. 任何人在沒有正當的權限之下，不得將內容製造者依據總統令所頒訂之方法，依相當之努力所製造之內容或其包裝上所記載之年月日、製造者名，以及接受本法保護之事實所標示的內容的全部或是相當的部分，加以複製、傳佈、廣播或是傳送，而侵害與內容製造者的營業有關之利益。但該內容自最初製作日起經過五年以上時，則不在此限。

2. 任何人在沒有正當的權限之下，不得從事以將內容製造者或是得到內容製造者承認者，為了有效地防止第一項中所指之侵害行為，而對其內容所適用的技術的保護措施，加以迴避、解除或是變更（以下稱「無力化」）為目的之事。亦不得提供、輸入、製造、讓渡、借與或傳送以此為目的而行之技術、服務、裝置或是該行使行為之主要部分物品，亦或是進行為了讓渡或借與上述物品之展示行為。但若是在為了技術的保護措施之研究與開發所進行的使技術的保護措施無力化之裝置或是部分物品之製造的情況之下，則不在此限。

3. 內容製造者以謊言來標示第一項所指稱之標示事項，或是有任意將其變更並將之複製、傳佈、廣播或是傳送的狀況時，則視為自始就無該項標示。

第三十八條 損害賠償請求等

1. 違反第三十七條第一項與第二項之行為，因而引發侵害與自身營業有關之利益或是有受侵害顧慮者，可終止或是預防該違反行為，或依照該違反行為而提出損害賠償之請求。但對於違反第三十七條第一項之行為，內容製作者在內容物上並未標示出對類似行為的抗議表示事項時，將無法提出上述之防止與損害賠償之要求。

2. 法院在認定損害發生或是計算損害金額的相關狀況下，在考慮言詞答辯的內容與證據調查結果之後，得認定出相當的損害金額。

第三十九條　罰則適用時的公務員議題

調停委員會的委員依據本法第二十九條第六項之規定，在事務處之任職員工或依本法而接受委託從事相關事務之機關的任職員工，依照《刑法》第一二九條到第一三二條之規定，在適用罰則時視同為公務員。

第八章　罰則

第四十條　罰則

1. 對符合下列各號規定者，處以一年以下之有期徒刑或易科兩千萬韓元以下之罰金：
   ①違反第三十七條第一項，侵害與內容製造者營業之有關利益者。
   ②違反第三十七條第二項，在沒有正當的權限之下，行使以消除技術保護裝置為目的之技術、服務、裝置，或是提供其主要部分物品的輸入、製造、讓渡、借與或是傳送，或是以消除技術保護裝置為目的之讓渡或借與的展示行為者。

2. 第一項所言之罪行採告訴乃論制。

第四十一條　罰則

違反第三十六條向他人洩漏職務上所得悉之祕密，或是依照職務目的之外的其他

目的而使用該祕密者，得處以一年以下之有期徒刑或易科一千萬韓元以下之罰金。

第四十二條　兩罰規定

法人的代表者或是個人的代理人、使用人，以及除此之外的從業者與該法人或是因個人業務相關而有違反第四十條之行為時，除了處罰該行為者之外，亦當對該法人或是個人依該條規定科以罰金。但若法人或是個人為了防止該違反行為已做出對該當業務相當之注意，且未疏於監督之時，將可不科罰金。

附錄三　電影與影音產品振興相關法

（2006.10.29 制訂施行）

第一章　總則

第一條　目的

為提高我國電影及影音產品的質量，振興影像產業，提高國民的文化生活水平並促進我國民族文化發展，制定本法。

第二條　定義

本法中使用的術語定義如下。（2008.02.29, 2008.06.05, 2009.05.08 修訂）

1. 「電影」是指把連續的影像資料儲存在膠卷或光碟等數據媒材中的著作物，通過相關設備或在電影院放映，並且以供觀眾欣賞為主要目的。

2. 「電影產業」是指與電影的製作、應用、流通、普及、出口、進口等環節相關的產業。

3. 「韓國電影」是指由韓國國內主要製作單位的有關人員（包括法人）所製作的電影，以及本法第二十七條規定的認定為韓國電影。

4. 「共同製作電影」是指韓國電影製作業者與外國電影製作業者合作共同製作的電影，並根據韓國文化體育觀光部的有關規定由多方共同出資、製作的電影。

5. 「動畫電影（animation）」是指對現實世界或想像世界進行加工，投入人員和技術力量以獲得類似於現實世界的動態感覺的電影。

6. 「小型電影」是指用16mm以下的電影底片攝製以及通過數據媒材製作的電影類型，根據文化體育觀光部的有關法令所定義。

7. 「短篇電影」是指片長低於40分鐘的電影。

8. 「放映」是指向公眾播放電影的行為。

9. 「電影業者」是指以營利為目的者，包括以下幾類。

　　①電影製作業：從事電影製作工作的相關者。

　　②電影進口業：從事進口工作的相關者。

　　③電影配給業：從事電影配給工作的相關者。

④電影放映業：從事電影放映工作的相關者。

10. 「電影院」是指以營利為目的的電影放映場所或相關設施。但全年電影放映天數在總統令限定的天數之內的場所或相關設施（以下稱為「非常設電影院」）不包含在此範圍之內。

11. 「限制級電影院」是指根據本法第二十九條第二項第⑤號規定，可以播放限制級電影的場館。

12. 「影音產品」是指把連續的影像儲存在錄影帶或者光碟等數據媒材及類似設備中，並通過機械、電子、或者通訊設備進行播放，使其可以被收看收聽的著作物。但下面各項不包括在內。

　①《遊戲產業振興相關法》第二條第一項中規定的遊戲產品。

　②依據電腦程序產生的內容（僅限於電影未被收錄的情形）。

13. 「影音產品產業」是指影音產品的製作、使用、流通、供給、出口、進口等相關產業。

14. 「影音產品製作業」是指與影音產品製作或複製相關的行業。

15. 「影音產品配給業」是指引進影音產品（包括原版引進）獲通過對其著作權的持有和管理從而出售或出租影音產品的行業。

16. 「影音產品視聽供給業」包括符合下列各號任一情況的經營行業。

　①影音產品放映業：已經具備劃分好的視聽體驗室以及影音產品視聽器材，並對公眾提供影音產品視聽服務的經營行業（也包括觀眾自行操作視聽設備的情況）。

　②影音產品放映小劇場業：具備放映機、大部分座位和影音產品視聽器材，專門向公眾提供影音產品放映觀賞的經營行業。

　③限制級影音產品放映小劇場業：在供公眾休息、住宿等場所和設施中配備視聽設備，向公眾放映影音產品的經營行業。

17. 「影音產品經營者」的概念請參考第十四到十六項對於各類經營者的相關規

定。

18. 「青少年」是指未滿18歲的公民（《初、中等教育法》第二條規定的高中在讀學生也包括在內）。

19. 「數位電影」是指把影像著作物以數位檔案的方式進行加工和處理，並通過光碟等數位媒材或者通過《資訊通信網利用促進和情報保護法》第二條第一項第①號所定義的資訊通信網路（以下簡稱資訊通信網），並利用數位放映機及電子通信器材向公眾放映或提供的電影類型。

20. 「內容訊息」是指與電影及影音產品內容所涉及的主題、台詞和色情、暴力、恐怖、藥物、模仿危險的程度相關的訊息。

第二章　電影

第一節　電影振興基本計畫的制定及實施

第三條　電影振興基本計畫及實施計畫

1. 為了繁榮影視文化和振興影視產業，文化體育觀光部長應當聽取第四條規定的電影振興委員會及第三十四條規定的韓國影像資料院的意見，建立和實施電影振興基本計畫及實施計畫。（2008.02.29 修訂）

2. 第一項規定的電影振興基本計畫中應該包含下列各號事項。
（2008.06.05 修訂）
①韓國電影振興的基本方向。
②致力於振興電影製作而進行的調查、研究、製作基礎擴充和技術開發。
③致力於振興電影配給和放映而進行的調查、研究和開發。
④韓國電影的出口和海外市場的開拓。
⑤電影資料的收集和保存。

⑥電影人才的培養。

⑦為了擴充振興電影的所需財政基礎，而實施的資金的確保及有效的使用方案。

⑧電影的國際交流及合作。

⑨數位電影振興的基本方向、數位電影的產業基礎建設、資金的確保及有效的使用方案。

⑩影視技術開發標準、數位電影品質認證及電影院等的設施標準。

⑪其他振興電影藝術的相關事項。

3. 為了發展數位電影，文化體育觀光部長應制定與第二項第⑩號有關的技術標準、品質保證、設施標準等相關事項，並告知電影業者。但在制定技術標準時，應當與知識經濟部長進行協商。（2008.06.05 新增）

第二節　電影振興委員會

第四條　設置

為了提高電影的質量和振興韓國電影及電影產業，在文化體育觀光部下設置電影振興委員會（以下簡稱「委員會」）。（2008.02.29 修訂）

第五條　法人資格

委員會本身作為法人。

第六條　章程

委員會的章程中包含下列所需條件。

①目的。

②名稱。

③主要事務所（單位）的所需條件。

④委員的所需條件（將委員會的委員視為理事）。

　　⑤資產及財務帳目的相關事項。

　　⑥事務處的組織及經營的所需條件。

　　⑦章程變更的所需條件。

第七條　註冊

1. 委員會在主要辦事處的所在地，通過進行註冊來設立。

2. 委員會的註冊內容的所需條件，依據總統令的規定而定。

第八條　委員會的構成

1. 委員會由包括委員長一名和副委員長一名在內的九位委員組成。

2. 文化體育觀光部長在任命委員會的委員時，應從在電影藝術及電影產業等相關
領域的專業成就和經驗豐富者中選出，同時應考慮性別和年齡等因素的平衡。
（2008.02.29 修訂）

3. 由電影振興委員會的委員互相投票選出電影振興委員會的委員長和副委員長。

4. 電影振興委員會委員的遴選標準等組建、經營的相關事項，依據總統令的規定
而定。

第九條　委員長的職責

1. 電影振興委員會委員長代表電影振興委員會，並總管其業務。

2. 電影振興委員會委員長因為迫不得已的原因無法履行其職責時，可以由副委員
長代行委員長的職責。當委員長和副委員長雙方都無法履行職責時，可以按照
委員們的年齡順序，讓年長者來代行職責。

3. 除去委員長，電影振興委員會的其他委員均為非常任委員。

第十條　委員的任期

1. 包括委員長和副委員長在內的電影振興委員會的所有委員的任期均為三年。

2. 當委員人數出現缺額時，自出現缺額之日的三十日以內，文化體育觀光部長應
任命補缺委員，補缺委員的任期為前任委員的剩餘任期。（2008.02.29 修訂）

3. 包括委員長和副委員長在內的電影振興委員會的委員根據第一項的規定，在任

期結束仍未選拔任命繼任者的情況時，應繼續履行職責至繼任者上任之日。

第十一條 委員的待遇及禁止兼職

1. 委員會的委員應在預算的範圍之內，依據電影振興委員會的規定，對常任委員支付報酬。非常任委員為名譽職位，依據電影振興委員會的規定，應向非常任委員支付職務履行經費等實際花費費用。

2. 電影振興委員會的常任委員除了電影振興委員會規定的情況以外，不能兼任其他的以營利為目的的職務。

第十二條 不具備資格的委員事由

符合下列任一情況者不得成為委員。

1. 公務員（除去《教育公務員法》規定的教育公務員及法官）。

2. 《政黨法》規定的黨員。

3. 符合《國家公務員法》第三十三條第一項各號任意情況者。

4. 第二十六條規定的已申報的電影業者。

5. 第五十七條或第五十八條規定的已申報或註冊的影音產品業者。

第十三條 委員職務上的獨立和身分保障

1. 電影振興委員會的委員在任期之內，不受任何職務上的指示或干涉。

2. 除去下列各號情況，不得違背電影振興委員會的委員的意志將其免職。

①符合第十二條各號規定的不具備資格的事由。

②由於生理或心理上的障礙，長時間無法履行職務的情況。

第十四條 委員會的職責

1. 委員會應審議和表決通過下列各號的事項。

（2007.01.26, 2008.06.05, 2009.05.08 修訂）

①對制定和變更電影振興基本計畫等，提出相關意見。

②制定和實施電影振興委員的經營計畫。

③電影振興委員會的章程及規定的制定、修訂及廢止。

④影像製作相關設施的管理和經營。

⑤第二十三條規定的電影發展基金的管理和使用。

⑥致力於韓國電影振興及電影產業扶持等的調查、研究、教育和進修。

⑦對電影流通配給的扶持。

　　⑦之②。與數位電影相關的影像技術的開發和標準的制定、普及，和品質認

　　證及電影放映場所等設施標準的相關事項。

⑨韓國電影的海外市場開拓和國際交流。

⑩藝術電影、動畫電影、小型電影及短篇電影的振興。

⑪電影觀眾的不滿及投訴管理。

⑫刪除。（2009.05.08）

⑬第二十七條規定的共同製作電影為韓國電影的認定。

⑭第三十九條規定的電影院入場券、聯合電子網的經營。

⑮第四十條規定的韓國電影義務放映制度的經營及改善。

⑯影音產業振興措施的推動。

⑰此外，電影振興委員會認為有必要的事項。

2. 電影振興委員會在根據第一項第⑤號的規定審議與電影發展基金的管理和使用
   有關的重要事項時，將被視為《國家財政法》第七十四條第一項規定的基金使
   用審議會。（2007.01.26 新增）

第十五條　決議的最少人數限制

　　電影振興委員會在討論決議時應保證超過一半的在職委員出席會議，且出席委員
超過半數都贊成方可通過決議。但是，對於第十四條第一項第③號規定的事項，
要求在職委員超過一半同意方可通過。（2007.01.26 修訂）

第十六條　會議公開

1. 根據電影振興委員會的規定，應將電影振興委員的會議對外公開。但是，電影
   振興委員會為了公正地落實業務工作，特別認為有必要對表決會議實行非公開

的情況下，可以不予以公開。

2. 根據電影振興委員會的規定，電影振興委員會應書寫會議紀錄。

第十七條 小委員會（即從委員中選出幾人並使其擔負特定職責的委員會）

1. 電影振興委員會為了履行第十四條規定的職責，可以組建和經營小委員會，其組建和經營的相關事項依據電影振興委員會的規定而定。

2. 電影振興委員會為了履行第十四條第一項第⑥號規定的職責，可以設立和經營研究機構，其設立和經營的相關事項，依據電影振興委員會的規定而定。

第十八條 預算編制

1. 委員會根據總統令的規定，每年度應就預算編制的基本方向及其規模等得到文化體育觀光部長的批准。（2008.02.29 修訂）

2. 文化體育觀光部長可以要求委員會提交委員會的工作計畫及預算、決算相關所需資料。（2008.02.29 修訂）

第十九條 監察、審計

1. 為了監督和審計委員會的工作及財務帳目的相關事項，可在委員會內設置審計人員一名。

2. 審計人員根據委員長的提請，由文化體育觀觀光部長任命為非常任委員。

3. 審計人員的任期為三年。

第二十條 事務處

1. 為了輔助電影振興委員會的事務，在電影振興委員會中設立事務處。

2. 在事務處中設立一名事務處處長，電影振興委員會委員長應得到電影振興委員會的同意之後方可任命事務處處長。

第二十一條 委員會規章的制定和修訂

電影振興委員會在制定、修訂或廢止電影振興委員會的規章時，應至少提前二十日在網路等媒體上進行公告。在完成制定、修訂或廢止規章時，應立即將結果公佈在網路等媒體上。

第二十二條　國庫援助

可以從國庫中撥款來援助電影振興委員會經營所需的經費。

第三節　電影發展基金（2007.01.26 修訂）

第二十三條　基金的設立

1. 為電影藝術的質的提高和韓國電影及電影產業的振興，特設立電影振興基金（以下稱為「基金」）。

2. 基金由第四條規定的電影振興委員會來管理和使用，並應作為獨立的財務帳目單獨進行結算和管理。

3. 基金的管理和使用的相關事項，依據總統令的規定而定。

（2007.01.26 專門修訂）

第二十四條　基金的組成

基金由下列各號的資金來源構成。

①政府的片酬。

②從個人或法人手中得到的捐獻款物。

③第二十五條之二規定的電影院入場券的相關稅款。

④通過基金經營而獲得的收益。

⑤其他的總統令所規定的收入。

（2007.01.26 專門修訂）

第二十五條　基金的用途（2007.01.26 修訂）

1. 基金可以用於下列各號規定的任一事業中。（2007.01.26, 2008.06.05 修訂）

①韓國電影的創作、製作、振興的相關支援。

②影像、專業投資組合出資。

③對韓國電影的出口及國際交流的支援。

④對小型電影和短篇電影製作的支援。

⑤對電影院設施的維修、維持及改善的扶持。

⑥對電影振興委員會認定的電影相關團體及市民團體的電影相關事業的支援。

⑦對韓國藝術電影的發展和相關產業的支援。

⑧對影像文化的多樣性、公共性的增進和相關產業的支援。

⑨對影像技術的開發和相關事業的支援。

⑩對影音產業的振興和相關產業的支援。

⑪對殘疾人士等弱勢階層的電影欣賞權之支援。

⑫基金的構成、使用及管理的所需經費。

⑬此外，對於致力於振興電影產業及影音產業的產業，電影振興委員會認為有必要扶持的情況。

2. 用於第一項第⑫號規定的事業的可執行的基金金額，不能超過年度基金執行金額的15%。（2007.01.26 修訂）

第二十五條之二　稅款的徵收

1. 為了發展韓國電影及振興電影、影音產品產業，電影振興委員會可以徵收不超過電影院（包括非常設電影放映場，以下條款的術語與此相同）入場券總額的15%的稅款，該稅款是依據總統令規定設立的稅款。

2. 電影院經營者從觀眾那裡收取第一項規定的稅款，並將其繳付給電影振興委員會。

3. 電影院經營者根據第二項的規定收取的稅款上交給電影振興委員會時，應提交稅款收取簿副本等與稅款收取等相關的資料。

4. 稅款的徵收辦法、繳付時間及與稅款收取相關的資料提交等相關事項，依據總統令的規定而定。（2007.01.26 新增）

第二十五條之三　成果的評估

1. 文化體育觀光部長對第二十五條第一項各項基金使用成果進行測定和評估，其

結果應在下一年度三月末之前向電影振興委員會通報。

2. 文化體育觀光部長為了測定和評估第一項規定的成果，應與電影振興委員會進行協商，並設定成果目標及評估標準。（2008.02.29 修訂）

3. 文化體育觀光部長在認定第一項規定的成果評估結果有需要更正的事項時，可向電影振興委員會提出更正要求。（2008.02.29 修訂）

4. 成果的評估方式及程序等相關事項，根據總統令的規定而定。

（2007.01.26 新增）

第四節　電影行業從業者的申報

第二十六條　電影行業從業者的申報

1. 從事電影行業者應向特別自治道知事、市長、郡守（郡的最高行政長官）、區廳長（指自治區的區廳長，以下稱為「市長、郡守、區廳長」）進行申報。在對已經申報的事項有變更的情況下，也應向上述相關人士進行申報變更。

2. 第一項規定的申報、變更申報的程序、申報證明的發放及再發放等相關事項，依據文化體育觀光部令而定。（2008.02.29 修訂）

第二十七條　共同製作電影為韓國電影的認定

1. 參與該電影的製作、使用的人力、物力要素或該電影的藝術性、技術特點符合韓國電影認定標準時，該共同製作電影可以獲得視為韓國電影的認定。

2. 得到第一項規定的韓國電影認定者應向電影振興委員會提出認定申請。

3. 第一項及第二項規定的認定程序、方法及韓國電影認定標準等相關事項，依據總統令的規定而定。

4. 獲得電影振興委員會對認定的共同製作電影製作完畢後，若不符合第一項規定的韓國電影認定標準，電影振興委員會可以取消對該共同製作電影為韓國電影的認定。

第二十八條　電影的供給和流通

1. 電影業者向其他電影業者供給電影時，應以公正合理的市場價格無差別地供給。

2. 當某一電影的流通秩序被判定違反《壟斷限制及公平交易的相關法律》第三條之二第一項、第十九條第一項、第二十三條第一項、第二十六條第一項或第二十九條第一項的規定時，文化體育觀光部長應將該事實通報給公平交易委員會。（2008.02.29 修訂）

第五節 放映等級分類及廣告、宣傳限制

第二十九條　放映等級分類

1. 電影業者對製作或進口的電影（包括預告片和廣告電影），在上映之前應從第七十一條規定的影音產品等級委員會處，得到放映等級分類。但對符合下列各號任意情況的電影不受此條款約束。（2008.02.29 修訂）

   ①無償在特定的場所對不包括青少年在內的特定人群播放的小型電影或短篇電影。

   ②在電影振興委員會推薦的電影節上放映的電影。

   ③以國際間的文化交流為目的而放映的電影等，且文化體育觀光部長認定沒有必要進行等級分類的電影。

2. 對於第一項規定的電影放映等級，依據電影的內容及影像等的表現程度，按下列各號進行分類。但電影上映之前所放映的廣告電影，在符合第①號的情況下，得接受放映等級的分類；預告片則依第①號或第④號區分上映等級，若禁止青少年觀看的預告片，只能在禁止青少年觀看的電影放映前放映。

   （2009.05.08 修訂）

   ①可全體觀看：任何年齡段的人群都可以觀看的電影。

②12歲以上可觀看：12歲以上的人群可以觀看的電影。

③15歲以上可觀看： 15歲以上的人群可以觀看的電影。

④禁止青少年觀看：禁止青少年觀看的電影。

⑤限制級放映：過度表現色情、暴力、社會行為，對人類普遍的尊嚴、社會價值、善良風俗或國民情緒有顯著危害的顧慮時，在放映及廣告宣傳上需要一定限制的電影。

3. 任何人不得違反第一項及第二項的規定，對尚未得到放映等級分類的電影進行放映。

4. 對於第二項第②號或第③號規定的放映等級的電影，任何人不能讓未達到觀看電影年齡者入場觀看。但有父母等監護人陪同觀看的情況下可以不受此條款約束。

5. 對於第二項第④號或第⑤號規定的放映等級的電影，任何人不得讓青少年入場觀看。

6. 任何人不得對第一項規定的已得放映等級分類進行偽造，或變更已得放映等級分類電影的內容並將該電影進行播放。

7. 對於第二項各號的放映等級的相關具體分類標準，應考慮下列各號的事項，依據總統令的規定而行。（2009.05.08 新增）

①《大韓民國憲法》的民主基本秩序的維持和人權尊重的相關事項。

②健全的家庭生活和保護兒童、青少年的相關事項。

③社會倫理尊重的相關事項。

④國家認同及外交關係維持的相關事項。

⑤主題及內容的暴力、色情、反社會行為的相關事項。

⑥人類的普遍尊嚴和社會價值、善良的風俗及國民情緒的相關事項。

8. 影音產品等級委員會對第一項規定的放映等級進行分類時，應審議內容訊息提供的相關事項。（2009.05.08 新增）

9. 影音產品等級委員會對電影的放映等級進行分類的時候，應向申請人遞交下列各號文件。（2009.05.08 新增）

①記錄電影的放映等級和內容訊息的等級分類證明。

②記錄等級分類規定的義務事項的文件。

10. 第一項、第八項及第九項規定的放映等級分類程序、方法，提供內容訊息的程序、方法及等級分類證明的交付程序等相關事項，根據影音產品等級委員會的規定而定。（2009.05.08 新增）

第三十條 刪除 （2009.05.08）

第三十一條 放映等級的再分類

1. 根據第二十九條的規定，對得到放映等級分類存有異議的電影業者，自得到放映等級分類之日起，三十日內應標明具體的原因，並向影音產品等級委員會提出異議，可重新獲得等級分類。

2. 影音產品等級委員會在得到第一項規定的異議申請時，要審查該申請，認為其申請理由合理的情況下，在申請書提交十五日內重新進行等級分類，並將結果通報給申請人或代理人。認為其申請理由不合理的情況時，也要將理由不合理的情況通報給申請人或代理人。

3. 第一項及第二項規定的再分類申請的程序及告知等相關事項，依據影音產品等級委員會的規定而定。

第三十二條 廣告、宣傳物的分發、張貼等的限制

1. 分發、張貼與電影相關的廣告或宣傳物，或通過資訊通信網將其提供給公眾觀看者，應提前從影音產品等級委員會處獲得對青少年身心健康是否有害的確認。但是，限制級放映影片的廣告和宣傳物等不受此條款約束。
   （2008.06.05, 2009.05.08 修訂）

2. 根據第一項的規定，對已經獲得對青少年身心健康有害確認的廣告或宣傳物，不得進行分發和張貼。但利用資訊通信網的廣告或宣傳物的情況，應遵循《資

訊通信網路利用促進和情報保護法》第四十二條之二的規定。

3. 第一項規定的對青少年身心健康有害與否的確認程序及方法的相關事項，依據
影音產品等級委員會規定而定。

第三十三條　限制級放映電影的廣告、宣傳限制

限制級放映許可電影的相關廣告和宣傳，只能在限制級電影院內進行張貼，並保
證使限制級電影院外者看不到該張貼物。

第六節　韓國影像資料院及電影膠卷等的保存

第三十四條　韓國影像資料院的設置

1. 為了收集、保存和展示電影及影音產品的相關文獻、影音等資料，推動電影及
影音產品的藝術性、歷史性、教育性的發展，在文化體育觀光部下面設置韓國
影像資料院。（2008.02.29 修訂）

2. 韓國影像資料院本身為法人。

3. 根據章程的規定，在韓國影像資料院設立委員和職員。

4. 韓國影像資料院履行下列各號的職責。

　①根據第三十五條的規定所提交之電影的保存和補償　（即保存電影的膠卷，和
　　對電影膠卷等的提交予以補償）。

　②國內外電影及影音產品的相關文獻、影音等資料的收集。

　③對收集的電影及影音產品的相關文獻、影音等資料進行保存和復原。

　④對用於影視文化發展的電影及影音產品的相關文獻、影音等資料的使用及展
　　示。

　⑤影像訊息化及文化內容產業活用。

　⑥其他符合韓國影像資料院設立目標的所需事業。

5. 對於韓國影像資料院，除了遵循本法規定的內容外，還應遵循《民法》中財團

法人相關規定。

6. 對第四項規定的影像資料的收集、保存、使用及韓國影像資料院的經營的所需經費，可從國庫中撥款予以補助。

第三十五條 電影膠卷等的提交

1. 電影製作行業從業者獲得根據第二十九條第一項規定的放映等級分類時，應將該電影的原版膠卷、光碟等或拷貝版本和劇本（以下稱為「電影膠卷等」）根據總統令的規定提交給韓國影像資料院。

2. 引進外國影片或製作第二十九條第一項各號規定的電影者，在保存該電影的情況下，應該將電影的膠卷等物提交給韓國影像資料院。

3. 韓國影像資料院對根據第一項及第二項的規定提交電影膠卷等者，應依據總統令的規定，對當事人進行相應適當的補償。該情況下，電影膠卷等補償的所需資金應由國庫承擔。

第七節 電影的放映

第三十六條 電影院的註冊

1. 設立和經營電影院者應具備文化體育觀光部令規定的設施，並向該設施所在地的市長、郡守和區廳長進行註冊。變更註冊事項的情況也依照此條款。（2008.02.29, 2009.05.08 修訂）

2. 根據總統令的規定，文化體育觀光部長可以指定和公佈不能設置限制級電影院的地區或場所。

3. 第一項規定的電影院的註冊、變更註冊的程序及註冊證書的發放和其他與註冊相關事項，根據總統令的規定而定。

第三十七條 災害預防措施

1. 根據第三十六條第一項的規定，設立和經營電影院而進行註冊者（以下稱為

「電影院經營者」）應制訂災害對應計畫，並應將其申報給管轄的市長、郡守和區廳長。該計畫包括：火災或其他的災害預防計畫，火災或其他災害發生時電影院工作人員的任務和配置計畫等。該情況下，市長、郡守和區廳長在得到申報的災害對應計畫後，應立即通報給當地的消防局局長。

（2007.01.26 修訂）

2. 其他與電影院災害預防措施有關的事項，根據總統令的規定而定。

第三十八條　專用電影院的扶持

1. 為了保護青少年觀眾和傳播電影藝術，文化體育觀光部長可對在一年之內放映電影天數60%以上播放符合下列各號電影的電影院（以下簡稱「專用電影院」）進行扶持。（2008.02.29 修訂）

　①韓國電影。

　②動畫電影、小型電影、短篇電影或電影振興委員會認定的藝術電影。

　③青少年可觀看電影（是指符合第二十九條第二項第①號至第③號規定的電影）。

2. 對專用電影院進行扶持的相關事項，依據總統令的規定而定。

第三十九條　電影院入場券聯合電子網的經營

1. 為方便大眾使用電子系統購買電影院入場券和迅速、準確地了解電影院的觀眾數目和其他電影院的相關事項，電影振興委員會可以經營電影院入場券聯合電子網。

2. 第一項規定的電影院入場券聯合電子網經營的相關事項，依據總統令的規定而定。

第四十條　韓國電影的放映義務

電影院的經營者在一年之中，應該放映總統令規定天數以上的韓國電影。

第四十一條　電影放映的申報

1. 電影院經營者及設置、經營非常設電影放映場所者放映電影（除去第二十九條

第一項各號規定的電影,以下也與此相同)或要用其他電影來更換正在上映的電影時,應將電影題目、上映期間等文化體育觀光部令規定的事項申報給市長、郡守和區廳長。中止放映、或重新放映電影、縮短或延長放映時間的時候也同樣遵循該條款。(2008.02.29 修訂)

2. 不受第一項規定的約束,電影院經營者根據第三十九條的規定,在加入了電影振興委員會經營的電影院入場券聯合電子網的情況時,依據總統令規定可以不必進行第一項的申報。該情況下,電影振興委員會應將第一項規定的申報事項通報當地市長、郡守和區廳長。

3. 第一項及第二項規定的申報或通報的程序及方法的相關事項,依據文化體育觀光部令而定。(2008.02.29 修訂)

第四十二條 電影放映的限制

市長、郡守和區廳長對於符合下列各號的任一情況的電影可以禁止或終止其放映。

1. 違反第二十九條第一項及第二項的規定,尚未得到放映等級分類的電影。

2. 用詐欺或其他不正當手段獲得放映等級分類的電影。

3. 對已經獲得的放映等級進行偽造或違反放映等級規定進行放映的電影。

4. 對已經獲得放映等級規定的電影,更改其內容進行放映的電影。

5. 違反第四十一條的規定,沒有進行申報的電影。

第四十三條 限制級電影的放映及流通限制

1. 任何人不得在限制級電影院以外的地方或場所放映限制級電影。

2. 任何人不得用錄像帶等其他影像物品製作與限制級電影相同的電影,或將製作好的影像物進行放映、銷售、傳送、出租或向他人提供視聽。

3. 第二十九條第二項第①號至第④號規定的電影不能在限制級電影院裡進行放映。

第四十四條 放映資格者

根據總統令的規定，電影院經營者需取得與電影播放相關的國家技術資格來播放電影。但總統令所規定的小型電影的情況，不受此條款約束。

第四十五條　電影放映場所的停止經營及取消註冊

1. 市長、郡守和區廳長在電影院經營者符合下列各號的任一情況時，根據總統令的規定，命令其在三個月以內停止營業或取消其電影院的註冊。但在符合第①號和第⑧號的情況時，應取消其註冊。

   ①用欺騙或其他不正當手段進行註冊的情況。

   ②違反第二十九條第三項至第六項規定的情況。

   ③違反第三十三條的規定，張貼廣告或宣傳物，或使限制級電影院外面的人可以看到裡面的廣告或宣傳物的情況。

   ④未達到第三十六條第一項規定的設施標準的情況。

   ⑤放映韓國電影的天數未達到第四十條規定的標準天數的情況。

   ⑥不遵循第四十二條規定的電影放映的禁止或停止命令的情況。

   ⑦一年之內受到三次以上停業處分的情況。

   ⑧停止營業期間中營業的情況。

2. 市長、郡守和區廳長在根據第一項的規定取消註冊時，應實施聽證會。

3. 按照第一項的規定被取消註冊者中，被取消限制級電影院註冊者自被取消之日起，三年以內不得在相同場所進行限制級電影院的註冊。

第四十六條　經營的繼承

1. 電影院經營者在轉讓其經營、死亡或法人合併時，其受讓人、繼承人、或合併後存續的法人、或依據合併而設立的法人，可以繼承電影院經營者的位置。

2. 按照《民事執行法》規定的拍賣、《債務人破產的相關法律》規定的換價（法律規定中，強制進行金錢或債券的換價，此時不依照普通的方法對扣押的財產進行核算，而是以法院的規定對扣押的財產進行核算）、《國稅徵收法》、《關稅法》或《地方稅法》規定的扣押資產的出售和其他遵守此法律的程序，

接管電影院者可以繼承經營者的位置。

3. 根據第一項的規定，在繼承了電影院經營者的職位的情況下，對從前的電影院經營者因違反第四十五條規定而受到的行政制裁處分的效力，自該行政處分之日起，一年之內由受讓人、繼承人或合併之後新增或存續的法人繼承。在行政制裁處分的程序正在進行的情況下，受讓人、繼承人或合併之後新增或存續的法人在受讓或聯合時，並不知道該處分或違反事實的情況時可以不受此條款約束。

4. 根據第一項或第二項的規定，繼承了經營者職位者應向轄區所在地的市長、郡守和區廳長進行申報。

第四十七條 市民監督活動的扶持

1. 電影振興委員會可以對自發進行監管活動的市民團體予以必要的扶持。這些市民團體的主要活動是對電影的放映、專用電影院的經營等與觀眾的權益保護相關的監管。

2. 第一項規定的扶持等的相關事項，依據電影振興委員會規定而定。

第三章 影音產品

第一節 影音產業的振興

第四十八條 影音產業振興措施的制定和實施

1. 文化體育觀光部長應制訂和實施相關措施（以下稱「振興措施」）來振興影音產業。（2008.02.29 修訂）

2. 振興措施中應包括與影音產品相關的下列各事項。

　①振興措施的基本方向。

　②激發創作活動。

　③促進出口和增加相關產業的就業率。

④影音產品相關技術的開發及技術水平的提高。

⑤流通設施的擴充，流通企業的專業化及流通結構的改善。

⑥致力於振興影音產業的資金確保。

⑦專業人才的培養。

⑧影音產品相關領域的基礎建設及集聚地的建設和經營。

⑨對違反本法而製作、進口、配給、銷售、出租或提供他人收看的影音產品
（以下稱為「非法影音產品」）的查收和沒收。

⑩對《非營利民間團體扶持法》第二條規定的非營利團體（以下稱為「非營利
民間團體」）進行的扶持。這裡的「非營利民間團體」指的是對非法影音產
品進行自律監管活動的團體。

⑪其他與發展影音產業有關的事項。

第四十九條　影音產業振興委員會的設置和經營

1. 為了有效地推動影音產業的振興措施，在電影振興委員會內設置影音產業振興
委員會。

2. 影音產業振興委員會由包括委員長在內之七名委員組成。

3. 影音產業振興委員會的委員們互相投票選出委員長，影音產業振興委員會的委
員可從電影振興委員會委員和影音產業領域相關的專業知識和經驗豐富者中選
出，並由電影振興委員會的委員長任命。

4. 第一項規定的影音產業振興委員會的組成、營運等相關事項，依據電影振興委
員會規定而定。

第二節　等級分類

第五十條　等級分類

1. 從事影音產品的製作或配給（包括進口，下面也與此相同）行業的從業者，在

　　供給該影音產品之前，對該影音產品的內容應從影音產品等級委員會處獲得等
級分類。但是，對符合下列各號任一情況的影音產品不受此條款約束。
（2008.02.29 修訂）

①不以營利為目的，在特定場所向不包括青少年在內的特定人群播放的影音產
　品。

②不以營利為目的，利用資訊通信網提供大眾視聽的影音產品。

③在文化體育觀光部長或相關中央行政機構的長官推薦的影音產品大會、展覽
　會上等進行播放的影音產品。

④對已經獲得等級分類的電影（除去限制級電影）以同樣的內容製作的影音產
　品，該情況下，該電影的放映等級可視為影音產品的等級。

⑤此外，對照影音產品的製作、處理、流通、型態等，總統令規定的沒有必要
　進行等級分類的影音產品。

2. 根據第一項的規定申請影音產品等級分類的申請人，應具備可以證明其具有影
　音產品的製作或配給的正當權利的文件，才可以申請等級分類。

3. 第一項規定的影音產品的等級應根據影音產品的內容、影像及台詞等表現程
　度，來進行下列各號的分類。（2009.05.08 修訂）

①可全體觀看：任何年齡層的人群都可以觀看的影音產品。

②12歲以上可觀看：12歲以上的人群可以觀看的影音產品。

③15歲以上可觀看：15歲以上的人群可以觀看的影音產品。

④禁止青少年觀看：禁止青少年觀看的影音產品

⑤限制級放映：過度表現色情、暴力、社會行為，對人類的普遍尊嚴、社會價
　值、善良風俗或國民情緒有顯著危害的顧慮時，對放映及廣告宣傳上需要一
　定限制的影音產品。

4. 刪除。（2009.05.08）

5. 對於第三項各號的等級詳細分類標準，應考慮第二十九條第七項各號的事項，

依據總統令的規定而定。（2009.05.08 修訂）

6. 影音產品等級委員會在決定等級分類時，應向申請人發放下列各項的文件。
（2009.05.08 修訂）

　①記錄影音產品的等級和內容訊息的等級分類證書。

　②記錄等級分類的義務事項的文件。

7. 第一項、第二項及第六項規定的分類程序、方法、等級分類證書的發放程序等
相關事項，依據影音產品等級委員會的規定而定。（2009.05.08 新增）

第五十一條　複製等的確認

1. 對已經獲得等級分類的影音產品用其他的錄像帶進行相同內容複製或配給者
（以下稱為「製作者等」），應具備能證明其有複製或配給的相關正當權利的
證明文件，並且應從影音產品等級委員會處得得該複製品是否與已經獲得等級
分類的影音產品為相同內容的確認。但對於製作者等對已經獲得等級分類的影
音產品用其他錄像帶複製相同的內容或配給的權利，製作者等在進行第五十條
第一項規定的等級分類申請時，已經從影音產品等級委員會處得到確認的情況
時，不受此條款約束。

2. 影音產品等級委員會根據第一項的規定，在確認申請人為正當的權利者，且複
製內容為相同內容的情況下，應給製作者等頒發確認證明。

3. 第一項及第二項規定的確認程序、確認證書的頒發及再次頒發等相關事項，依
據影音產品等級委員會的規定而定。

第五十二條　等級分類等的取消

1. 以詐欺和其他不正當手段獲得第五十條第一項規定的等級分類或第五十一條第
一項規定的確認，以及無正當權利者得到等級分類或確認的情況時，影音產品
等級委員會應取消對其的等級分類或確認。

2. 影音產品等級委員會在根據第一項的規定取消等級分類或確認時，受到取消處
分者在得到通報之日起，七日之內應將第五十條第五項規定的等級分類證書或

第五十一條第二項規定的確認證書歸還給影音產品等級委員會。

第五十三條　對銷售非法影音產品等行為的禁止

1. 任何人不得對符合下列各號任一規定的影音產品進行製作、供給、銷售、出租（以下稱為「流通」）及提供給他人觀看或以此為目的展示和保管等。

   ①違反第五十條第一項的規定，沒有獲得等級分類的影音產品。

   ②違反第五十一條第一項的規定，沒有得到確認而進行複製或配給的影音產品。

   ③被取消第五十二條第一項規定的等級分類或確認的影音產品。

   ④違反第五十七條第一項的規定，由尚未進行申報者製作、進口或配給的影音產品。

   ⑤更改已經獲得等級分類的內容或私自更改等級的影音產品。

2. 任何人不得違反第五十條第三項規定的等級分類，將已經獲得等級分類的影音產品提供給不適宜年齡段的人觀看。

3. 根據第五十條第五項及第五十一條第二項的規定，除了第六十三條規定的經營繼承的情況外，不得對頒發的等級分類證書和確認證書進行買賣或贈與等。

第五十三條之二　限制級影音產品的觀看和流通限制

1. 任何人不得在非限制級影音產品放映小劇場或其他場所向他人播放限制級影音產品。

2. 任何人不得對限制級觀看許可影音產品進行流通。

3. 不得在限制級影音產品放映小劇場裡向公眾播放第五十條第三項第①號至第④號規定的影音產品。（2009.05.08 新增）

第五十四條　等級的再分類

1. 第五十條規定的等級分類或等級分類的保留決定（暫時保留決定）存有異議者，自得到決定通知之日起，三十日以內應出示具體的理由，向影音產品等級委員會提出異議申請，可以重新得到等級分類。

2. 影音產品等級委員會在得到第一項規定的異議申請時，應對此異議申請進行審查。當該申請有合理理由的情況時，在收到申請書十五日以內，重新進行等級分類或取消等級分類的保留決定，並通知給申請人或代理人。當認定該申請沒有合理理由的情況時，應將此情況告知給申請人或代理人。

3. 第一項及第二項規定的申請程序、方法及通知等相關事項，依據影音產品等級委員會的規定而定。

第五十五條　等級分類等的通知

影音產品等級委員會在對下列各號任一情況進行決定的時候，應對擁有影音產品的教導、取締權限的總統令規定的行政機構的長官和第八十七條規定的影音產品團體（以下稱為「影音產品團體」）進行通知，並應使用資訊通信網，公告此內容。（2009.05.08 修訂）

1. 第五十條第一項及第三項規定的等級分類相關決定。

2. 第五十四條規定的提出異議申請的相關決定。

第五十六條　資料提交的要求

影音產品等級委員會為了履行第五十條及第五十四條規定的業務，在必要的情況時，可以要求進行等級分類等的申請人提交用於等級審查所需的相關資料。

第三節　營業的申報、註冊和經營

第五十七條　影音產品製作業等的申報

1. 從事影音產品製作業或影音產品配給業者應該向市長、郡守和區廳長進行申報。但是，符合下列各號任一情況，即便沒有申報也可以從事上述行業。
（2009.05.08 修訂）

①國家或地方自治團體進行製作的情況。

②依據法律設立的教育機構或研修機構以內部教育或研修為目的，而製作使用

的情況。

③《廣播法》規定的廣播行業從業者以廣播為目的而製作的情況。

④《公共機關營運之相關法律》規定的公共機關為了宣傳其業務而製作的情況。

⑤對婚喪嫁娶或宗教儀式等活動，為了留下紀念而製作的情況。但對公眾流通或提供給公眾觀看的情況不在此之列。

⑥只使用資訊通信網，以提供收看為目的而製作和配給的情況。

⑦以非特定的多數人為對象進行流通，或以提供視聽之外的其他目的而製作的情況。

⑧第一項規定的申報程序和方法等相關事項，依據文化體育觀光部令而訂。
（2008.02.29 修訂）

2. 有關於第一項規定之申告程序與方法等所需事項，由文化體育觀光部令制定之。

第五十八條 影音產品收視提供業的註冊

1. 要經營影音產品收視提供行業者，應具備文化體育觀光部令所規定的設施，並須向市長、郡守和區廳長進行註冊。但符合下列各號的任一情況時，不必進行註冊也可以從事上述行業。（2008.02.29 修訂）

①屬於《遊戲產業振興相關法》規定的網路計算機遊戲設施提供業的情況。

②只使用資訊通信網來播放影音產品的情況。

2. 根據總統令的規定，文化體育觀光部長可以指定和公佈不能設置限制級影音放映小劇場的地區或場所。（2009.05.08 新增）

3. 第一項規定的註冊程序和方法等相關事項，依據文化體育觀光部令而定。
（2008.02.29 修訂）

第五十九條 營業的限制

根據第五十七條和第五十八條的規定，進行申報或註冊者在符合下列各號的任一

情況時，不能進行第五十七條和第五十八條規定的申報或註冊。

1. 根據第六十七條第一項或第二項的規定，在得到停止營業命令（徹底停業）或受到取消註冊處分尚未超過一年、或受到停止營業處分且其處分期限尚未結束者（法人的情況包括法人代表者或委員）重新經營相同行業的情況。

2. 根據第六十七條第一項或第二項的規定，在得到停止營業命令或受到取消註冊處分尚未超過一年、或受到停止營業處分且其處分期限尚未結束時，在相同場所經營相同行業的情況（除去影音產品製作業）。

第六十條 申報證明、登錄證明之頒發

市長、郡守和區廳長在得到第五十七條或第五十八條規定的申報或註冊時，應依據文化體育觀光部令的規定，向申請人頒發申報證書或註冊證書。

（2008.02.29, 2009.05.08 修訂）

第六十一條 申報或註冊事項的變更

1. 按照第五十七條或第五十八條的規定進行申報或註冊者，對文化體育觀光部令規定的重要事項進行變更時，應向市長、郡守和區廳長進行變更申報或變更註冊。（2008.02.29, 2009.05.08 修訂）

2. 市長、郡守和區廳長在進行變更第一項規定的申報或變更註冊時，應根據文化體育觀光部令的規定，更新申報證書或註冊證書並頒發給申請人。

3. 第一項和第二項規定的變更申報和變更註冊的程序、方法和申報證書、註冊證書的更新等相關事項，依據文化體育觀光部令的規定而定。

（2008.02.29 修訂）

第六十二條 影音產品視聽提供業者的遵循條款

經營影音產品視聽提供業者（播放業者）應遵循下列各項條款。

（2008.02.29, 2009.05.08 修訂）

1. 在營業場所內部採取預防火災或其他安全事故的措施。

2. 影音產品小劇場應限於總統令規定的出入時間內讓青少年進出。但有父母等監

護人陪同或持有父母等監護人的出入同意書的情況和其他總統令規定的情況時，可以不受此條款約束。

3. 影音產品視聽室裡不得有下列各號所示行為。

　①銷售和提供酒類的行為。

　②雇傭和介紹三陪（不論男女）的行為。

　③刪除。（2009.05.08）

4. 影音產品視聽室和限制級影音產品放映小劇場，應確認出入者的年齡並禁止青少年入內。

5. 根據文化體育觀光部令的規定，營業場所裡應張貼營業執照。

第六十三條　營業的繼承

1. 按照第五十七條或第五十八條的規定進行申報或註冊的經營者，在轉讓其營業、死亡或有法人合併的情況時，受讓人、繼承人、或合併後存續的法人、或依據合併而設立的法人，可以繼承經營者的職位。

2. 按照第六十四條規定的停業申報進行停業或撤銷註冊者，一年之內在停業的場所進行相同的申報和註冊的情況時，該營業者繼承停業申報之前的經營者之職位。

3. 《民事執行法》規定的拍賣、《債務人破產的相關法律》規定的換價（法律規定中，強制進行金錢或債券的換價，此時不依照普通的方法對扣押的財產進行核算，而是以法院的規定對扣押的財產進行核算）、《國稅徵收法》、《關稅法》或《地方稅法》規定的扣押財產的出售，和其他按照此程序對影音產品的相關營業設施、器具（指總統令規定的重要設施和器具）的全部進行接管者，可繼承經營者的職位。

4. 根據第一項或第三項的規定繼承經營者職位者，應向轄區所在地的市長、郡守和區廳長進行申報。（2009.05.08 修訂）

第六十四條　停業及使用權撤銷

1. 已根據第五十七條或第五十八條規定進行申報或註冊者，在停止營業時應根據文化體育觀光部令的規定，從停業之日起，七日之內向轄區所在地的市長、郡守和區廳長進行停業申報。（2008.02.29, 2009.05.08 修訂）

2. 對未根據第一項的規定進行停業申報者，根據文化體育觀光部令的規定，市長、郡守和區廳長在確認其停業事實之後，可以行使職責，撤銷其申報或註冊。（2008.02.29, 2009.05.08 修訂）

第四節　影音產品的標示及廣告

第六十五條　標示義務

1. 以營利為目的，製作、進口或複製影音產品者，應在每個影音產品上標示製作、進口或複製人員的商號（圖書附帶影音產品的情況下，指出版社的商號）。按照第五十條第一項的規定，也應標示分類等級、內容訊息及文化體育觀光部令規定的其他事項。（2008.02.29, 2009.05.08 修訂）

2. 第一項規定的等級和內容訊息的標示方法的相關事項，依據總統令而定。

第六十六條　廣告、宣傳的限制

1. 散發和張貼影音產品（除去第五十條第三項第①號至第③號規定的影音產品）的相關廣告或宣傳物，及使用資訊通信網將其提供給公眾觀看者，應從影音產品等級委員會處得到該廣告或宣傳物對青少年身心健康是否有害的確認。但對於限制級觀看影音產品的相關廣告或宣傳物，不受此條款約束。

2. 根據第一項的規定，對於已經確認對青少年身心健康有害的廣告或宣傳物，不得進行散發或張貼。

3. 對於未受第二項規定的約束、利用資訊通信網的廣告或宣傳物，根據《資訊通信網利用促進和情報保護法》第四十二條之二的規定，可以向除青少年外的觀眾播放。但是，影音產品等級委員會對於廣告和宣傳片的內容，依照第五十條

第三項第⑤號的規定，確認其為限制級觀看許可的情況時，不受此條款約束。

4. 對於已經得到等級分類的影音產品的內容或等級，在廣告和宣傳物上標示與已得到等級和內容不相符的標示時，任何人不得對此類廣告或宣傳物進行散發或張貼。

5. 對限制級觀看許可影音產品進行廣告或宣傳者，應在限制級觀看許可影音產品小劇場內張貼廣告或宣傳物。該情況下，應使外面的人看不到張貼在限制級影音產品放映小劇場內的廣告或宣傳物。

6. 第一項規定的有害性與否確認程序的相關所需條件，依據影音產品等級委員會的規定而定。

第五節 取消註冊等行政措施

第六十七條 行政處分

1. 對於申報從事影音產品製作業或影音產品配給業者，在符合下列各號任一情況時，市長、郡守和區廳長可令其停止營業六個月或命令其不得繼續營業。但屬於第①號或第④號規定時，應命令其不得繼續營業。（2009.05.08 修訂）

   ①用詐欺或其他不正當手段進行申報的情況。

   ②違反第五十三條第一項規定的情況。

   ③沒有進行第六十一條第一項規定的變更註冊的情況。

   ④違反停止營業命令而繼續營業的情況。

2. 對於經營影音產品視聽提供業（播放業）從業者，在符合下列各號任意情況時，市長、郡守和區廳長可以命令其六個月內停止營業或取消其註冊。但屬於第①號或第⑦號規定時，應該取消其註冊。（2009.05.08 新增）

   ①用詐欺或其他不正當手段進行註冊的情況。

   ②違反第五十三條第一項或第二項規定的情況。

③不具備第五十八條第一項規定的設施標準的情況。

④沒有進行第六十一條第一項規定的變更註冊的情況。

⑤沒有遵守第六十二條規定的遵守事項的情況。

⑥進行《關於性交易牽線等行為處罰相關法》第二條第一項規定的性交易等行為或介紹性交易及提供性交易的情況。

⑦違反營業停止命令而繼續營業的情況。

3. 市長、郡守或區廳長在根據第一項和第二項的規定命令相關人員徹底停止營業或取消註冊時，應該實施聽證會。（2009.05.08 修訂）

4. 得到第一項或第二項規定的徹底停止命令或受到取消註冊處分的當事人，應在得到該通知之日起，七日內繳還申報證書或註冊證書。

5. 對於第一項及第二項規定的行政處分的詳細標準，應考慮違反行為的類型和違反的程度等，依據文化體育觀光部令而定。（2008.02.29 修訂）

第六十八條　追罰稅的繳納

1. 影音產品視聽提供業從業者在屬於下列各號的任意情況應受到停止營業處分時，市長、郡守和區廳長可以依據總統令的規定，改營業停業處分為罰款三千萬韓元以下的追罰稅。

①不具備第五十八條第一項規定的設施標準的情況。

②違反第六十二條第二項、第四項或第五項規定的遵守事項的情況。

2. 第一項規定的應當繳納追罰稅者至繳納截止日仍未繳納追罰稅時，市長、郡守和區廳長可以依照地方稅滯納處分的先例，對該人員的追罰稅進行徵收。

3. 對於依據第一項及第二項的規定而徵收的追罰稅的金額，應把與該金額相當的金額用於下列各號。

① 健全的影音產品的製作和流通。

② 影音產品的有害環境之改善。

4. 第一項規定的按照繳納追罰稅的違反行為的種類、程度等的追罰稅金額及第三

項規定的追罰稅的使用計畫等相關事項，依據總統令而定。

第六十九條 行政制裁處分的效用繼承

1. 在根據第六十三條第三項的規定繼承經營者的地位時，對於從前的經營者，第六十七條第一項各號或第二項各號的違反事由受到的行政制裁處分的效用，自該行政處分日開始，一年之內由受讓人、繼承人或合併後新增或存續的法人來繼承。行政制裁處分的程序正在進行中時，受讓人、繼承人或合併後新增或存續的法人，可以續行行政制裁處分的程序。但是，受讓人、繼承人或合併後新增或存續的法人在受讓或聯合時，不知道該處分或違反事實的情況下，可以不受此條款約束。

2. 在依據第六十三條第二項的規定繼承經營者的地位時，在停業申報之前，由於第六十七條第一項各號及第二項各號的違反事由所受到的行政制裁處分的效用，自該行政處分日開始，一年以內繼承經營者的地位的人繼承該處分。行政制裁處分的程序正在進中時，繼承經營者的地位者續行行政制裁處分的程序。

第七十條 關閉及沒收

1. 對於沒有進行第五十七條及第五十八條規定的申報或註冊而進行經營者，和已經受到第六十七條第一項或第二項規定的停止營業命令或註冊的取消處分而繼續營業者，市長、郡守、區廳長可以讓相關公務員採取以下各項措施關閉該營業場所。

   ①拆除該營業或營業所的招牌或營業標誌物。

   ②張貼該營業或營業所違法事實的告示。

   ③在營業所需器具或設施上黏貼封印，使其無法使用。

2. 對於第一項的措施，應該提前以書面的形式告知該影音產品經營者或其代理人。但為了公共安全或福利，有緊急處分的必要時，可以不受此條款約束。（2008.03.28修訂）

3. 文化體育觀光部長、特別市市長（指首爾特別市市長）、廣域市市長、道知

事、特別自治道知事（以下稱為市、道知事）或市長、郡守、區廳長，在發現符合第五十三條第一項各號規定的影音產品時，可讓相關公務員等沒收、銷毀和廢棄這些影音產品。（2008.02.29, 2009.05.08 修訂）

4. 相關公務員等在依據第三項的規定沒收影音產品時，應該向影音產品的持有者或佔有者遞交沒收證明。但當對方拒絕接受沒收證明時，可以不受此條款約束。

5. 文化體育觀光部長、市、道知事或市長、郡守、區廳長，對於依據第三項的規定讓相關公務員沒收和銷毀影音產品這一問題，在必要的時候，可以要求影音產品團體對公務員的工作予以協助。（2008.02.29 修訂）

6. 在根據第一項及第三項的規定行使告示物的黏貼、封印、沒收、銷毀、廢棄等處分的相關公務員及影音產品團體的負責人和職員等，應攜帶標示該工作權限的證明並將此證明出示給有關人員。

第四章 影音產品等級委員會

第七十一條 影音產品等級委員會

為了確保電影、影音產品及其廣告、宣傳物（以下稱為「影音產品」）的倫理性及公共性，及為了保護青少年，設立影音產品等級委員會。

第七十二條 職務

影音產品等級委員會應審議和通過（議決）下列各號事項。（2009.05.08 修訂）

①影音產品等的等級分類及內容訊息對青少年身心健康有害性確認之相關事項。

②影音產品等的製作、流通、提供視聽的實際情況調查及管理之相關事項。

③影音產品等級委員規定的制訂、修訂及廢止之相關事項。

④第七十四條第二項規定的委員的迴避申請之相關事項。

⑤為了確保影音產品等的等級分類的客觀性而進行的調查、研究、國際合作及交流宣傳之相關事項。

⑥此外，本法或其他法令規定的影音產品等級委員會的業務或權限和受委託的事項。

第七十三條　組成

1. 影音產品等級委員會由包括委員長一名和副委員長一名在內的不超過九名的委員組成。

2. 影音產品等級委員會的委員在從事文化藝術、影音產品等、青少年、法律、教育、輿論等工作領域或非營利民間團體的專業性和經驗豐富者中選出。需要《大韓民國藝術院法》規定的大韓民國藝術院會長的推薦和文化體育觀光部長的任命。（2009.05.08 修訂）

3. 應綜合均衡地考慮委員的性別、年齡等因素來組建影音產品等級委員會。委員的選拔任命標準等相關事項，依據總統令而定。（2009.05.08 修訂）

4. 此外，影音產品等級委員會的組成、經營的相關事項，根據影音產品等級委員會的規定而定。（2009.05.08 新增）

第七十四條　委員的迴避

1. 在審議和通過（議決）符合下列各號任意情況的事項時，影音產品等級委員會的相關委員應該進行迴避。

   ①委員或其配偶或曾為其配偶者，在進行第二十九條第一項規定的電影的放映等級分類申請、第五十條第一項規定的影音產品的等級分類申請等時，依照本法向影音產品等級委員會申請（以下稱為「申請」）的情況。

   ②與委員或其配偶或曾為其配偶者，有共同權利或共同義務關係者的申請情況。

   ③與委員有親屬關係，或曾有過親屬關係者的申請情況。

2. 申請者若有充分的理由可以認定委員會有不公正的議決時，可將該事實以書面

的形式說明和提出迴避申請。

3. 委員在有符合第一項各號規定的任一事由或第二項事由的情況時，應自覺地迴避該事項的審議和議決。

4. 第一項至第三項規定的委員的排斥及迴避的相關事項，依據影音產品等級委員會的規定而定。

第七十五條　委員長

1. 影音產品等級委員會的委員們互相投票選出委員長及副委員長。

2. 影音產品等級委員會的委員長代表影音產品等級委員會，並總管其職務。

3. 影音產品等級委員會的委員長由於迫不得已的原因而無法履行其職責時，由副委員長代行其職責。當委員長和副委員長都無法履行職責時，可讓委員中的年長者（按照委員們的年齡順序）代行職責。

4. 影音產品等級委員會中除了委員長，其他的委員均為非常任委員。

第七十六條　委員的任期

1. 包括委員長和副委員長在內的影音產品等級委員會的委員的任期是三年。

2. 影音產品等級委員會的人數在出現缺額時，按照第七十三條規定的程序，應認命補缺委員，補缺委員的任期為前任委員的剩餘任期。

3. 包括委員長和副委員長在內的影音產品等級委員會的委員，根據第一項的規定，在任期結束時，若繼任人尚未選拔和任命時，應在繼任人選拔上任之前繼續履行職責。

第七十七條　決議時要求的最少的人數限制

在職委員的出席超過半數且出席委員的贊成票過半的情況下，影音產品等級委員會才能通過決議。但對於第七十二條第③號規定的事項，要求在職委員的贊成票超過半數，方可通過決議。

第七十八條　會議公開

1. 根據影音產品等級委員會的規定，影音產品等級委員會的會議對外公開。但當

要保護經營祕密等特別情況時，影音產品等級委員會的決議可以不予以公開。

2. 依據影音產品等級委員會的規定，影音產品等級委員會應書寫會議紀錄。

第七十九條 小委員會

1. 影音產品等級委員會為了履行第七十二條第①號規定職責和與此相關的影音產品等級委員會所委任的事項，可以設置小委員會。該情況下，小委員會可以按照領域差別分別組建，各自要求有五名以上十名以內的委員。

2. 為了履行第七十二條第②號規定的業務，影音產品等級委員會應設立「事後管理委員會」，事後管理委員會由七名以內的委員組成。

3. 小委員會及事後管理委員會的組建、經營的相關事項，依據影音產品等級委員會的規定而定。

第八十條 委員的待遇及禁止兼職

1. 根據影音產品等級委員會的規定，應在預算的範圍之內向影音產品等級委員會中的常任委員支付報酬。非常任委員是名譽職位，根據影音產品等級委員會的規定，可以向非常任委員支付職務履行時所花費的實際費用。

2. 影音產品等級委員會的常任委員，除了影音產品等級委員會規定的情況之外，不能兼任以營利為目的的其他職務。

第八十一條 不具備委員資格的事由

符合第十二條第一項至第三項規定者，不能成為影音產品等級委員會的委員。

第八十二條 委員職務上的獨立和身分保障

1. 影音產品等級委員會的委員在任期之內，不受職務上的任何指示或干涉。

2. 除去下列各號情況，不得違背影音產品等級委員會的委員的個人意志，將其免職或使其遭受身分上的損失。

①屬於第八十一條的不具備資格事由的情況。

②由於生理心理上的障礙，長時間不能履行職務的情況。

3. 影音產品等級委員會的委員在符合第二項第①號的情況時，應當被免職。符合

同一項第②號的情況時，經過影音產品等級委員會的議決之後，影音產品等級委員會的委員長可以向文化體育觀光部長建議將其免職。

第八十三條　影音產品等級委員會的等級分類相關業務

1. 影音產品等級委員會應該定期地對有關影音產品等級分類的國民輿論進行調查，並應將該國民輿論的調查結果落實在等級分類等的業務執行中。

2. 影音產品等級委員會在執行第七十二條第②號規定的等級分類相關業務中，在必要的時候，可以要求電影行業從業者及影音產品經營者提交相關的資料。當有違法的情況時，應當向相關機構建議實施相關措施。

3. 第二項規定的資料提交的相關事項，依據影音產品等級委員會的規定而定。

　（2009.05.08 新增）

第八十四條　事務處

1. 為輔助影音產品等級委員會的事務，在影音產品等級委員會設置事務處。

2. 事務處設立一名事務處處長，影音產品等級委員會的委員長在得到影音產品等級委員會的同意後可任命事務處處長。

3. 事務處的組織及經營的相關事項，依據影音產品等級委員會的規定而定。

第八十五條　影音產品等級委員會規章的制定、修訂、廢止

1. 影音產品等級委員會在制定、修訂或廢止影音產品等級委員會的規章時，應至少提前二十日在政府公報上通知將要制定、修訂或廢止的事宜。在完成制定、修訂、廢止規章時，應立即將結果在政府公報上刊載和公佈。

2. 影音產品等級委員會在依據第五十條第六項的規定制訂等級分類標準或變更等級分類標準時，應當徵求青少年團體、非營利民間團體、學界或產業界等的意見。

第八十六條　國庫援助

1. 可以從國庫中撥款來對影音產品委員會經營所需的必要經費予以援助。

2. 對於持有國庫預算的影音產品等級委員會的產業計畫，影音產品等級委員會應提前與文化觀光部長進行協商。（2008.02.29 修訂）

第五章 附則

第八十七條 影音產品團體的設立

1. 影音產品經營者為了經營的健全發展，可以設立影音產品團體。

2. 影音產品團體本身做為法人。

3. 設立影音產品團體者應當獲取文化體育觀光部的許可。（2008.02.29 修訂）

4. 影音產品團體應當致力於維持健全的影音產品的製作及流通秩序。

5. 對於影音產品團體，本法中沒有規定的事項，可以遵循《民法》中的社會團體法人的相關規定。

第八十八條 影音產品流通秩序的相關教育

為了確立影音產品的健全流通秩序，在必要的時候，市長、郡守、區廳長可以依據總統令的規定，對影音產品視聽提供業從業者每年實施三個小時以內的教育。

第八十九條 對模範影音產品經營者的扶持

1. 為了確立影音產品的健全流通秩序，在必要時，市長、郡守、區廳長可以指定模範影音產品視聽提供業從業者並對其進行必要的扶持。

2. 第一項規定的指定標準及程序等的相關事項，依據文化體育觀光部令而定。（2008.02.29 修訂）

第九十條 手續費

1. 根據第二十七條第二項的規定申請認定共同製作電影為韓國電影者，應向電影振興委員會繳納手續費。該手續費是電影振興委員會在得到文化體育觀光部長批准之後規定的手續費。

   ①刪除。（2009.05.08）

   ②刪除。（2009.05.08）

   ③刪除。（2009.05.08）

2. 符合下列任一情況者，應向影音產品等級委員會繳納手續費。該手續費是影音

產品等級委員會在得到文化體育觀光部長批准之後規定的手續費。

（2008.02.29 修訂）

①申請第二十九條第一項規定的電影放映等級分類者。

②提出第三十一條規定的異議申請者。

③申請第三十二條規定的電影的廣告、宣傳物對青少年身心健康是否有害確認者。

④申請第五十條第一項規定的影音產品等級分類者。

⑤申請第五十一條規定的影音產品的複製等確認者，或申請再次頒發確認證書者。

⑥申請第五十四條第一項規定的等級的再分類者。

⑦申請第六十六條第一項規定的影音產品的廣告、宣傳物對青少年身心健康是否有害確認者。

3. 符合下列各號任一情況者，應按照市、郡、區（指自治區）的條例規定，繳納手續費。

①申請第三十六條第一項規定的註冊或變更註冊者。

　①之2 依照第二十六條第一項的規定，進行電影行業從業者的申報或變更申報者。

　①之3 依照第二十六條第二項的規定，申請申報證明的再發放者。

②依照第五十七條第一項的規定，申報從事影音產品製作業或影音產品配給業者。

③依照第五十八條第一項的規定，申請註冊影音產品視聽提供行業者。

④依照第六十一條第一項的規定，進行變更申報或變更註冊者。

第九十一條　等同於公務員的規則

對於《憲法》第一二九至第一三二條的懲罰規則的適用方面，將符合下列各號任一情況者視為公務員。

①電影振興委員會的委員和其事務處的職員。

②影音產品等級委員會的委員和其事務處的職員。

③影音產品等級委員會的小委員會的委員和事後管理委員會的委員。

④依照第九十二條第二項的規定，接受委託業務並從事委託業務者。

第九十二條　權限的委任和委託

1. 依照總統令的規定，文化體育觀光部長可以將本法規定的權限的一部分委任給市、道知事或市長、郡守、區廳長。（2009.05.08 修訂）

2. 依據總統令的規定，電影振興委員會可將部分業務委託給以振興影像文化及影像產業為目的而設立的機構或團體。

第六章 罰則

第九十三條　罰則

對違反第七十條第一項規定的各項懲罰措施的營業者，處以五年以下的有期徒刑或五千萬韓元以下的罰款。

第九十四條　罰則

對符合下列各號任一情況者，處以三年以下的有期徒刑或三千萬韓元以下的罰款。（2009.05.08 修訂）

①違反第二十九條第三項的規定，放映尚未得到放映等級分類電影者。

②違反第二十九條第五項的規定，讓不能觀看限制級電影的青少年入場觀看該類電影者。

③違反第四十三條第一項的規定，在不是限制級電影院的場所或設施中放映限制級電影者。

④違反第四十三條第二項的規定，用其他的影像物品製作與限制級電影相同的電影，或將製作的影音產品逕行放映、銷售、傳送、出租或提供他人視聽

者。

⑤違反第五十三條之二第一項的規定，在非限制級影音產品放映小劇場的場所或設施內播放限制級影音產品者。

⑥違反第五十三條之二第二項的規定，對限制級觀看許可影音產品進行流通者。

⑦違反第六十二條第四項的規定，縱容青少年出入限制級影音產品放映小劇場者。

第九十五條　罰則

對符合下列各號任意情況者，處以兩年以下的有期徒刑或兩千萬韓元以下的罰款。（2009.05.08 修訂）

①違反第二十九條第六項的規定放映電影者。

②違反第三十三條的規定，張貼限制級放映許可電影的廣告或宣傳物或讓限制級電影院外面的人看到該廣告或宣傳物者。

③違反第四十三條第三項的規定，在限制級電影院內放映第二十九條第二項第①號至第④號規定的電影者。

④不執行第四十五條規定的停止營業命令者。

⑤不具備與影音產品有關的合法權利者，以詐欺或其他不正當手段獲得第五十條第一項規定的等級分類，或者得到第五十一條第一項規定的複製、配給等確認者。

⑥違反第五十三條第一項的規定，製作、流通、播放非法影音產品，或以此為目的進行展示和保管者。

⑦違反第五十三條第三項的規定，對等級分類證書或確認證書進行買賣或贈與者。

⑧違反第五十三條之二第三項的規定，在限制級影音產品放映小劇場內向公眾播放第五十條第三項第①號至第④號規定的影音產品者。

　　⑨違反第五十八條第一項的規定，沒有進行註冊就開始經營影音產品收視提供行業者。

　　⑩違反第六十二條第二項或第三項，沒有遵循「遵守事項」者。

　　⑪違反第六十六條第五項的規定，將限制級觀看許可影音產品的廣告或宣傳物張貼在限制級影音產品放映小劇場，使外面的人可以看到該廣告或宣傳物者。

　　⑫違反第六十七條第二項規定的停止營業命令而繼續營業者。

第九十六條　罰則

　　對符合下列各號任意情況者，處以一千萬韓元以下的罰款。

　　①違反第五十七條的規定，沒有進行申報就開始營業者。

　　②違反第六十七條第一項規定的停止營業命令而繼續營業者。

　　③抗拒、妨礙或逃避第七十條第一項或第三項規定的相關公務員的措施者。

第九十七條　兩罰規定

　　法人代表、法人或個人的代理人、使用者及其他從業人員關於其法人或個人從事的業務具有第九十三條至第九十六條的違反行為時，除了對行為者進行處罰外，按照相關法律條文的規定對法人或個人也將進行罰款。但若法人或者個人為阻止違法行為發生，堅持對業務行為進行監督和管理的情況可免於刑罰。

　　（2009.05.08 修訂）

第九十八條　瀆職罰款

1. 對符合下列各號任一情況者，處以五千萬韓元以下的瀆職罰款。

　　①違反第二十九條第四項或第五項的規定，讓不允許觀看屬於第二十九條第二項第②號至第④號規定的放映等級電影的觀眾入場觀看者。

　　②違反第三十二條第一項的規定，分發、張貼尚未確認對青少年身心健康是否有害的廣告或宣傳物，或者利用資訊通信網，將該廣告或宣傳物提供給公眾視聽者。

　　③違反第三十二條第二項的規定，將確認為對青少年身心健康有害的廣告或宣傳物進行分發或張貼者。

　　④違反第五十三條第二項的規定，播放影音產品者。

　　⑤違反第六十六條第一項的規定，沒有得到對青少年身心健康有害確認者。

　　⑥違反第六十六條第二項的規定，對已經得到對青少年身心健康有害確認的廣告或宣傳物進行分發、張貼者。

2. 對符合下列各號任意情況者，處以一千萬韓元以下的瀆職罰款。
（2007.01.26, 2009.05.08 修訂）

　　①違反第二十五條之二第二項的規定，不繳納稅金者。

　　①之2 違反第二十六條第一項的規定，沒有進行申報就從事電影製作、引進（進口）、配給或放映行業的經營者。

　　②違反第三十五條第一項的規定，不提交電影膠卷等者。

　　③違反第三十六條第一項的規定，沒有進行註冊就設置和經營電影院者。

　　④違反第三十七條第一項的規定，沒有申報災害對應計畫者。

　　⑤違反第四十一條的規定，沒有進行申報或虛假申報者。

　　⑥違反第四十四條的規定，讓尚未取得與電影播放相關的國家技術資格者放映電影者。

　　⑦違反第六十一條第一項的規定，沒有進行變更申報或變更註冊者。

　　⑧違反第六十五條第一項或第二項的規定，沒有標示放映等級或內容訊息者，或者沒按照標示方法進行標示者。

　　⑨刪除。（2009.05.08）

3. 對符合下列各號任意情況人員，處以三百萬韓元以下的瀆職罰款。

　　①違反第二十六條第一項後段的規定，沒有進行變更申報者。

　　②違反第三十六條第一項後段的規定，沒有進行電影院變更註冊者。

　　③違反第四十六條第四項或第六十三條第四項的規定，沒有進行申報者。

第九十九條 罰款之徵收

對於第九十八條規定的瀆職罰款，依據總統令的規定，由文化體育觀光部長或市長、郡守、區廳長來徵收。（2009.05.08 專門修訂）

附錄四　傳播影視振興基本法

（1995.07.06 制訂施行）

第一條　目的

本法的制定旨在使影視文化和振興影視產業的基本措施得以順利實施，以提高國民的文化生活水平和增強影視產業的競爭力。

（2007.12.21 全文修訂）

第二條　定義

本法中使用的術語定義如下。

1. 「影視作品」是指用膠片、磁帶、光碟或其他有形物體加以固定的連續的影像。用機器或電子裝置將影像進行再生，使之成為可視、可聽、可收發（除去依靠電腦程序傳送的）的物體。

2. 「影視行業」是指與影視作品的製作、使用、流通、普及、出口和進口等相關的產業和技術。（2007.12.21 專門修訂）

第三條　與其他法律的關係

當其他法律對影視文化和影視產業振興有明文規定時，應遵循其規定。除此之外，一律遵循本法的規定。（2007.12.21 專門修訂）

第四條　創作的自由和保障

國家對創作影視作品的自由予以保障，並尊重創作活動的自律性。

（2007.12.21 專門修訂）

第五條　政府的措施

1. 為使本法達到應有效果，政府應制定和實施振興影視文化和影視產業的基本和綜合措施。

2. 制定第一項規定的措施時，相關事項由總統令而定。（2007.12.21 專門修訂）

第六條　法制方面的措施

為了實施第五條規定，政府可以在法制方面、財政方面和金融方面採取必要的措施。（2007.12.21 專門修訂）

第七條　振興影視作品的創作及製作

政府應制定和實施必要的措施扶持影視作品的創作和製作。

（2007.12.21 專門修訂）

第八條　調查、研究、開發和普及

政府應制定和實施與調查、研究、開發及普及有關的措施來振興影視文化和影視產業。（2007.12.21 專門修訂）

第九條　影視作品製作技術的開發

針對影視作品製作技術的開發，政府應制定和實施必要的相關措施來推動影視產業的現代化發展，以增強其國際競爭力。（2007.12.21 專門修訂）

第十條　推動影視作品的流通及配給

政府應採取適當方式來推動影視作品的順暢流通和配給。

（2007.12.21 專門修訂）

第十一條 影視專業人才的培養

政府應制定和實施必要措施對從事影視文化及影視產業的專業人才進行培養。

（2007.12.21 專門修訂）

第十二條　與影視有關的振興基金的運用

對影視文化及影視產業振興的相關資金，政府應該採取有效的方案來擴充振興影視文化和影視產業的必要財政基礎。（2007.12.21 專門修訂）

第十三條　影視製作基礎的擴充

政府應對影視產業的現代化發展和穩定生產的擴充所需條件進行扶持。

（2007.12.21 專門修訂）

第十四條　國際交流及合作

在同外國及國際機構等進行以下各項所示的交流和合作時，政府應對相關事項予以援助，以振興影視文化和影視產業。（2007.12.21 專門修訂）

1. 關於振興影視文化和影視產業的信息、交流及調查研究。

2. 關於影視產業的技術合作。

3. 影視作品的共同製作及其他相關事項。

第十五條　影視資料的保存

政府為振興和保存影視文化，應對影視作品進行收集、保護和管理。

（2007.12.21 專門修訂）

第十六條　刪除（2007.12.21）

附錄五 一人創作企業育成法

（2011.10.05 制訂施行）

第一條 目的

本法之立法目的為，促進具備創意性與專門性之一人創作企業的設立，奠定與建構其成長之基礎，並期透過培育一人創作企業，對國民經濟之發展提供助益。

第二條 定義

本法中所謂「一人創作企業」，乃指具備創意性與專門性之一人，無其他專職員工，經營依照總統令所訂定之知識服務業與製造業等產業者。

第三條 一人創作企業認證的特例

因一人創作企業規模擴大之理由而變成不符合一人創作企業資格之狀況時，在該事由發生之年度的下個年度起三年間，儘管有第二條之規定，仍視之為一人創作企業。但與一人創作企業之外的企業合併，或是除此之外依總統令所頒訂之事由而變成不具備一人創作企業條件時，則不在此限。

第四條 與其他法律之關係

與一人創作企業之育成相關之他法，在除非有特別規定之外的情況下，依本法行之。

第五條 一人創作企業育成計畫的設立

1. 中小企業廳長為了育成一人創作企業，每三年必須經過文化體育觀光部長等相關中央行政機關首長之協議通過，訂定並施行一人創作企業育成計畫（以下稱「育成計畫」）。

2. 育成計畫包含以下各號之事項。

   ①一人創作企業育成政策之基本方向。

   ②與一人創作企業之創業支援相關事項。

   ③與一人創作企業之基礎建設相關事項。

   ④與一人創作企業相關之統計調查與其管理之相關事項。

   ⑤上述之外，為了一人創作企業育成所必須之業務。

3. 中小企業廳長為了育成計畫的設立與施行，在必要之狀況下，得要求相關之中

央行政機關首長以及與一人創作企業育成有關之機關或是團體，提出資料或是陳述意見。在此狀況下，接受請求的相關中央行政機關首長等，若無特殊之事由，必須遵行其請求。

第六條　實態調查

1. 中小企業廳長為了系統性地育成一人創作企業，並有效地設立與推動育成計畫，每年必須對一人創作企業之活動現況與實態進行調查，並公佈其結果。

2. 中小企業廳長在為了進行依據第一項之實態調查而有必要時，得要求依據《公共機關營運之相關法律》之公共機關、一人創作企業，或是相關之團體，提出相關資料或是陳述意見。在此狀況下，收到要求之公共機關等單位，若無特殊之事由，必須遵行其請求。

第七條　綜合管理系統的建構與運用

中小企業廳長為了對一人創作企業相關資訊能綜合管理、建構一人創作企業之間的合作立基，以及對一人創作企業活動提供有用之資訊，得建構與運用綜合管理系統。

第八條　一人創作企業支援中心的指定

1. 政府為了支援一人創作企業與支援想要從事一人創作企業者，得指定具備必要之專門人力與設施的機關或是團體，為一人創作企業支援中心（以下稱「支援中心」）。

2. 支援中心從事以下各號所列之業務。
   ①對一人創作企業之作業空間與會議場地的提供。
   ②對一人創作企業之經營、法律、稅務等的商談。
   ③上述之外，中小企業廳長所委託之業務。

3. 政府對依據第一項規定指定之支援中心，在預算範圍內，於施行第二項各號的業務時，得支援其所必須之經費的全部或是一部。

4. 政府在支援中心有下列各號所列舉之任一事由時，得取消其指定或是在至多六

個月以內的範圍內，終止其業務之全部或是一部。但當違反第①號規定時，必須取消其指定。

①以謊言或是其他不正當方式取得指定時。

②違反接受指定事項而行使其業務時。

③依據第五項，成為不符合指定基準之時。

5. 支援中心的指定以及指定的取消之基準、程序與運作等必要事項，依總統令頒訂之。

第九條　知識服務交易支援

1. 中小企業廳長為了促進一人創作企業的知識服務交易，得從事與得自一人創作企業所提供而獲得知識服務者的支援業務。

2. 依據第一項之支援業務的對象與方法等必要事項，依總統令頒訂之。

第十條　教育訓練支援

1. 政府為了強化一人創作企業與想要從事一人創作企業者之專業性與力量，得支援其教育訓練。

2. 政府依據第一項之規定，得委託教育訓練相關之業務於具備以總統令頒訂之人力與設施之政府指定的法人型態之機關或是團體（以下稱「教育機關」）。

3. 政府依據第二項之規定，關於接受委託教育訓練相關業務之教育機關，在依總統令指定的同時，得支援其業務執行上必要經費之全部或是一部。

4. 政府在教育機關依據第一項規定，在無法充分地施行與教育訓練相關之業務，或依據第五項，無法達到指定基準時，得取消其指定或是在至多六個月以內的範圍內，終止其業務之全部或是一部。

5. 教育機關的指定與指定取消的基準、程序等必要事項，依總統令頒訂之。

第十一條　連繫型技術開發支援

1. 中小企業廳長在保有優秀的想法（idea）與技術之一人創作企業，意欲與依據《中小企業基本法》之中小企業共同進行技術開發時，得對一人創作企業與中

小企業支援其技術開發。

2. 依據第一項支援的程序與範圍等必要事項，依總統令頒訂之。

第十二條　想法（idea）之事業化支援

1. 政府得選定具備成功可能性高的想法（idea）之一人創作企業，對其想法之事業化提供支援。

2. 政府在依據第一項想法事業化支援對象而選定之一人創作企業，若因有盜用想法等不正當方法而獲選定時，得取消其選定資格。

3. 依據第一項與第二項之選定與選定取消的基準、程序、支援的範圍等必要事項，依總統令頒訂之。

第十三條　海外進出支援

政府為促進一人創作企業的海外市場進出，得支援相關技術與人力之國際交流、國際活動參加等業務。

第十四條　業務宣傳

政府為了提高對一人創作企業有關之國民的認識與育成一人創作企業，得促進下列各號之業務。

①一人創作企業的成功案例之發掘、褒賞以及宣傳。

②舉辦與為了促進一人創作企業有關之論壇與研討會。

③上述之外，中小企業廳長認定有其必要性而公告之業務。

第十五條　保證制度的設立、運用

政府為了讓一人創作企業之設立與活動所需之資金能平順地調度，得透過依據《信用保證基金法》之信用保證基金、依據《技術信用保證基金法》之技術信用保證基金，以及依據《地區信用保證財團法》第九條所設立之信用保證財團，來設立與運用以一人創作企業為對象之保證制度。

第十六條　專責機關之指定

1. 中小企業廳長為了能有效的施行一人創作企業育成相關之政策，得指定專責一

人創作企業業務之機關（以下稱「專責機關」）。

2. 政府在預算範圍內，得補助專責機關運作時所必要之部分經費。

3. 若非依據第一項所指定之專責機關，不得使用類似之名稱。

4. 專責機關的指定與運作等必要事項，以總統令頒訂之。

第十七條 與徵稅有關之特例

國家與地方自治團體為了育成一人創作企業，對一人創作企業在依據《徵稅特例制限法》、《地方稅特例制限法》，以及除外之徵稅關係法律的訂定的同時，得對所得稅、法人稅、取得稅、財產稅以及登錄證稅等提供徵稅之減免。

第十八條 與《食品產業振興法》相關之特例

依據《食品產業振興法》第二條第④號，對於製造傳統食品的一人創作企業，儘管有同法第二十二條之規定，依據總統令訂定之同時，亦可訂定放寬傳統食品之品質認證基準。

第十九條 報告、檢視

1. 政府在認定有監督之必要性時，得命令支援中心提出與其業務以及與財產相關之報告和資料，或由其所屬公務員之名義進入其現場並令其書面資料受檢視等必要性處置。

2. 中小企業廳長在認定有監督之必要時，可命令專責機關提出與其業務以及與財產相關之報告和資料，或由其所屬公務員之名義進入其現場並令其書面資料受檢視等必要性處置。

3. 依據第一項與第二項，施行出入、檢視者，應配戴表示其權限之證明並必須向關係人提出。

第二十條 聽證

政府在處分下列各號所列之任一事項時，應當舉辦聽證會。

　①依據第八條第四項，支援中心指定的取消與業務終止。

　②依據第十條第四項，教育機關指定的取消與業務終止。

③依據第十二條第二項，一人創作企業的想法（idea）事業化支援對象選定之取消。

第二十一條　權限的委任、委託

1. 依據本法所規定中央行政機關首長的權限之一部分，在依據總統令訂定的同時，得委任於特別市市長、廣域市市長、道知事、特別自治道知事，以及市長、郡守、區廳長。

2. 中央行政機關首長依據本法之規定業務的一部分，在依據總統令訂定的同時，得委託於專責機關。

第二十二條　罰則適用上的公務員議題

依據第二十一條，從事中央行政機關首長所委託業務的專責機關等之任職員工，依據《刑法》第一二九條至一三二條的規定適用罰則時，視之為公務員。

第二十三條　罰款

1. 對違反第十六條第三項之規定，使用類似名稱者，處以一百萬韓元以下之罰款。

2. 依照第一項所處之罰款，由中小企業廳長科罰與徵收。

附錄六　文化藝術振興法

（1972.08.14 制訂施行）

第一章　總則

第一條　目的

此法是以支援振興文化藝術的產業和活動，來繼承傳統文化藝術且創造新文化來達到幫助推廣民族文化的目的。

第二條　定義

1. 在此法中所使用的用語，定義如下。

①「文化藝術」是文學、美術（包含應用美術）、音樂、舞蹈、戲劇、電影、演藝、國樂、攝影、建築、語文暨出版。

②「文化事業」是指以文化藝術作品或文化藝術用品的企劃、製作、公演、展示、販賣為產業手段發展出的事業。

③「文化設施」是指被持續的在表演、展示、文化普及、文化傳承等文化藝術活動上所使用的設施。

2. 文化設施的種類由總統令規定。

第三條　實施辦法和獎勵

1. 國家和地方自治團體要規劃和文化藝術振興有關的實施辦法，獎勵、保護、育成國民的文化藝術活動，並且必須積極的提供相關的必要資源。

2. 根據第一項成立的振興文化藝術實施辦法，須包含能使國民生活品質提升的健全生活文化的開發和普及之相關事項。

3. 國家和地方自治團體若要樹立以第一項為基礎的實施辦法，應事先聽取文化藝術機關暨團體的意見。

4. 有關根據第一項成立的文化藝術振興實施辦法和企劃的施行，若文化體育觀光部長或地方自治團體長官請求，相關機關暨團體須提供相關協助。

（2008.02.29 修訂）

第四條　地方文化藝術委員會等

1. 特別市市長、廣域市市長、道知事或是特別自治道知事（以下稱為「市、道知事」）為了商議和支援有關振興地方文化藝術的重要實施辦法和事業，得根據該地方自治團體的條例來成立地方文化藝術委員會。（2011.05.25 修訂）

2. 特別市、廣域市、道或特別自治道（以下稱為「市、道」）為了振興地方文化藝術，得設立支援產業和活動的財團法人。（2011.05.25 修訂）

（實施日期 2011.11.26）

第二章 文化藝術空間的設置

第五條 文化藝術空間的設置獎勵

1. 國家和地方自治團體要讓文化藝術活動振興，為了增加國民欣賞文化的機會，要設置文化設施並且謀劃文化設施的實施辦法。

2. 國家和地方自治團體須獎勵根據總統令指定的大型建築物設置文化設施。

3. 國家和地方自治團體為了有效管理和促進使用根據第一項所成立的文化設施，必要時得把該文化設施的管理委託給非營利法人、團體或是個人。

第六條 培養專門人才

國家和地方自治團體必須在對專門的文化設施經營中必須的企劃、管理人才的養成上努力。

第七條 藝術專門法人、團體的指定和培養

1. 國家和地方自治團體（只限於市、道，以下如是）為了振興文化藝術，得指定藝術專門法人或是藝術專門團體（以下稱為「藝術專門法人、團體」）來支援和培育。

2. 國家或是地方自治團體若欲根據第一項指定藝術專門法人、團體，須指定符合下列各號其中之一的非營利法人或團體。

①以經營國家或是地方團體設立或設置的表演場地或藝術團體為目的的非營利

法人或團體。

②以製作和美術、音樂、舞蹈、戲劇、國樂、攝影有關的展覽、表演、企劃及作品為目的的非營利法人或團體。

③以經營表演或是展示設施為目的的非營利法人或團體。

④為了振興文化藝術領域，由國家或是地方自治團體設置來支援事業和活動的非營利法人。

⑤其他適用於總統令標準的文化藝術相關非營利法人或團體。

3. 根據第一項，欲被指定的藝術專門法人、團體，須填妥指定申請書並且提交給文化體育觀光部長或市、道知事。欲變更指定內容者亦同。

4. 文化體育觀光部長或市、道知事根據第一項指定的藝術專門法人、團體有符合下列各號中之一的情形，得取消指定。

①以謊言或是其他非法手段取得指定之情形。

②藝術活動的實績低下等未達到總統令標準之情形。

③其他符合展覽、表演秩序紊亂等總統令中公佈的行為之情形。

5. 根據第一項，被指定的藝術專門法人、團體得不受《捐贈款或物品的募集暨使用的相關法律》限制，募集捐贈款或物品。

6. 國家或是地方自治團體為了支援藝術專門法人、團體，在必要的情況下可以要求藝術專門法人、團體繳交資料。在此情形，被要求繳交資料的藝術專門法人、團體在沒有特殊理由的狀況下須提交資料。

7. 根據第一項到第四項的規定指定的藝術專門法人、團體和取消指定的方法、程序等的必要事項由總統令規定。

（2011.05.25 修訂正文）

（實施日期 2011.11.26）

第八條 文化地區的指定、管理等

1. 市、道知事可以根據《國土的計畫和利用的相關法律》的條例指定符合下列各

號中任一號之區域為文化地區。

①和總統令指定的文化設施及民俗工藝品店、古董店等營業設施（以下稱為文
　化設施等）變得有密切關係或有計畫建立這些文化設施等的地區。

②持續地舉辦文化藝術活動、慶典等地區。

③除此之外，為了要提升國民文化生活的水準，由總統令認定有特別需要指定
　為文化地區的地區。

2. 管轄根據第一項被指定為文化地區的市長、郡守、區廳長要按照總統令的規定
　擬出文化地區管理計畫後，取得市、道知事之承認（特別自治道知事除外）。
　如要變更由總統令規定的重要事項亦同。（2011.05.25 修訂）

3. 第二項所提的文化地區管理計畫要清楚地表示該地區獎勵設置或營業的文化設
　施之種類。

4. 市、道知事為了維護、保存和活化文化地區，可以在該地區禁止或限制符合下
　列各號之一的設施營業或是建造。

①《賭博行為等規定和處罰特例法》中的賭博行為營業。

②總統令規定的《食品衛生法》中的食品服務業。

③其他對於可能造成文化區域指定目標的危害的營業或設施，經由總統令規定
　依市、道之條例規定。

5. 國家和地方自治團體根據第三項在對於獎勵文化設施等的設置和營業的關係法
　令，得減免租稅和分擔費用。

（實施日期 2011.11.26）

第九條　建築物的美術裝飾

1. 欲建造超出總統令規定的種類或規模之標準的建築者（以下稱為建築主
　人），須將建築經費的一定比率的金額使用在繪畫、雕刻、工藝等美術裝飾
　的設置上。（2011.05.25 修訂）

2. 建築主人（除了國家和地方自治團體外）可以根據第十六條規定，捐錢給文

化藝術振興基金取代第一項的須將建造經費一定比率的金額做為設置美術作品之規定。（2011.5.25 新增）

3. 根據第一項或第二項，總統令規定使用在設置美術作品或文化藝術振興基金的捐贈費用上之經費須在建造經費的百分之一以下。（2011.05.25 修訂）

4. 根據第一項，有關美術作品的設置程序、方法等相關的必要事項，由總統令規定。（2011.05.25 修訂）

（2011.05.25 修訂題目）

（實施日期 2011.11.26）

第三章 文化藝術福祉的增進

第十條 設立文化日等

1. 為了提升國民對文化藝術之理解力並使國民積極參與之，國家要設立文化日與文化月。

2. 有關文化日與文化月和其活動之事項，由總統令規定。

第十一條 支給獎勵金等

國家對於對文化藝術振興有顯著功績者和在總統令規定的國家藝術比賽中之得獎者，得贈予或頒授獎金。

第十二條 設置文化講座

1. 國家和地方自治團體應指定機關或團體舉辦能增加國民文化藝術享受機會的文化講座，以普及文化藝術。

2. 根據第一項，舉辦文化講座的機關或團體之指定和指定程序，由總統令規定。

3. 國家和地方自治團體得支援舉辦文化講座所需之經費。

第十三條 學校等的文化藝術之振興

國家和地方自治團體為了提升學校和職場的學生、職員及其他從業員的感性和教

養，應獎勵學生和職員在學校和職場中、以及其他從業員組成一個以上的文化藝術活動團體，且為了培育藝術活動團體，得支援部分活動經費。

第十四條 培育、支援文化產業

1. 為了振興文化藝術，國家和地方自治團體須謀劃有關培育文化產業的實施方法、融資的斡旋及技術導入之資源等其餘必要措施。

2. 文化體育觀光部長在樹立根據第一項規定的文化產業培育實施方法前，應事先和相關中央行政機關長官協商。（2008.02.29 修訂）

第十五條 圖書、文化專用禮券之認證制度

1. 國家為了使文化藝術創作及欣賞活動蓬勃發展，得認證以購入圖書或文化藝術財產、勞務為用途之禮券，並得謀劃促進其使用之方案。

2. 根據第一項，有關禮券的認證及程序等必要事項，由總統令規定。

第十五條之二 身心障礙人士從事文化藝術活動之支援

1. 國家和地方自治團體要增加身心障礙人士接受文化藝術教育的機會，並且應謀劃有關獎勵、支援身心障礙人士的文化藝術活動之相關設施的設置等必要實施方法。

2. 國家和地方自治團體為了增進有關身心障礙人士在文化方面的權利，得對身心障礙人士所經營的文化藝術事業和文化藝術團體提供經費補助等必要之支援。
   （2008.01.17 新增）

第四章 文化藝術振興基金

第十六條 設置基金等

1. 為了支援有關振興文化藝術的企業或活動，設置文化藝術振興基金。

2. 文化藝術振興基金需與第二十條韓國文化藝術委員會之經營、管理，以獨立運作之會計體制分開管理。

3. 有關文化藝術振興基金之營運和管理之必要事項，以總統令規定。

第十七條　文化藝術振興基金之組成

1. 文化藝術振興基金之來源由下列各號組成。（2011.05.25 修訂）

　　①政府捐款。

　　②個人或法人的捐贈款物。

　　③運用文化藝術振興基金所帶來的收益。

　　④第九條第二項中提到的建築主之捐款。

　　⑤其他由總統令規定的收入。

2. 根據第二十條成立的韓國文化藝術委員會得收取根據第一項第②號之捐贈款物。

3. 根據第一項第②號做出捐贈者，在決定支援特定團體或個人等用途之後，始得捐贈。

4. 根據第二十條成立的韓國文化藝術委員會若收到第二項規定的捐贈款物，根據總統令規定，須報告文化體育觀光部長其價格和品名。（2008.02.29 修訂）

（實施日期 2011.11.26）

第十八條　文化藝術振興基金之用途

文化藝術振興基金是使用在支援下列各號事業與活動上。（2011.05.25 修訂）

　　①文化藝術之創作及普及。

　　②民族傳統文化之保存、繼承和發展。

　　③南北文化藝術之交流。

　　④國際文化藝術之交流。

　　⑤以增進文化藝術人福祉為目標之事業。

　　⑥捐贈給地方文化藝術振興基金的捐贈金。

　　⑦營運根據第二十條成立的韓國文化藝術委員會所需的經費。

　　⑧身心障礙者等社會中下階層之文化藝術的創作及普及。

⑨以促進公共藝術（只在公共場所設置、展覽美術作品）為目標之企業。

⑩其他以培育、支援圖書館等文化藝術振興為目標而運作之經營文化設施的企業或活動。

（實施日期 2011.11.26）

第十九條　地方文化藝術振興基金之組成

1. 地方自治團體為了振興管轄區域之文化藝術，得設置支援企業或活動之地方文化藝術振興基金。

2. 地方文化藝術振興基金由地方自治團體長官來運用、管理。

3. 地方自治團體長官為了募集地方文化藝術振興基金，得接受來自個人或法人之捐贈款物。在此項情形中，要在決定支援特定團體或個人等用途之後，始得捐贈。

4. 地方自治團體長收到根據第三項所捐出的捐贈款物時，根據總統令應該要向文化體育觀光部長報告受捐增款物之價格及品名。

5. 地方文化藝術振興基金的組成、用途和運用，地方文化藝術振興基金資源審議委員會的構成及其他必要事項由條例規定。

第五章　韓國文化藝術委員會等

第二十條　韓國文化藝術委員會

1. 為了支援振興文化藝術之事業和活動，設置韓國文化藝術委員會（以下稱為「委員會」）。

2. 委員會視為法人。除了此法中的規定事項外，准用《民法》中有關財團法人之規定。

第二十一條　註冊登記等

1. 委員會以註冊登記主要辦公室所在地成立。

2. 其他委員會的註冊登記等必要事項，由總統令規定。

第二十二條 組織章程

1. 委員會的組織章程應包含下列各號之事項。

①目的。

②名稱。

③有關主要辦公室的事項。

④有關委員之事項。

⑤有關財產及會計之事項。

⑥有關事務處的組織和營運之事項。

⑦有關變更組織章程之事項。

2. 委員會在制定或變更組織章程時，須得到文化體育觀光部長之認可。

（2008.02.29 修訂）

第二十三條 委員會的組成

1. 委員會是以文化體育觀光部長委任十五名以下（包含委員長一名）擁有和文化藝術相關之豐富專業經驗及道德之人組成。（2008.02.29, 2011.05.25 修訂）

2. 文化體育觀光部長根據第一項在委任委員時，須委任委員推薦委員會多數委員所推薦的人選。在此情況中，委員推薦委員會須平均地包含文化、美術、音樂、舞蹈、戲劇、傳統藝術等各文化藝術領域及地域之人才。

（2008.02.29, 2011.05.25 修訂）

3. 委員會的委員視為委員會理事。

4. 根據第一項成立的委員會和根據第二項成立的委員推薦委員會的構成方法和構成程序之相關必要事項，由總統令規定。

（實施日期 2011.11.26）

第二十四條 委員長等

1. 委員會設立一名委員長。

2. 委員長乃由文化體育觀光部長根據《公共機關營運之相關法律》第二十九條第一項成立的任員推薦委員會的多數人推薦者中委任之。（2011.05.25 修訂）

3. 委員長代表委員會，總括委員會業務。

4. 委員長因為不得已的事由而無法施行職務時，以委員年長順序來代行其職務。

5. 委員長以外的委員為非常任。

（實施日期 2011.11.26）

第二十五條　委員的任期

1. 委員長的任期為三年，委員的任期為二年，得連任一年。（2011.05.25 修訂）

2. 若委員長或委員出現空缺時，文化體育觀光部長須在出現空缺起三十日內委任新委員長或新委員，新委員長和新委員之任期由接受委任之日起計算。

（2011.05.25 修訂）

3. 任期期滿的委員在繼任者上任之前，繼續履行其職務。

（實施日期 2011.11.26）

第二十六條　委員的待遇暨禁止兼職

1. 支付報酬予委員長，除了委員長之外的委員是名譽上之委員，根據委員會之規定得給付在履行職務時實際花費的經費等。

2. 委員長除了委員會規定的情形之外，不得兼職其他以營利為目的之職務。

第二十七條　委員不合格事由

符合下列各號的情形中任一號者不得成為委員會之委員。（2011.05.25 修訂）

①符合《國家公務員法》和《地方公務員法》之公務員（教育公務員除外）。

②符合《政黨法》之黨員。

③符合《國家公務員法》第三十三條各號的任一號者。

④符合《公共機關營運之相關法律》第三十四條第一項第②號者。

（實施日期 2011.11.26）

第二十八條　禁止干預

對於委員會的委員本人或是根據《民法》第七七七條所規定的委員親屬及其相關事項，不得參與審議及議決。

第二十九條　委員在職務上之獨立等

1. 委員會的委員在任期中在職務上不接受來自外部的任何指示或干涉。

2. 委員會的委員為了發展文化藝術的多樣性及平衡性，應誠實地履行其職務。

3. 委員會的委員除了符合下列任一號情形外，與其意志違背者無須免職。

　　①根據第二十七條符合不合格事由的情形。

　　②因為身心障礙而無法履行其職務之情形。

第三十條　委員會的職務

1. 委員會審議、議決下列各號中的事項。

　　①有關樹立、變更暨執行支援振興文化藝術的事業和活動之基本計畫的事項。

　　②有關委員會營運計畫的樹立和執行之事項。

　　③有關委員會制定、修訂暨廢止組織章程暨規定之事項。

　　④有關管理、營運委員會所有設施之事項。

　　⑤有關管理、運用文化藝術振興基金之事項。

　　⑥有關調查、研究、教育、研修文化藝術資源事業的有效執行之事項。

　　⑦要求三名以上的委員審議、議決之事項。

　　⑧其他委員會認為對於振興文化藝術有必要之事項。

2. 委員會在審議有關第一項第⑤號所提到的管理、運用文化藝術振興基金之相關重要事項時，視委員會為《國家財政法》第七十四條第一項中的基金運用審議會。

第三十一條　委員會的會議等

1. 由委員長或是在籍委員三分之一以上的表決召集委員會的會議。
（2011.05.25 修訂）

2. 委員會的會議以在籍委員過半數以上表決同意。（2011.05.25 修訂）

3. 委員會（包含第三十二條規定的小委員會，以下如是）會議公開。但在委員會認為有必要而經過議決的情形（只有在考慮公開有關支援文化藝術振興基金之會議上有傷害第三者名譽疑慮而議決不公開之情形）不公開會議。

4. 委員會根據委員會的規定撰寫會議紀錄。

（實施日期 2011.11.26）

第三十二條　小委員會

1. 委員會為了履行第三十條第一項各號規定的職務，在必要之情形得設立小委員會。

2. 小委員會是由包含委員會的委員長所指定的一名以上之委員，在委員會的同意下，從相關領域的專家中由委員長所委任的人組成。

3. 有關小委員會的組成和營運之必要事項由委員會的規定來規定。

第三十三條　事務處

1. 為了補助委員會的事務，設立事務處。

2. 事務處設一名事務處處長，事務處處長由委員會同意，委員長任命及解職。

3. 事務處處長的任期為三年。

第三十四條　監事

1. 為了監察有關委員會的職務暨會計之事項，在委員會內設一名監事。

2. 監事是在任員推薦委員會的多數委員推薦後，經過根據《公共機關營運之相關法律》第八條所成立的公共機關營運委員會的審議和議決者中被企劃財政部長任命者。（2011.05.25 修訂）

3. 監事上任後，任期為二年，得連任一年。（2011.05.25 修訂）

（實施日期 2011.11.26）

第三十五條　成果評價

1. 文化體育觀光部長對於推定、判定文化藝術振興基金在支援第十八條各號的事業和活動的成果時，應在下個年度的3月底前向委員會通報其結果。

（2008.02.29 修訂）

2. 文化體育觀光部長為了推定、評價第一項的成果，應在和委員會協商後，訂立目標成果和評價基準。（2008.02.29 修訂）

3. 文化體育觀光部長若根據第一項的成果評價結果，認為有需要修正之事項時，得要求委員會修正。（2008.02.29 修訂）

4. 成果的評價方法暨程序等相關事項，由總統令規定。

第三十六條　協議組織的組成

委員會、地方文化藝術委員會暨第四條第二項的財團法人為了協議和調整地方文化藝術之振興，得設立信用合作社協商組織，有關協商組織之組成等必要事項，由總統令規定。

第三十七條　藝術的殿堂

1. 為了幫助推廣文化藝術、增加國民享受文化藝術之機會以及促進其他欲振興文化藝術之事業，設立藝術的殿堂。

2. 藝術的殿堂視為法人。

3. 藝術的殿堂根據組織章程的規定，設置必要的職員和委員。

4. 國家為了讓藝術的殿堂順利的營運，在必要時得不受《國有財產法》的限制，將國有財產根據總統令的規定無償讓與給藝術的殿堂。

5. 對於藝術的殿堂，除了此法當中所規定的事項外，准用於《民法》中有關財團法人之規定。

第三十八條　刪除

第六章　附則

第三十九條　國庫補助

國家和地方自治團體在預算範圍內得補助以振興文化藝術為目的的事業、活動或

設施所需的部分經費。

第四十條　監督

文化體育觀光部長為了振興文化藝術，在必要時得聽取有關依據此法設立的藝術的殿堂的業務、會計暨財產相關事項後，讓所屬公務員檢察。

第四十一條　委任、委託權限

文化體育觀光部長根據此法有一部分的權限是根據總統令的規定得委任市、道知事或是委託委員會或其他文化藝術團體。

國家圖書館出版品預行編目（CIP）資料

韓國文化創意產業政策與動向 / 郭秋雯著.
-- 初版. -- 臺北市：遠流, 2012.12
面；　公分
ISBN 978-957-32-7119-2（平裝）
1. 文化產業　2. 創意　3. 產業政策　4. 韓國

541.2932　　　　　　　　　　　101024425

韓國文化創意產業政策與動向

著者──郭秋雯
總策劃──國立政治大學創新與創造力研究中心
統籌──溫肇東、郭麗華
執行主編──曾淑正
美術設計──李俊輝

發行人── 王榮文
出版發行──遠流出版事業股份有限公司
地址──台北市南昌路二段81號6樓
電話──(02)23926899　傳真──(02)23926658
劃撥帳號──0189456-1
著作權顧問──蕭雄淋律師
法律顧問──董安丹律師

2012年12月 初版一刷
2015年 3 月 初版二刷
行政院新聞局局版台業字第1295號
售價── 新台幣420元

YL─遠流博識網
http://www.ylib.com
E-mail: ylib@ylib.com

本書為教育部補助國立政治大學邁向頂尖大學計畫成果，
著作財產權歸國立政治大學所有